THE RISE AND FALL OF
THE GREAT POWERS

大国的兴衰（上）

1500—2000年的经济变革与军事冲突

［英］保罗·肯尼迪（Paul Kennedy）◎著
王保存 王章辉 余昌楷◎译
朱贵生◎审校

中信出版社·CHINACITICPRESS ·北京·

图书在版编目（CIP）数据

大国的兴衰（上）/（英）肯尼迪著；王保存等译. —北京：中信出版社，2013.1（2025.12重印）
书名原文：The Rise and Fall of the Great Powers
ISBN 978-7-5086-3779-2
I. ①大… II. ①肯… ②王… III. ①国际政治–研究 ② 世界经济–研究 ③ 国际关系史–研究 IV. ①D5 ②F11 ③D819
中国版本图书馆CIP数据核字（2012）第308660号

大国的兴衰（上）

编　　者：[英] 保罗 · 肯尼迪
译　　者：王保存　王章辉　余昌楷
审　　校：朱贵生
策划推广：中信出版社（China CITIC Press）
出版发行：中信出版集团股份有限公司
（北京市朝阳区东三环北路27号嘉铭中心　邮编　100020）

承 印 者：北京通州皇家印刷厂

开　　本：787mm×1092mm　1/16　　印　　张：19.5　　字　　数：300千字
版　　次：2013年1月第1版　　印　　次：2025年12月第45次印刷
京权图字：01–2012–6236
书　　号：ISBN 978-7-5086-3779-2 / F · 2806
定　　价：59.00元

THE RISE
AND FALL OF
THE GREAT POWERS

目录

THE RISE
AND FALL OF
THE GREAT POWERS

推荐序

兴衰的秘密

许知远主笔

"我们都为日常的杂事而分心过多，因为我们从来没有机会对全面的形势进行调查，并制定出相应的政策，但是我们又不得不经受一个又一个焦虑的折磨。"这是英国首相麦克唐纳对他的幕僚鲍尔温的感慨，时间大约是1931年末。此刻，中国与日本在中国东北的冲突、英镑危机、第二届工党政府的倒台，正奇妙地纠缠在一起。

在中日战争结束整整60周年之后，当我们试图全面理解这场战争的起因与全部过程时，会发现如果你想理解1931年发生在沈阳的危机，也必须同样考虑1935年在埃塞俄比亚、1938年在苏台德区的危机。这些看似不相关的地区性冲突，最终酿成了全球性的战争，它们反过来又改变了地区的战势。

暂时把战争中蕴含的民族情感与个人命运放在一边，第二次世界大战也经常被理解成两个正在崛起的大国对现行世界体系的挑战。一直到1941年12月，这种挑战看来都是成功的，德国让整个欧洲陷入哀嚎，而日本几乎横扫了整个亚洲。自19世纪中叶开始出现的以大英帝国为支柱的世界秩序，彻底坍塌了。

一个勉强的参战者改变了历史的行进方式。尽管在20世纪初，美国的经济力量也是位居世界第一，但它的外交与军事的影响力却乏善可陈。1919年《凡尔赛和约》签订时，威尔逊总统试图向世界表明美国式的信念，却被欧洲老手们轻而易举地戏弄。

世界霸权的接力棒如何从英国递交到美国手中？而德国、日本乃至后来苏联的努力，又是如何被瓦解的？是什么因素促使了一些国家的兴起，又是什么令曾经的强大与繁荣衰落下去？这些命题令一代又一代政治家与政治学者着迷不已。前者没有充裕的时间思考，只能发出类似麦克唐纳式的感慨，而后者又太缺乏直接经验，往往纸上谈兵。有过教授与国务卿双重经验的亨利·基辛格知道这两类人的立场多么不同，多么难以相互沟通。

当耶鲁大学的历史学家保罗·肯尼迪在20世纪80年代初开始对这个命题感兴趣时，他的原意是写一本薄薄的"文章式"的小册子，只希望就过去5个世纪里有关大国不断变化的实力做出自己的阐述。在他的阅读范围内，奥波德·冯·兰克在1833年发表的一篇题为"诸大国"的文章堪称这一领域的探路者，这位19世纪普鲁士伟大的历史学者考察了西班牙衰落以后国际力量对比的情况。

但是，一个单纯的尝试很快就变成了没有尽头的冒险，肯尼迪很快发现几乎从未有历史学家涉足这一领域，没人把军事史、经济史、国际关系史这样混杂在一起，提供一幅翔实的大图景，而且前后贯穿5个世纪。当《大国的兴衰》最终在1988年出版时，它立刻引起了轰动。除去没人如此全面地展现大国的历史外，也因为它正遭遇到美国总统的竞选。像所有历史学家一样，肯尼迪克制不了预测未来的冲动，他相信，今天的美国正在重复所有大国曾经的错误——军事安全的需要攫取了过多的国家财富，"过度扩张"将不可避免地使它衰落，这速度可能比苏联还要快。

历史最终证明肯尼迪是个多么糟糕的预言家，因为仅仅一年后柏林墙就倒塌了，两年后苏联就解体了。但这些都没妨碍他扑面而来的声名，他甚至创造了一个小小的产业——专门研究、出版、评论各种类型的兴衰的作家、出版家、记者群体。随着时间的推移，这本书的弱点日益明显，按照年青一代的历史学家尼尔·弗格森的说法——它是经济决定论的产物。保罗·肯尼迪分析的基础是，在一个相对长的时间范围内，优势总是属于那些有更强的物质创造能力的国家，而技术上的突破与组织形式上的变革是物质创造的基础。这是一种典型的用单一因素来理解历史的方式，它容易被人记忆、理解和谈论，却像马克斯·韦伯所说，根本无助于理解真实的历史。过分清晰化只是学者头脑想象的产物。

其次，到底什么是技术上与组织上变化的基础？肯尼迪过分坦率地承认这并非他的研究领域，甚至没有表现出试图探索的稍许热情。这使得他的整本书阅读起来尽管行云流水，但读者却很少被引诱进入更深的探索。我们知道工业革命发生了，大国间的格局改变了，因为有的国家可以制造更高吨位的军舰、生产更多的钢铁、更有效地组织它的人民，却对它们为什么可以做到摸不到一点头绪。就这一点而言，哈佛大学的大卫·兰德斯或是马里兰大学的曼库森，做出的尝试显然深入得多，尽管他们的解释方式未必使人信服。

在《大国的兴衰》出版之后的17年中，肯尼迪先生仍被热烈地引用，却的确被证明为一个缺乏思想深度的历史学家。他在1993年出版的《为二十一世纪做准备》，干脆是一本报刊深入灾难报道的荟萃；他主编的全球历史系列倒是不错，但那是别人的写作。"9·11"恐怖袭击事件发生时，我们从他嘴里没听到任何新鲜的东西。但至今，没人可以忽略《大国的兴衰》，因为肯尼迪先生的非凡优势——将所有事件置放于一个整体框架中思考的能力，仍无人超越。判断一本书杰出与否的标志，除去它的思想深度、表达能力、想象力，显然还有一条更不可忽视——它是否具有里程碑意义。肯尼迪是第一个大胆地用如此丰富的素材来写作这一古老话题的作家，它多少帮助政治人物缓解了麦克唐纳式的焦虑，尽管其中充满了不尽如人意之处。

我得承认，这本书的名字给我带来的思考比它的内容更多。如果你成长在今日中国，很容易被“大国的兴衰”这样的题目所吸引，因为我们正处于深刻的身份焦虑之中，原因复杂而富有智力刺激。一直到20世纪初，中国仍缺乏民族国家的概念，所谓的中国是一种文化概念、心理意识，而非具体的边疆、领域面积、国民生产总值、人口统计……从19世纪中叶开始，因为西方世界的出现，我们才逐渐产生了中国可能只是世界地图中的一部分的意识。一直到今天，中国仍处于向现代国家演进的最后阶段，仍未完全通过唐德刚所说的“历史的三峡”。转变过程充满了屈辱，一代代中国精英始终充满了强烈的身份焦虑。中国与外部世界联系得越紧密，这种焦虑感越强烈：我们迫切地要获得与别人平等的地位，却总是发现仍有漫长的道路要走，要克服中国已在世界上形成的根深蒂固的形象，仍需要更多的努力。经济增长与13亿人的市场是新一代中国人主要的信心来源，这种信心既容易使人膨胀，也经常脆弱不堪，因为它与个人尊严并非紧密相关。

在某种意义上，肯尼迪先生可以在中国找到最热心的读者，因为整整一个多世纪的中国人都相信，只要完成了物质上的成功，我们就将重新赢得世界的尊敬。在很大程度上，我们要获得的尊敬甚至都不是民族国家性的，而是回到19世纪前的中央王国式的。外部世界对中国充满误解，因为它不知道该如何理解这个国家。中国不是一个彻底的现代国家，也不是一个单纯的文明传统，而是两者兼而有之。

人们对于中国的担忧、一部分中国人对自己的过分自满，是因为中国可能即将甚至已经进入了保罗·肯尼迪所列的大国兴衰的序列，它可能把接力棒从美国手中抢夺过去吗？国际问题作家们大可把中国的石油消耗量、中国的制造业革命、中国人遍布在世界各地的现实、美国对中国一家石油公司的态度，都放在这个分析框架中，无疑它们都已经指向了同一个历史方向。但是，历史的复杂性与偶然性将随时冲破这种恰似清晰的分析。因为在这种分析中，我们对于同样对一个国家至关重要的民族士气、道德力量、文化创造力、政治能力、军事组织、动员能力、教育程度只字不提。这些复杂因素中的任何一个（而不仅仅是这个国家的钢铁产量），都可以在历史关头扮演支配性的因素。

关于国家兴衰的探讨仍将有声有色、漏洞百出地继续，因为它永无答案。这种讨论对今天的中国大有裨益，因为它将强迫我们把自己放在一个坐标系中。我们总是太习惯于和自己的过去作比，惊叹于我们取得的成就。但人们理应清楚，一个国家强大与否，主要取决于和其他国家的比较。而且这种比较理应是全方位的，而不是局限于某个狭窄的领域，只有这样，我们才可能稍微接近“兴衰的秘密”。

THE RISE
AND FALL OF
THE GREAT POWERS

前言

本书论述的主体是近现代（即文艺复兴之后）的国家或国际力量，追述和阐明了自西欧建立“新君主国”和全球性跨洋国家体系以来，5个世纪中各大国的相互关系与兴亡盛衰。毋庸赘言，这将涉及大量战争，特别是那些对国际秩序有巨大影响的、由大国集团进行的大规模长期战争。但是，这又不完全是一部军事史，它也追述了公元1500年以来世界经济力量对比的变化；它也不是一部经济史，它的重点是描绘国际体系中的一流强国在励精图治、富国强兵的过程中，经济与战略的相互影响。

因此，本书副标题所讲的“军事冲突”，总是与“经济变化”联系起来考查（原书副标题为Economic Change and Military Conflict）。在这一时期，任何大国的胜利或崩溃，一般都是其武装部队长期作战的结果；同时，它也是各国在战时能否有效地利用本国可用于生产的经济资源的结果。进一步说，从历史背景来看，它也是由于在实际冲突发生以前数十年间，这个国家的经济力量与其他一流国家相比是上升还是下降所致。有鉴于此，本书认为，研究和平时期大国地位如何持续变化，同研究它在战时如何打仗一样重要。

这里提出的论点将在本书正文中详细分析，在此概述如下：

> 一流国家在世界事务中的相对地位总是在不断变化，主要原因有二：一是各国国力的增长速度不同；二是技术突破和组织形式的变革，可使一国比另一国得到更大的优势。例如，公元1500年以后问世的载炮帆船和大西洋贸易的繁荣，就使欧洲各国受益不同，一些国家的发展速度比另一些国家快得多。同样，后来开发的蒸汽动力及其依赖的煤炭和金属资源，大大增强了一些国家的力量。这些国家的生产力一旦得到提高，便自然能比较容易地在平时承受大规模扩军备战所带来的负担，能在战时保持和供养庞大的陆军和海军。这种说法听起来似乎具有浓厚的重商主义色彩，但财富通常是支撑军事力量的基础，而要获取和保卫财富，又总是需要军事力量。然而，如果一个国家没有把它的大部分资源用于创造财富，而是用于军事目的，从长远来看，这很可能会导致该国国力的减弱。同样，如果一个国家在战略上过分扩张（如侵占大片领土和进行代价高昂的战争），它就要冒一种风险：对外扩张得到的潜在好处，很可能被为它付出的巨大代价所抵消。如果这个国家正处于相对经济衰退时期，这种困境将变得更加严重。自16世纪西欧进步以来，西班牙、荷兰、法国、英国和目前的美国等一流强国的兴衰史表明，从长期看，在国家的生产力和取得收入的能力，与军事力量之间有一种非常重要的相互依存关系。

本书论及的“大国的兴衰”情况，可简单概述如下：

第一章的论述为以后各章奠定了基础，即考察公元1500年前后的世界形势，分析明代中国、奥斯曼帝国及穆斯林在印度的支脉——莫卧儿王朝、俄国、德川幕府时期的日本和中西欧诸国这些当时的“权势中心”的长处和弱点。16世纪初叶，中西欧诸国能否在世界民族之林脱颖而出，显然未见端倪。但是，东方帝国中的一些国家与欧洲各国相比，尽管显得不可一世、组织得法，但它们都深受实行中央集权制的后果之害。这些中央集权制政府都要求其国民统一信仰和实践，不仅要国民信奉一个官方国教，而且在商业活动和武器发展等领域都有类似要求。在欧洲，由于没有东方式的最高权力机构，各王国和城邦之间争战不已，这就推动人们经常寻求军事变革，而军事变革又有力地推动了在竞争、积极进取的环境中出现的科学技术与商业贸易的发展。欧洲社会碰到的变革阻碍很少，它很顺利地进入了持续向上的螺旋式的经济发展，提高了军事效率，随着时间的推移，这些因素使欧洲社会走在了世界其他地区之前。

科技进步和军事竞争推动着欧洲各国以惯有的互不相让、各显其能的方式向前发展。尽管如此，在各个相互敌对的国家中，仍可能有一个国家因拥有充足的资源而脱颖而出，国力超出其他国家，控制整个欧洲大陆。在公元1500年以后的大约150年中，西班牙和奥地利哈布斯堡王朝就企图这么做，而欧洲其他强国则竭力阻止哈布斯堡王朝的“争霸”活动——这在第二章中有详细阐述。本书各章在论及一流强国的长处和弱点时，都进行比较分析，即放在影响整个西方社会的经济和科技变化这个更广阔的背景下进行分析，以便读者更好地了解这一时期多次战争所造成的后果。

第二章的中心思想是，哈布斯堡王朝的君主们尽管拥有大量资源，但在一次又一次的战争中把疆域扩得过大，战线拉得过长，致使自己日益衰落的经济基础无法维持过于庞大的军队。其他欧洲大国在这些长期战争中也损失巨大，但它们想方设法地（虽很勉强）比哈布斯堡王朝更好地保持了物质资源与军事力量之间的平衡。

第三章的内容是发生于1660~1815年的大国之争，但这些战争很难轻易地概括为某个大集团与许多对手之间的竞争。在这个纷乱动荡的时期，西班牙、荷兰等以前的一流强国正沦为二流国家；法国、英国、俄国、奥地利、普鲁士这5个主要大国脱颖而出，逐渐主宰了18世纪欧洲的外交，并进行了一系列长期的联盟（这些联盟的成员变化很快）战争。在这一时期，最初由路易十四、后来又由拿破仑统治的法国，是历史上最接近于控制整个欧洲的国家。但是，它的努力总是由于其他强国组成的反对联盟而无法实现，至少是功败垂成。在18世纪初期，供养庞大的常备军和国家舰队耗资巨大，因此能够建立先进的银行借贷系统的国家（如英国）比金融系统落后的对手，享有多方优势。但是，地理位置这一因素，对于决定大国在许多变幻莫测的斗争中的命运，也起着非常重要的作用。这有助于说明为什么到1815年时，俄国和英国这两个“侧翼”国家已变得十分重要。两国既可随时参与中西欧各国的斗争，又由于地理位置的关系而不易受这些斗争影响。此外，进入18世纪后，它们都在确保欧洲大陆均势的情况下，开始向欧洲以外的地区扩张。最后一点是，在18世纪中叶之后，英国发生了工业革命，这使它更有能力在海外建立殖民地并挫败拿破仑统治欧洲的企图。

在1815年以后的100年中，显著的差别是，长期的联盟战争完全绝迹。在欧洲形成的战略均势，得到了欧洲协调机制下各大国的支持，因为没有任何国家能够或试图建立霸主地位。在1815年以后的数十年中，各国政府主要关注的是国内动乱，并在本国所在的大陆不断进行领土扩张（如俄国和美国）。这种相对稳定的国际形势，不仅使英国在海军力量、殖民地和商业贸易等方面发展到顶峰，成为全球强国，而且由于良性的相互影响，还有利于它垄断以蒸汽为动力的工业生产。然而，19世纪下半叶，其他一些地区和国家也开始实现工业化，这使国际力量对比逐渐变得不利于传统的一流强国，而有利于那些既有资源，又善于组织利用新生产工具和新技术的国家。在这一时期发生的几场重要战争（如果说克里米亚战争有点牵强，那么美国内战和普法战争等则十分典型）表明，一些国家之所以在战争中失败，是由于它们未能实现军事系统的现代化，没有基础稳固的基本工业设施来支持其庞大的军队并制造正在改变战争性质的造价昂贵、结构复杂的武器装备。

因此，进入20世纪后，由于科技进步和各国国力的增长速度快慢不同，国际体系与50年前相比变得更加动荡，更为复杂。其主要表现是：第一，

1880年后，世界列强为在非洲、亚洲和太平洋地区建立更多的殖民地，展开了疯狂的竞争，它们这样做一方面是为了掠夺财富，另一方面是对落后的恐惧；第二，各国在陆地和海洋竞相加强军备；第三，各国政府为了寻求盟友，准备战争，在和平时期纷纷建立固定的军事同盟。然而，在1914年之前的一个时期内，除了各国为殖民地问题争吵不休和发生了多次国际危机外，每10年统计一次的经济力量增长指数表明，世界各国力量对比发生了根本变化，这一变化不利于已持续了3个世纪的以欧洲为中心的世界体系。法国、奥匈帝国和刚刚统一的意大利等传统欧洲强国尽管做出了巨大努力，在竞赛中却逐渐落伍。相比之下，地大物博、横跨大陆的美国和俄国（这个沙皇专制的国家生产效率较低）则脱颖而出。在西欧各国中，可能只有德国有足够的力量跻身于未来世界强国之列。另一方面，日本不想把手伸得太长，只想称霸东亚。毫无疑问，所有这些变化将给大英帝国带来难以克服的巨大困难。此时，英国确实感到比半个世纪之前更难保卫其全球利益了。

虽然1900年以后50年的主要发展过程可视为两极世界的形成时期，但一些“中等”国家（在第五、六章中将谈到）却多次陷入危机，整个体制的变动也绝非一帆风顺。与之相对的是，第一次世界大战中令人目不忍睹、血淋淋的大规模战役，却显示出德意志帝国比沙皇俄国具有某些优势，因为德国的工业生产组织有序，全国上下工作效率很高；而俄国虽然加快了现代化步伐，但仍很落后。在战争的头几个月，德国尽管在东线取得了胜利，在西线却遭到失败，且其盟国在意大利、巴尔干和近东战区也连连败北。由于后来美国出兵，特别是提供经济援助，西方盟国终于拥有战胜其敌对联盟的资源。但是，对所有参战国来说，这都是一场使人精疲力竭的战争。奥匈帝国从地球上消失，俄国发生了革命，德国战败，法国、意大利和英国也为争取胜利遭受惨重的损失。仅有的例外是日本和美国，前者进一步加强了在太平洋地区的地位，后者到1918年已成为无可争辩的世界头等强国。

1919年后，美国迅速从国外撤军，布尔什维克掌权后的俄国奉行孤立主义政策，使基本的经济现实与国际体系之间变得很不协调，其程度甚于本书论及的5个世纪的任何时候。战后，英国和法国的实力虽已削弱，但仍然是国际外交活动的中心。但是，它们的地位到20世纪30年代遇到了意大利、日本和德国等军国主义化的“修正主义”国家的挑战，德国在欧洲称霸的野心远甚于1914年。从本质上看，美国仍然是世界上最强大的工业国家，而斯大林的苏联也正迅速发展成为超级工业大国。所以，“修正主义”的“中等”强国遇到的难题是，如果它们不想被美苏两个大陆强国超过，就必须迅速对外扩张。对原有的“中等”强国来说，它们的难处在于应对如德国和日本这样的挑战，它们自己的力量很可能也会受到削弱。第二次世界大战尽管过程跌宕起伏，却证实了人们对国力衰微的担心。轴心国在战争初期取得了辉煌胜利，但最终无法克服生产资源比“一战”时更为不足的弱点。它们确实占领了法国，削弱了英国，尔后即被同盟国的优势兵力所打败。1943年，人们在数十年前预测的两极世界终于形成，军事力量对比再次变得与全球经济资源布局相一致。

本书最后两章涉及的时代是两极世界时期。这一时期，在经济上、军事上和意识形态上，世界的确分为两极。两极世界在政治上的表现是多次出现冷战危机，美国和苏联这两个属于独特类型国家的地位，由于出现了核武器及其远程投射系统而再次得到加强。这说明，当时的战略格局和外交格局已完全不同于20世纪初叶，更不用说19世纪初了。

尽管如此，大国兴衰的进程仍未停止。当然，各大国力量增长和技术进步的速度各不相同，不仅使全球经济力量对比发生了变化，也逐渐影响到政治和军事力量对比。从军事上看，美国和苏联从20世纪60年代至80年代始终是一流强国。由于两国领导人都像摩尼教徒那样站在极端的立场解释国际问题，它们之间的对抗必然导致不断升级的军备竞赛，这是令其他国家望尘莫及的。

然而，在上述30年间，世界各国生产能力对比的变化比以前的任何时期都快。在1945年后的10年中，第三世界的工业产值和国民生产总值在世界上所占的比例很小，此后却不断增大。欧洲各国也治愈了战争创伤，成立了欧洲共同体，成为世界最大的贸易集团。目前，中华人民共和国也在以惊人的速度发展。战后，日本的经济发展非常之快，据测算，它的国民生产总值已超过苏联。相比之下，美国和苏联经济增长速度却慢得多，它们的国民生产总值和财富在世界上所占的比例自20世纪60年代以来便急剧下降。因此，撇开所有的小国不算，只从经济指数上看，多极世界已经再次变为现实，这是不言而喻的。鉴于本书主要探讨战略与经济的相互影响，用最后一章既论述目前各大国军事力量对比与生产能力对比之间的不协调性，又指出中国、日本、欧洲共同体、苏联、美国这当代五大政治经济“力量中心”所面临的问题和机会，看来是适宜的。这五大“力量中心”都想处理好国家拥有的手段与国家目标的关系这一自古有之的难题。大国兴衰的历史绝不会到此完全结束。

由于本书涉及的内容极广，不同的读者将出于不同的目的阅读此书，这是显而易见的。一些读者将得到他们希望得到的内容：既概括又相当详细地评述过去5个世纪的大国政治、经济和技术的变化对各大国地位的影响，以及战略和经济的相互作用这一不变的话题。鉴于本书书名所限，笔者既不论及小国，也不谈小规模的双边战争。同样由于书名所限，本书论述欧洲的笔墨颇多，特别是在中间几章。对于这一课题的专著来说，这是很自然的。

对其他读者来说，特别是对目前那些热心总结“世界体系”发展的一般规律和战争发生规律的政治社会学家来说，本书可能不尽如人意。为避免误解，在此必须澄清一点，即本书未述及康德拉季耶夫经济发展周期与大规模（或全面）战争之间的关系的理论。此外，本书也未详细探讨战争起因的一般理论，以及是否由于大国的兴衰才爆发战争。同时，这也不是一部阐述帝国理论、帝国统治的影响（如迈克尔·多伊尔在其出版的《帝国》一书中阐述的那样）或帝国统治是否有助于加强国力的专著。最后，本书也不打算提出任何关于哪种社会形态和政府组成形式在战时能最有效地利用资源的一般性理论。

另一方面，本书汇集的大量资料无疑可供有关学者用来进行上述归纳与概括。历史学家（而不是政治社会学家）在总结一般性理论时遇到的问题是，过去的史料浩如烟海，他们无法据此得出"确实"科学的结论。因此，虽然我们可将某些战争（如1939年发生的第二次世界大战）发生的原因归结于决策者害怕世界力量对比发生变化，但这一结论无助于解释始于1775年的美国独立战争、1792年的法国大革命战争和1853年的克里米亚战争。同样，尽管我们可以指出，1914年的奥匈帝国是一个"衰落"大国引发大规模战争的良好范例，但"兴起的"大国德国和俄国在导致战争爆发方面也同样起了关键作用。对此，战争理论家们又如何解释呢？所以，各种有关帝国好坏、帝国控制力是否受可测量的权力距离比值制约的一般性理论，由于所依据的史料不同，对同一问题可能做出时而肯定、时而否定这样毫无意义的回答。

尽管如此，如果我们不管上述理论，只是观察一下过去500年的"大国兴衰史"，便可清楚地看到，在承认任何时候都可能有个别例外的前提下，能得出一些有价值的结论。例如，我们发现在综合经济力量和生产能力对比的变化与国际系统中各大国的地位之间，有一种因果关系。两个最好的例证是：16世纪以后世界贸易集中地由地中海逐渐移向大西洋和西北欧，1890年后的几十年中世界工业品集中产地又由西欧慢慢移向其他地区。这两个例子都说明，经济力量的转移预示着新大国的崛起。这些新大国总有一天会对世界军事力量格局和各国领土状况施加决定性影响。过去几十年发生的全球生产的重要力量向"环太平洋地区"转移，不只引起了经济学家的关注，原因就在这里。

同样，历史事实还表明，从长远看，在每个大国经济的兴衰与其作为一个军事大国（或世界性帝国）的兴衰之间，有一种显而易见的联系。其原因有二：第一，支持庞大的军队离不开经济资源；第二，在国际体系中，财富与力量总是联系在一起的。300年前，德国商业理论家冯·霍尼希写道："一个国家当前富强与否不取决于它本身拥有的力量和财富，而主要取决于邻国力量的大小与财富的多寡。"

在本书各章中，这种观点将多次被证实。18世纪中叶的荷兰肯定比100年前要富有，但它已不再是一个强国，因为邻国法国和英国比它拥有更多的力量和财富。1914 年的法国无疑比 1850 年的法国强大，但与强大得多的德国比较，法国就显得逊色了，因此，它绝不会因为自己比过去强大而感到慰藉。与鼎盛时期（维多利亚时代中期）相比，英国现在拥有的财富要多得多，其军队拥有的武器的威力也大得多。但这些已毫无意义，因为它的产品产量已由占世界总产量的 25% 下降到约 3%。如果一个国家比邻国强大，它的日子就好过；如果一个国家比邻国弱小，它就会遇到麻烦。

但这并不是说，一个国家经济力量和军事力量的增减将同步进行。从本书提供的大部分历史事例中可以看出，在一个国家的经济力量升降曲线与军事影响升降曲线之间，有一个引人注目的“时间滞差”。同样，这一点也是不难理解的。一个经济正在迅速发展的国家（如 19 世纪 60 年代的英国、90 年代的美国和今天的日本）总希望自己越来越富，而不希望将巨资用于军备。半个世纪之后，国家的投资重点就可能发生变化。以前的经济发展造成的后果之一是，海外义务增多（因为要依赖国外市场、原料、军事联盟，可能还有基地和殖民地）。现在，其他国家或敌对国家在经济方面则以更快的速度发展，并同样希望扩大在国外的影响。因此，世界上的竞争愈演愈烈，市场上股票的价值不断下跌；悲观主义的观察家谈论衰退，爱国的政治家号召“复兴”。

在这种令人担忧的环境中，大国往往会自然地把比两代人之前多的多的费用用于国防，但仍然感到国际环境不够安全，而这仅仅是因为其他国家发展得更快，正变得更加强大。西班牙帝国在纷乱的 17 世纪 30 年代和 40 年代所花的军费，要比 16 世纪 80 年代卡斯蒂利亚王国经济繁荣时期多的多。爱德华七世统治时期，英国在 1910 年的国防开支，也比 1865 年巴麦尊勋爵去世时英国经济处于鼎盛时多的多。难道 1910 年的英国人感到更安全吗？美国和苏联似乎也面临同样的问题，这在后文还要论述。大国走下坡路时的本能反应是，将更多的钱用于“安全”，因而必然减少经济“投资”，从长远看，这使自己的处境更为困难。

从本书论及的 500 年历史中，还可以得出另一个普遍适用的结论，即为争夺欧洲或世界霸权而进行的大规模联盟战争的最终结局，与双方动用的生产资源之间有着非常密切的联系。为反对西班牙—奥地利哈布斯堡王朝所进行的战争，以及18世纪的西班牙王位继承战争、七年战争、拿破仑战争等大规模冲突，以及20世纪的两次世界大战，都证明了这一点。一场令人烦恼的长期战争是检验双方力量的试金石。随着战争的进行，交战各方资源的多少将起到越来越大的作用。不过，我们应该既做出上述概括，而又不陷入错误的经济决定论的罗网。尽管本书作者对追溯500年世界事务的“主要发展趋势”兴趣颇浓，但并不是说“经济决定一切，各国的成功与失败都出于经济原因。”大量事实证明，还有其他多种原因，譬如地理位置、军事组织、民族士气、联盟体系等许多因素都可以对各国的国力起制约作用。例如，在18世纪，尼德兰联邦是欧洲最富裕的地区，而俄国则最穷。可是，荷兰却衰败了，俄国却兴起了。个人的愚行（如希特勒的）和高超的作战技能（16世纪的西班牙步兵团和20世纪的德国步兵都很善战），都是决定战斗、战役胜负的重要因素。然而，毋庸置疑的是，在一场大国间（通常是联盟间）的长期战争中，胜利往往属于有坚实的经济基础的一方，或属于最后仍有财源的一方——就像西班牙舰长们过去常说的那样。本书述及的许多事实都将证明，这个重要观点虽然具有讽刺意味，却是正确的。正因为5个世纪以来大国的国力与经济力量相辅相成，弄清目前经济与技术发展趋势对当前力量对比可能产生的影响才有意义。这并不否认人们创造自己的历史。但是，人必须在既可提供机遇又可限制机遇的历史环境中创造历史。

一篇较早论述本书探讨的问题的论文，是普鲁士著名历史学家利奥波德·冯·兰克1833年发表的评论“诸大国”的文章。在这篇文章中，兰克考察了西班牙衰落以后国际力量对比的变化情况，并试图说明为什么一些国家崛起后又逐渐衰落下去。在文章的结尾，他分析了当时的世界形势，以及法国发动拿破仑战争想称霸欧洲的企图失败后发生的国际事件。在审视各大国的“前途”时，出于历史学家的职业习惯，他也踏入了预测未来这一无法确知的领域。

写一篇论述“诸大国”的文章是一回事，而写一本关于“诸大国”的书则是另一回事。我原来的打算是，写一本薄薄的“文章式”的书，因为我认为，让读者了解（可能只了解一些）有关各大国不断变化的发展速度的背景知识，或各大国面临的地缘战略问题就够了。当我开始寄出本书的前几章征求意见，或与有关学者谈论本书的主题时，有一点变得越来越清楚，那就是我的推测错了。读者需要更多的、更详细的背景知识，因为他们得不到有关各大国经济和军事力量对比不断变化的参考材料。正是由于经济历史学家和军事历史学家都尚未涉足这一领域，这方面的资料才较少。如果说在书中加进详细的背景知识材料是有意义的话，那么这样做就是填补了大国兴衰史中一个重要的空白。

第一篇

前工业社会

THE RISE AND FALL OF
THE GREAT POWERS

第一章　西方的兴起

16世纪初叶，中西欧诸国能否在世界民族之林脱颖而出，显然未见端倪；东方帝国尽管显得不可一世，组织得法，却深受中央集权之害。

公元1500年被许多学者当作近代和现代的分界线，这个时候欧洲的居民们绝对看不出他们的大陆即将统治地球上其余大部分的地区。当时人们对东方伟大文明的认识是支离破碎的，而且常常是错误的。这些认识主要来源于旅行者的故事，他们在重述这些故事时常常添油加醋。尽管如此，许多人对拥有神话般的财富和庞大军队的广袤的东方帝国的想象，还是相当准确的。当初次接触这些社会时，它们必定显得比西欧的人民和国家得天独厚。的确，若拿其他重要文化和经济活动中心同这些社会比较，欧洲的相对弱势比其实力更加醒目。首先，欧洲既不是世界上土地最肥沃的地区，也不是人口最稠密的地区。印度和中国对它们在这两方面的地位都引以为豪。其次，从地缘政治学方面讲，欧洲“大陆”的形状隐含着困难和危险，它的北部和西部与冰天雪地和大海相连，东面容易招致频繁的陆路入侵，而南面则易受到战略包围。在1500年及以前很长时间和这之后，这些都不是抽象的想象。仅仅8年以前，西班牙最后一个穆斯林地区格拉纳达才向斐迪南和伊莎贝拉的军队投降，但这仅表示地区性战役的结束，而不是基督教世界和先知[1]的军队之间更大规模战争的结束。1453年君士坦丁堡的陷落所造成的震动，仍然影响着大部分西方世界，这一事件似乎孕育着更多的东西，因为它绝不表明奥斯曼土耳其人向前推进的极限。到该世纪末，他们已夺取了希腊和伊奥尼亚群岛、波斯尼亚、阿尔巴尼亚和巴尔干半岛其他大部分地区。到16世纪20年代，情况变得更糟，当时可怕的土耳其军队迫近布达佩斯和维也纳。在南部，奥斯曼的战船袭击意大利港口，教皇开始担心罗马可能很快就会遭受君士坦丁堡的命运。

虽然这些威胁似乎是苏丹穆罕默德二世及其继任者们新领导的一个整体性大战略的一部分，但欧洲人的反应是分散的、时断时续的。不像奥斯曼帝国和中华帝国，也不像莫卧儿王朝不久前（1526年）在印度建立的统治，从来没有一个各部分都承认一个世俗领袖或宗教领袖的统一欧洲。不，欧洲是一些小王国和公国、边境贵族领地和城邦的大杂烩。在西方出现了一些比较强大的君主国，主要是西班牙、法国和英国，但没有一个国家能摆脱国内的紧张状态，而且每个国家都把其他国家看成竞争对手，而不是反对伊斯兰世界的盟国。

同亚洲的伟大文明相较，也不能说欧洲在文化、数学、工程学或者航海和其他技术方面具有显著的优势。总之，欧洲文化和科学遗产的相当大一部分是从伊斯兰世界“借用”来的，恰如穆斯林社会几百年里通过通商、征伐和殖民从中国“借用”一样。回顾历史，你可以看到，到15世纪末，欧洲在贸易和技术方面的发展加快了。然而，或许最恰当的一般评价应是：在这前后，每个大的世界文明中心都处在大致相似的发展阶段，有些文明中心在一个领域先进一些，而在别的领域则要落后一些。奥斯曼帝国、明朝时期的中国，稍后是莫卧儿王朝时期的北印度和欧洲国家体系及其俄国人旁支，在技术上因而也在军事上，要比非洲、美洲和大洋洲分散的社会先进得多。虽然这意味着1500年的欧洲是最重要的文化中心之一，但绝对看不出有一天它将出现在顶峰。因此在研究欧洲兴起的原因以前，有必要考查其他竞争者的实力和弱点。

明代中国

在近代以前时期的所有文明中，没有一个国家的文明比中国文明更发达、更先进。它有众多的人口（在15世纪有1亿~1.3亿人口，而欧洲当时只有5 000万~5 500万人口），灿烂的文化，特别肥沃的土壤以及从11世纪起就由一个杰出的运河系统连结起来的、有灌溉之利的平原，并且有受到儒家良好教育的官吏治理的、统一的、等级制的行政机构，这些使中国社会富于经验，具有一种凝聚力，使外国来访者羡慕不已。的确，这个文明受到蒙古游牧部落的严重破坏，并且在忽必烈汗入侵以后被蒙古人统治着。但是，中国惯于同化征服者而不是被后者同化，当1368年出现的明朝重新统一帝国并最后打败蒙古人的时候，许多旧的制度和知识都保留了下来。

对于接受教育尊重“西方”科学的读者来说，中国文明最引人注目的特点必定是其技术上的“早熟”。中国在11世纪就出现了活字印刷，大量书籍随后出现。商业和工业受到运河开凿和人口压力的促进，同样很发达。中国的城市要比中世纪欧洲的城市大得多，商路也四通八达。纸币较早地加速了商业的流通和市场的发展。到11世纪末，中国北部已有可观的冶铁业，每年能生产大约12.5万吨铁，主要为军队和政府所用，比如，100万人以上的军队是铁制品的一个巨大市场。值得指出的是，这一生产数字要比700年以后英国工业革命早期的铁产量还多！中国也许是第一个发明真正火药的国家，而且在14世纪末，明人曾用大炮推翻蒙古人的统治。

对中国文化和技术进步有了这些了解以后，再听到中国人已转向海外开发和贸易也就不足为奇了。指南针是中国人的另一发明，他们有些平底帆船同后来的西班牙大帆船一样大，而与印度和太平洋诸岛的贸易，从潜力上说与往返大漠商路的贸易一样有利可图。许多年以前中国人就在长江进行过水战。13世纪60年代，为了征服宋朝的船队，忽必烈汗强制组建他自己的备有抛射器的大规模战船序列。14世纪初叶，沿海谷物贸易兴旺发达。据记载，1420年明朝的海军拥有 1 350 艘战船，其中包括 400 个大型浮动堡垒和 250 艘设计用于远洋航行的船舶。这样一支力量还不包括许多私人经营的船舶，但后者同海军比起来显得黯然失色。这些私人经营的船只那时已经在与朝鲜、日本、东南亚甚至东非进行贸易，并为中国带来收入，因为国家试图对这种海上贸易征收捐税。

最有名的官方海上远征，是 1405 年和 1433 年间海军将领郑和进行的七次远洋航行。这支船队有时由数百艘船舶和数万人组成，遍访从马六甲和锡兰（斯里兰卡）到红海口和桑给巴尔的各个港口。一方面他们向顺从的地方统治者馈赠礼品，另一方面强迫桀骜不驯的统治者承认明朝政府。曾有一艘船带着长颈鹿从东非返回，以取悦中国皇帝；另一艘船押回了一个锡兰首领，因为他极不明智，竟不承认天子的最高权力（但是应当指出，中国人从不曾抢劫和杀戮，这与葡萄牙人、荷兰人和其他入侵印度洋的欧洲人不同）。从历史学家和考古学家可以告诉我们的关于郑和船队的规模、实力和适航性（有些大宝船看来大约有 400 英尺长和 1 500 吨以上的排水量）来看，他们或许在航海家亨利王子的探险开始热心地向休达[2]以南推进之前好几十年，就可以绕过非洲并“发现”葡萄牙。

但 1433 年中国的远征是这条航线的最后一次远航，3 年以后皇帝一纸诏书禁止建造海船，再以后一道专门敕令竟禁止保存两桅以上的船舶。此后船队船员受雇于大运河的小船。郑和的大战船被搁置朽烂。尽管有种种机会向海外召唤，但中国还是决定转过身去背对世界。

诚然，这项决定有一种似合情理的战略原因。大明帝国北部边疆再次遭受蒙古人的威胁，把军事资源集中到这个比较脆弱的地区或许是谨慎的。在这种情况下，一支强大的海军是一种耗资巨大的奢侈，无论如何，中国尝试过的南下向安南（越南）的扩张被证明是徒劳的，而且代价很高。但当后来收缩海军的弊端已经显露出来以后，看来它仍未重新考虑这个似乎颇为有理的论据。在大约一个世纪的时间内，中国沿海甚至长江沿岸的城市，不断遭到日本海盗的袭击，但它没有认真重建帝国海军[3]。甚至葡萄牙船队在中国沿海的反复出没，也未能使当局重新估计局势。达官贵人们推理说，陆上防御就够了，因为不管怎么说，中国臣民所进行的一切海上贸易不是都没有被完全禁止吗？

因此，除去新涉及的耗费和其他起抑制作用的因素外，中国倒退的关键因素纯粹是信奉儒家学说的官吏们的保守性，这一保守性在明朝时期因对蒙古人早先强加给他们的变化不满而加强了。在这种复辟气氛下，所有重要官吏都关心维护和恢复过去，而不是创造基于海外扩张和贸易的更光辉的未来。根据儒家学说的行为准则，战争是一种可悲的活动，而军队只有在担心发生蛮族入侵或内乱时才有必要重视。达官贵人对军队（和海军）的厌恶伴随着对商人的疑虑、私人资本的积累、贱买贵卖的做法、暴发户商人的铺张阔气，都冒犯了这些权贵士大夫，程度几乎如同他们激起了劳苦大众的不满一样。虽然达官贵人们并不想完全停止整个市场经济，但经常通过没收商人的财产或禁止他们经商来干涉个别商人。中国民间进行的对外贸易，在达官贵人们的眼里必定显得更加令人疑虑，而这仅仅是因为外贸较少受他们控制。

对商业和私人资本的厌恶与上述大量技术成就并不冲突。明朝重修了万里长城，发展了运河系统、制铁业和御用帝国海军，因为官吏们上奏皇帝说，这些都是必须的。但这些事业才刚刚开始就受到忽视：运河听任淤塞，军队缺乏新的装备，天文仪器（约建于1090年）缺乏管理，铁工场被废弃。这些阻碍了经济的发展。印刷仅限于学术著作，没有用于广泛传播实际知识，更很少用于社会批评。纸币的使用被中止。中国城市从来也不被容许西方城市所享有的自治，没有过真正意义上的自治市民；一旦皇宫迁址，帝都亦随之迁移。因为得不到官方的鼓励，商人和其他企业家无法兴旺起来。即使那些发了财的人，也宁可把钱用于购置土地和兴办教育，而不情愿投资发展基础工业。同样，禁止海外贸易和海洋渔业，消除了刺激经济持续发展的另一潜在因素。尽管在以后几个世纪里，受官方控制的（虽然无疑会有许多逃避监督的）与葡萄牙人和荷兰人的奢侈品贸易之类的对外贸易仍然存在。

结果，中国明朝时期与400年前的宋朝比起来，活力和进取精神都大为逊色。明朝时期农业技术的确有所改进，但即使这种比较集约化的农业和对边沿土地的开发利用，也很难跟上人口增长的步伐；中国的人口增长只受到马尔萨斯所说的瘟疫、洪水、战争等方式的制约，而这些灾害是很难预测的。甚至1644年以后清朝取代明朝也未能停止这种持续的相对衰落。

还有一个细节可以概括这段历史。1736年，即（英国）亚伯拉罕·达比在科尔布鲁克德尔的铁工场开始出名的时候，中国河南和河北的鼓风炉和炼焦炉已被完全废弃了，而鼓风炉的规模在征服者威廉于黑斯廷斯登陆[4]以前就已经很大了。这下子它们要等到20世纪才会重新恢复生产。

伊斯兰世界

16世纪初叶第一批欧洲航海家访问中国的时候，他们虽然对它的面积、人口和财富留下了深刻的印象，但或许已经看出这是一个闭关自守的国家。那时对奥斯曼帝国当然还不能这样说，它当时正处在扩张的中间阶段，由于离基督教世界的后院比较近，因此对后者更具有威胁性。从更大的历史和地理背景来看，大概可以这样说，事实上伊斯兰国家在16世纪已形成了世界事务中发展最迅速的力量。不仅奥斯曼土耳其人在向西推进，而且波斯的萨非王朝也正经历着国力和文化的复兴，特别是在伊斯玛仪一世（1501~1524年在位）和阿拔斯一世（1587~1629年在位）时代；一系列强大的伊斯兰化的汗国仍然控制着经喀什噶尔和吐鲁番到中国的古代丝绸之路，这与诸如博尔努、富兰尼和马里帝国等一系列西非伊斯兰国家不同；爪哇的印度教帝国在16世纪早期就被穆斯林势力推翻了；而喀布尔国王巴布尔则从西北部通过征服者的道路侵入印度，于1526年建立莫卧儿帝国。虽然最初对印度的统治并不稳固，但他的孙子阿克巴（1556~1605年在位）顺利地巩固了这个帝国，他开创了西起俾路支东到孟加拉的北印度帝国。在整个17世纪，阿克巴的继任者们继续往南向信印度教的马拉特人推进，这正好是荷兰人、英国人和法国人从海上侵入印度半岛的时候，然而后者的规模要小得多。在穆斯林缔造的这些非宗教的成功之外，还需加上非洲和印度穆斯林信徒的大量增加，与之比较起来，基督教传教团的传教活动就显得黯然失色了。

但对近代早期欧洲来说，最严峻的伊斯兰世界的挑战，当然来自于奥斯曼土耳其人，或者更确切地说，是他们难以对付的军队和那个时代最好的围城战法。在16世纪初以前，他们的领地已从克里米亚（在那里他们侵占了热那亚人的商业据点）和爱琴海（在那里他们夷平了威尼斯帝国）延伸到黎凡特。至1516年，奥斯曼军队夺取了大马士革，次年入侵埃及，用土耳其火枪摧毁了马穆鲁克军队。这样，他们在封锁了印度通往西方的香料之路以后，溯尼罗河而上，并通过红海推进到印度洋，在那里遇上了葡萄牙人的入侵。如果这也令伊比利亚船员不安的话，那么同土耳其军队给东欧和南欧的王公和人民造成的恐怖比较起来，简直算不了什么。土耳其人已经占有了保加利亚和塞尔维亚，并在瓦拉几亚和整个黑海沿岸有决定性影响；但在向南攻击埃及和阿拉伯以后，在苏莱曼时期（1520~1566年）对欧洲的压力重新开始。那些年基督教世界最强大的东方堡垒——匈牙利再也不能阻止土耳其的优势军队了，它在1526年第一次莫哈奇战役之后受到蹂躏，而1526年恰好是巴布尔在帕尼巴特战役获得胜利的那年，通过这一胜利他为建立莫卧儿帝国奠定了基础。是否整个欧洲不久都要走北印度的道路呢？在有些人看来这似乎是完全可能的，因为在1529年土耳其人已包围了维也纳。事实上，那时阵线已在匈牙利北部稳定下来，神圣罗马帝国从而得以保存；但以后土耳其人仍构成持续的威胁并施加了从来不能完全忽视的军事压力。而到1683年，他们再度包围了维也纳。

奥斯曼海军的扩张在很多方面几乎同样令人惊恐。土耳其人像中国的忽必烈汗一样，发展海军只是为了攻下四面环海的敌人要塞，君士坦丁堡就是这种情况，穆罕默德二世曾用战舰序列和几百艘小船对其进行封锁，以协助1453年的攻城。此后强大的战船队曾被用于横穿黑海的战役，用于往南向叙利亚和埃及推进，以及为控制爱琴群岛、罗德岛、克里特岛和塞浦路斯岛而同威尼斯发生的一系列冲突。在16世纪的最初几十年中，威尼斯、热那亚和哈布斯堡的舰队都避免与奥斯曼的海上势力接近；但到该世纪中叶，穆斯林的海军在整个北非沿海都很活跃，他们常常袭击意大利、西班牙和巴利阿里群岛，并且最后于1571年攻占塞浦路斯，直到勒班陀战役败北才受阻止步。

当然，奥斯曼帝国不仅仅是一部军事机器、一个从事征讨的上层人物集团（像中国清朝时的满族人）。奥斯曼土耳其人在比罗马帝国还大的一块地区和许多臣属民族中，确立了法定宗教信仰、文化和语言的统一。1500年以前的几个世纪中，伊斯兰世界在文化和技术上都领先于欧洲，其城市很大，照明设备好，并有排水系统，而且其中很多城市还有大学、图书馆和极其壮丽的清真寺。在数学、制图学、医学以及科学和工业的许多其他方面（磨坊、铸炮、灯塔、马匹繁殖），穆斯林都享有领先地位。奥斯曼从巴尔干基督教青年中招募未来土耳其士兵的制度，造就了一支虔诚的、统一的军队。对其他种族的宽容使许多天才的希腊人、犹太人和非犹太人为苏丹效命，穆罕默德二世围攻君士坦丁堡的主要铸炮人就是一名匈牙利人。在像苏莱曼一世这样的成功领袖的领导下，一个强大的官僚阶层管理着1 400万居民，而这时西班牙只有500万人，英格兰仅有250万居民。君士坦丁堡在其全盛时期拥有50万以上人口（1600年），比任何欧洲城市都大。

然而奥斯曼土耳其人也开始踉踉跄跄，转向内战，最后失去了支配世界的机会，虽然这种明显的衰落比明王朝极其类似的衰落晚了100年。在一定程度上可以证明这一过程是早期土耳其胜利的必然结果：奥斯曼军队虽然管理良好，或许可以维持一条很长的国界，但如果不付出大量人力和金钱的代价，则很难继续扩张；而且奥斯曼帝国主义与后来的西班牙、荷兰和英国帝国主义不同，它没有顺便带来许多经济利益。到16世纪下半叶，已有迹象表明，奥斯曼帝国在战略上战线拉得过长：一支庞大的陆军驻扎在中欧，在地中海有一支耗资巨大的海军在作战，一些部队在北非、爱琴群岛、塞浦路斯和红海作战，而坚守克里米亚以防正在兴起的俄国势力则需要援军。由于先以伊拉克而后以波斯为基地的什叶派，向当时占主导地位的逊尼派在行为与教义两方面发起挑战，使伊斯兰世界发生分裂，即使在近东也没有一个平静的侧翼。有时局势像当时德意志的宗教斗争一样严重，苏丹只有靠用武力镇压什叶派异端，才能维持其统治。然而在边界另一边阿拔斯大帝统治下的波斯什叶派王国，已完全准备好与欧洲国家联合反对奥斯曼人，就像法国曾与“异教”的土耳其人联合反对神圣罗马帝国一样。奥斯曼帝国与这一系列敌人作战，需要杰出的领袖来维持其发展，遗憾的是1566年以后，陆续进行统治的是13个无能的苏丹。

但外部敌人和个人的弱点并不能完全说明问题。奥斯曼帝国的整个制度像中国明朝的制度一样，越来越多地受到专制集权和对创见、异端、商业的极端保守态度的影响。一个愚蠢的苏丹可以使奥斯曼帝国陷于瘫痪，而一个教皇或神圣罗马帝国的皇帝对全欧洲却永远做不到这一点。由于缺乏来自上面的明确指令，官僚体系的各个分支变得麻木僵化，它们对一切变故持保守态度，从而扼杀了新鲜事物。由于1550年以后没有扩张领土和随之而来的战利品，不满的军队转而进行内部劫掠。商人和企业家（差不多都是外国人）早先曾受到鼓励，现在发现自己遭到了不曾预料到的征税和对财产的非法没收。越来越高的苛捐杂税使商业凋敝，城镇人口减少。也许受害最大的是农民，他们的土地和牲畜被士兵劫掠。随着局势的恶化，文职官员也开始掠夺，他们索取贿赂并没收货物储备。由于战争花费巨大，而且在同波斯的战争期间丧失了亚洲的贸易，因此政府更加拼命地搜罗新的财源，而这必然会给那些营私舞弊的收税人更大的权力。

对于什叶派的宗教挑战的强烈反响，明显地反映和预示着官方将对各种形式的自由思想采取强硬态度。印刷业遭到禁止，因为它或许会传播危险的见解。经济观念仍很原始：进口西方商品是被允许的，但出口被禁止；行会竭力阻止创新，阻止“资本主义”生产者兴起的行为受到支持；宗教对商人的抨击加强了。由于轻视欧洲人的思想和实践，土耳其人拒绝采用抑制瘟疫的新方法，因此他们的人口受恶性传染病的影响较大。在一次令人震惊的蒙昧主义的行动中，一支土耳其军队于1580年捣毁了一个国家天文台，他们声称是这个天文台引起了一场瘟疫。军队实际上成了保守主义的堡垒。尽管土耳其士兵注意到欧洲军队的新式武器，而且有时深受其苦，但他们自己现代化的步伐很慢。他们没有用较轻的铸铁炮去取代笨重的大炮。勒班陀战役失败以后，他们没有建造更大的欧洲型舰船。在南部的穆斯林舰队仅仅奉命停泊在红海和波斯湾比较平静的水域，这就排除了建造葡萄牙型远洋船的必要性。也许技术上的原因是一个因素，但文化和技术上的保守性也起了一定的作用（对比起来，北非伊斯兰化的各国非正规的海盗船却很快采用了装配大炮的快速风帆战船）。

上述对保守主义的评论甚至在更大程度上适用于莫卧儿帝国。尽管这个帝国的绝对版图正处于顶峰，并且几位皇帝具有军事天才；尽管其宫殿富丽堂皇，其奢侈品的生产技术很高；尽管它甚至有一个复杂的银行和信贷网络，但这个帝国在骨子里还是羸弱的。一个东征西讨的上层穆斯林处在主要信奉印度教的广大赤贫农民群众的顶端。在城镇内部有非常多的商人和活跃的市场，印度教实业家对制造业、商业和信贷业的态度，本可以使他们成为韦伯清教伦理的优秀典范。在变成英帝国主义的牺牲品以前，在企业家社会正准备经济“起飞”的图景下，在印度生活中还有一幅较为阴暗的图画，它显现出许多固有的阻滞因素。绝对严格的印度教戒律妨碍了现代化：啮齿动物和昆虫不许杀害，因此大量粮食受到损失；处理垃圾和粪便的社会习俗造成不卫生的环境，成为流行性黑死病的滋生地；种姓制度扼杀了创新精神，逐渐灌输了教义，并限制了市场；而婆罗门祭司对印度地方统治者的影响，说明这种蒙昧主义还起着极大作用。这里存在着对任何激进变革的最根深蒂固的社会障碍。后来，许多英国人最初（在印度）进行抢劫，而后试图根据功利主义原则统治印度，最后却怀着这样一种心情离开：这个国家对他们仍然神秘莫测。这是不足为怪的。

但莫卧儿王朝的统治不能同印度文官行政管理相比。富丽堂皇的王宫是穷奢极欲、挥霍浪费的中心，其挥霍的规模连凡尔赛宫的太阳王（路易十四）或许也认为有些过分。数以千计的仆从和食客，奢华的衣服、珠宝、嫔妃和奇珍异兽，大批的卫士，这一切只有建立一整套的掠夺机器才能支付。收税官吏要向他们的主子缴纳固定数目的款项，就得无情地掠夺农民和商人；无论收成和商业状况如何，钱款都必须收进。除了起义以外，没有宪法或其他东西可以阻止这种劫掠，所以当时税收以“吃人”著称就不奇怪了。因为每年的贡赋如此庞大，人民几乎一无所获。交通很少改善，没有对付饥荒、洪水和瘟疫的救援机构，而这些灾害是经常发生的。相比所有这些来说，明朝中国显得宽厚多了，几乎可算是进步了。看来莫卧儿帝国必定要衰落，因为它在南部要抗击马拉特人，在北部要抗击阿富汗人，最后还要对付东印度公司，它越来越难以支撑下去。实际上导致它衰落的内因大大多于外因。

两个特例：日本和俄国

到 16 世纪时，还有另外两个国家虽然在版图和人口方面都比明朝中国、奥斯曼帝国和莫卧儿王朝差得远，但已展现出政治统一和经济发展的迹象。在远东，日本在其巨大邻国开始衰落的时候，正向前迈进。地理位置给了日本人最好的战略财富（就像它给予英国人的一样），因为岛国属性可使它免遭陆上入侵，而中国就不具备这点。然而日本列岛和亚洲大陆间的距离绝非不可逾越，而且大量日本文化和宗教都是从那个古老文明的国家借鉴来的。但当中国已由一个统一的官僚体系治理的时候，日本的政权还掌握在以氏族为基础的封建领主手中，天皇反倒是无足轻重的。14 世纪存在过的中央集权统治被氏族间的频繁斗争所取代，这种争斗有如苏格兰氏族间的斗争。这并不是大小商人的理想环境，但也没有阻碍大量的经济活动。在海上同在陆上一样，企业家要同军阀和军事冒险家竞争，军阀和军事冒险家们都要从东亚的海上贸易中抽取利润。日本海盗沿着中国和朝鲜海岸进行掠夺。与此同时，其他日本人则热衷于与从西方来的葡萄牙和荷兰访问者交换货物。基督教传教团和欧洲货物渗透到日本社会，这在日本比在冷漠的、自给自足的明帝国容易得多。

这种虽说动乱但还活跃的场面，很快就因越来越多地使用进口的西方武器而改变了。像发生在世界其他地方的情形一样，日本的政权转到了那些掌握大量资源，可以招募一支佩带滑膛枪、最重要的是带有大炮的军人和集团手中。结果大军阀丰臣秀吉控制下的政权在日本巩固起来。丰臣秀吉的野心导致他两次试图征服朝鲜。当两次征讨失败后，他于 1598 年死去，内乱再次威胁日本。但几年之中全部政权又集中到德川家康和以他为中心的德川氏手中，这次中央集权的军事统治不会被动摇了。

在许多方面，德川幕府时代的日本具有上一世纪在西方产生的“新君主制”的特点。重大的区别是幕府放弃海外扩张，实际是放弃同外部世界的一切实质上的联系。1636 年，远洋船舶的建造停止了，而日本公民则禁止在公海航行。同欧洲人的贸易仅限于停靠长崎港出岛的特许荷兰船。甚至在这之前，实际上所有基督教徒（外国的和本地的）都根据幕府命令改宗或被残忍地屠杀了。这些严厉措施背后的主要动机显然是德川氏决心实现没有争议的控制，因而外国人和基督徒被看成是潜在的颠覆分子。其他封建贵族也同样被看成颠覆势力，所以要求他们每两年都要前往都城江户住一段时间协助将军处理政务，且在他们被允许住在自己领地的期间，他们的妻子得留在江户（东京），实际上是被当作人质。

这种强制性的统一本身并没有抑制经济的发展，也没有扼杀杰出的艺术成就。全国性的和平有利于商业，城镇和总人口都在增长，现金支付的发展使商人和银行家的重要性提高。然而，后者从未被容许获得意大利、尼德兰以及英国商人和银行家所取得的社会和政治的突出地位，而日本人显然还不能了解和采用别人发明的技术和工业发展的成就。像明王朝一样，德川幕府故意选择了与世隔绝的道路，只有个别领域例外。这也许并没有阻碍日本本国的经济活动，但它损害了日本的相对实力。由于轻视经商、被禁止旅行或者除庆典之外炫耀自己的武器，依附于主子的武士们过着刻板沉闷的生活。整个军事制度僵化了200年，所以当分舰队司令佩里[5]著名的“黑船队”于1853年来到的时候，惊慌失措的德川幕府别无他法，只得同意美国人补给和获得其他便利的请求。

在政治统一和发展时期之初，俄国看来在某些方面同日本相似。首先，它在地理上远离西方，这部分是因为交通不便，部分是因为周期性地与立陶宛、波兰、瑞典和奥斯曼帝国的军事冲突中断了已经存在的那些道路。但俄国王室还是深受欧洲文明的影响，且不仅仅是受东正教的影响。其次，它从西方找到了对付亚洲平原骑兵攻击的解决方法，这就是滑膛枪和大炮。莫斯科用这些新式武器可自立为一个“火药帝国”，从而进行扩张。由于瑞典人和波兰人也拥有这种武器，因此向西攻击是困难的，但利用这种军事优势向南部和东部的游牧部落和汗国进行殖民扩张就变得容易得多。例如至1556年，俄国军队已到达里海。伴随这种军事扩张而来的常常是探险家和拓荒者，他们不断向乌拉尔山脉以东推进，通过西伯利亚，并在1638年前实际上抵达了太平洋西海岸。探险者和拓荒者的活动常使军事扩张黯然失色。尽管有来之不易的相对于蒙古骑兵的军事优势，但俄国的发展并非轻而易举或命中注定。被征服的民族越多，内部纷争和叛乱的可能性就越大。国内贵族也经常不安分，甚至在伊凡雷帝清洗了他们中的很多人以后也是如此。鞑靼人的克里米亚汗国仍然是一个强敌，它的军队于1571年洗劫了莫斯科，并且直到18世纪仍保持独立。来自西方的挑战更具威胁性，例如波兰人在1608到1613年之间曾占领莫斯科。

俄国更深一层的弱点是，尽管它从西方有所借鉴，但在技术上仍然是落后的，在经济上仍是不发达国家。气候严寒、距离遥远和交通不便是部分原因，严重的社会弊端也起了作用，其中包括沙皇的军事专制主义、东正教对教育的垄断、官吏们贪赃枉法和缺乏预见性，以及农奴制度——这种制度使农业处于封建和停滞状态。但尽管有这些相对落后性，尽管有种种挫折，俄国还是继续进行扩张，把用于强制俄国人顺从的军事力量和独裁统治强加给新的领土。在从西方借鉴足够多的军事实力使现存制度获得维护的同时，任何西方社会和政治"现代化"的可能性都受到颠覆的抵制，例如，住在俄国的外国人被同本地人隔离开来，以免后者受到颠覆性影响。沙皇帝国与本章提到的其他专制国家不同，它得以生存延续，并在日后成长为世界强国。但是在1500年，甚至迟至1650年，许多法国人、荷兰人和英国人未必清楚这一点，他们对俄国统治者的了解可能并不比对传说中的普雷斯特·约翰[6]了解的更多。

"欧洲的奇迹"

在定居于欧亚大陆西部分散的、相对来说缺乏经验的民族中，发生了一场不可阻挡的经济发展和技术创新。这一过程使其在世界事务中稳固地成为商业和军事先驱，这是什么原因呢？这个问题引起学者和其他评论家们的注意已达几个世纪之久。以下段落能做的仅仅是对有关知识作一综述。不管这个综述多么粗略，它还是具有揭示渗透全书论据的主要线索的功能，即有一种主要由经济和技术进步所引起和驱动的机制，虽然这种发展总是同其他可变因素，例如社会结构、地理和偶然事件发生交互作用；要理解世界政治的进程就必须把注意力集中到物质和长期起作用的因素上，而不是人物的更换或外交和政治的短期变化上；实力是一种相对的事物，只有通过各个国家和社会之间的经常比较才能加以描述和衡量。

当你观看16世纪世界"实力中心"的地图时，欧洲有一个特征会立刻引起注意，这就是政治上的分裂。这并不是像中国在一个帝国崩溃之后与在其后继王朝得以重新收紧中央集权政权的绳索之前的一个短时期内出现的偶发或短暂的事态。欧洲在政治上总是四分五裂，尽管罗马帝国做过最大的努力，他们的征服也未能超过莱茵河和多瑙河以北多远；在罗马陷落后的1 000年里，主要政治权力单位的规模同基督教信仰和文化的稳步扩张比较起来，都是既小又局限在个别地方。像西方查理曼大帝时期或东方基辅罗斯公国时期那样政权的偶然集中，只是暂时的事情，会因统治者的更换、国内起义或外部入侵而随即结束。

欧洲政治上的这种多样性主要是它的地理状况造成的。这里没有骑兵帝国可以把它的快速动力强加其上的大平原，也没有像恒河、尼罗河、底格里斯河和幼发拉底河、黄河和长江周围那样广阔而肥沃的流域，可以为勤劳而易于征服的农民人口提供粮食。欧洲的地形更为支离破碎，众多的山脉和大森林把分散在各地的人口中心隔离开来；欧洲的气候从北到南和从西到东有很大变化，这导致很多重要后果。首先，它使统一控制变得很困难，甚至强有力的、坚决果断的军阀也难以做到，这就减少了大陆遭受像蒙古游牧部落那样的外部势力蹂躏的可能性。其次，这种多样化的地形促进了分散政权的发展和继续存在，地区王国、边境贵族领地、高地氏族和低地城镇联盟构成了欧洲的政治地图，罗马陷落后任何时期绘制的地图，看起来都像一块用杂色布片补缀起来的被单，这块被单的图案每个世纪都可能不同，但从来没有一种单一的颜色可以用来标明一个统一的帝国。

最后，欧洲不同的气候条件造成了适于交换的不同产品，随着市场关系的发展，这些产品沿着河流或通过林间小道从一个村落运送到另一个村落。这种贸易的最主要特点或许是它主要由大宗货物组成——木材、粮食、酒类、羊毛、鲱鱼等，它们是为了满足欧洲 15 世纪日益增长的人口的需要，而不是东方商队贸易所需的奢侈品。在这方面，地理又起了关键作用，因为这些商品用水上运输要经济得多，而欧洲又有许多可通航的河流。周围环海对至关重要的造船工业是又一种刺激，到中世纪末期时，繁荣的海上贸易就在波罗的海、北海、地中海和黑海之间进行。虽然这种贸易部分地被战争中断，并受局部地区的灾害（例如歉收和瘟疫）的影响，但总体说来它还是在继续发展，促进着欧洲的繁荣，丰富了其食物并导致建立了新的财富中心，如汉萨同盟诸城镇或意大利城邦。定期的远距离商品交易必然会促进国际范围内的汇票、信贷制度和银行业的发展。商业信贷还有保险单的存在本身就表明经济形势基本上是可预见的，而在这以前世界任何地方的私商几乎都没有享有过这种条件。

此外，因为许多贸易都是通过北海和比斯开湾波涛汹涌的海面运输来开展，也因为远洋渔业已成为营养和财富的一个重要来源，这促使造船工业建造坚固（即使速度更慢，且外观丑陋）的船舶，以便能运载大量货物并能利用风航行。虽然在一个时期船只加大了帆、桅杆和尾舵，因而变得更加灵巧，但北海的“小船”和后来取代它们的船舶，可能没有像定期往返于东地中海和印度洋沿岸的轻型船那样给人以深刻印象，但在下面我们将看到，从长远来看，它们将具有特别的优势。

这种分散的主要是不受压抑的贸易，以及由商人、港口和市场发展形成的政治和社会具有重大意义。首先是没有办法完全压制这种经济发展。这并不是说市场势力的兴起没有使许多当权人物担心。封建主们怀疑城市是异端的中心和农奴的避难所，经常试图削减其特权。像其他地方一样，商人常遭抢劫，他们的商品被盗，财产被占。罗马教皇对高利贷的看法，对赢利的中间人和放债人的厌恶，在许多方面与儒家学说产生了共鸣。但基本事实是，在欧洲不存在一个可以有效地阻止这种或那种贸易发展的统一政权；没有一个中央政府由于改变了发展的进程而造成某一特定工业的兴起或衰落，曾经严重阻碍莫卧儿王朝经济的税收官对商人和企业家进行的全面掠夺也没有发生。举一个特别明显的例子，在基督教改革时代欧洲政治分裂的环境下，要使每个人都承认教皇1494年把海外世界划分为西班牙和葡萄牙的势力范围，是不可想象的，更难想象禁止海外贸易的命令（如中国明朝和德川幕府时代的日本所颁布的法令）会取得什么效果。

事实是，即使别人在掠夺和驱逐商人的时候，欧洲总有一些王公和地方贵族愿意容忍商人及其行为方式，而且如文献所载，受压迫的犹太商人、破了产的佛兰芒纺织工人和受迫害的胡格诺派新教徒，迁移时都随身带着他们的专门技艺。一个莱茵兰的男爵因对商旅过度征税而发现，商路改到了别的地方，他的收益不翼而飞了。一位赖债的君主，在面临下一次战争威胁并急需资金去武装他的陆军和舰队时，很难再借到一笔贷款。银行家、军火商人和手工工匠都是社会的重要成员，而不是敲边鼓的：大部分欧洲政权逐渐地、不平衡地与市场经济形成了一种共生的关系，为市场经济提供了国内秩序和非独断专行的法律制度（甚至也对外国人提供），并以税收形式得到日益增长的商业利润的一部分。在亚当·斯密创造出精确定义之前很久，西欧某些社会的统治者就已默认，“为了把一个国家从最低级的野蛮状态发展到最大限度的繁盛，除了和平、轻税和宽容公正的政府以外，不再需要什么了……”有时那些缺乏洞察力的领导者，如西班牙卡斯蒂利亚王国的君主或法国一个偶尔上台的波旁国王，企图杀掉下金蛋的鹅，结果就是财富减少，以及随之而来的军事实力的衰退。

可能导致政权中央集权化的唯一因素，是一个国家的火器技术取得非常重大的突破，以致所有敌人都被压垮或慑服。而在15世纪欧洲经济和技术发展速度加快的同时，大陆的人口从黑死病的打击下刚刚恢复过来，意大利文艺复兴正欣欣向荣，中央集权这种情况是不可能发生的。如前所述，正是在从1450年至1600年这一相当长的时期内，“火药帝国”在其他地方建立起来。俄国、江户时期的日本和莫卧儿王朝统治的印度提供了很好的例子，它们说明大国领袖一旦掌握了火器和大炮，就能迫使所有的对手臣服，这样的一些领袖的确能使大国改变形象。

此外，因为新的作战技术较多地产生在中世纪晚期和近代早期的欧洲，而不是在别的地方，一项这样的突破可能帮助某一个国家压倒其竞争对手，这并非难以置信的事。已有迹象说明军事实力在日益集中。在意大利，使用弩手队（必要时由矛兵保护）结束了以骑士和随其出征的训练不良的封建民兵为主要战斗力量的时代；但同样清楚的是，只有像威尼斯和米兰这样比较富裕的国家，才能养得起由有名的雇佣兵队长指挥的新式军队。其次，到大约1500年，法国和英国的国王已经在国内获得大炮垄断权，因而如有必要，他们能够粉碎特别强大的臣属，即便后者躲到城堡高墙后面也不在话下。但是这种趋势是否最终会导致更大的、横跨欧洲的超国家的垄断呢？这必定是1550年前后许多人提出的一个问题，因为他们当时看到在神圣罗马帝国皇帝查理五世统治下发生了领土和军队的广泛集中。

对哈布斯堡称霸欧洲这一特别企图及其失败的详细论述，将在下一章进行。这里将它不可能把统一强加给整个欧洲大陆的较一般性原因，做一简单说明。多个经济和军事实力中心的存在再次成为基本原因。没有一个意大利城邦可以在不受他国为维持均势而进行干预的情况下加强自己，没有一个“新君主政体”可以在不刺激竞争对手寻求补偿的情况下扩大自己的领地。到宗教改革顺利地、确实地进行时，在传统的均势竞争之外又增加了宗教对抗，这就使政治集权的前景变得更加渺茫。然而，真正的解释要更深一步，毕竟竞争者和交战集团之间存在着恶感这一简单的事实，在日本、印度和其他地方都能见到，但并没有妨碍最终的统一。欧洲的不同之处在于，每一支竞争力量都可以接触新的军事技术，所以没有一个政权具有决定性的优势。例如，瑞士军人和其他雇佣兵都准备为任何能够付款的人效力。没有独一无二的生产弩机的中心或生产炮的中心，不管是早期的铜炮还是晚期较便宜的铸铁炮。这些武器可以在接近森林地带的矿床附近生产，如在中欧、马拉加、米兰、列日，后来在瑞典。同样，造船技术在从波罗的海到黑海各个港口的传播，使一个国家极难完全控制海域，这必然有助于防止征服和消灭坐落在海那边的武器生产竞争中心。

因此，如果说欧洲分散的国家体系是集权化的巨大障碍，那就不是简单的同语反复了。因为存在着许多竞争的政治实体，它们大多具有或能够购买维护自己独立的军事手段，所以没有一个国家可以在称霸大陆方面取得突破。虽然欧洲国家间这种相互竞争的作用，似乎可以说明缺乏统一的“火药帝国”的原因，但乍看起来并不能说明欧洲稳步兴起而占全球领先地位的原因。如果把 1500 年新君主国家掌握的军队，用来同苏丹的庞大军队和明朝中国的众多军队作战，究竟是否会显得太弱了呢？在 16 世纪早期甚至 17 世纪，在某些方面是这样的；但在后一时期，军事实力的均势迅速地朝着有利于西方的方向变化。为解释这种变化，必须再次说明欧洲权力的分散。首先在城邦及随后在较大王国之间进行的原始形式的军备竞赛产生了什么，最重要的是将要产生什么？这或许在某种程度上有社会经济根源。既然为意大利作战的军队不再由封建骑士及其侍从组成，而是由商人支付和特定城市的行政长官监督的长矛兵、弩手及（侧翼）骑兵组成，那么该城市几乎不可避免地会要求雇佣部队实现所付金钱的价值，尽管雇佣兵队长们耍尽花招，以免自己成为冗员；换句话说，城市需要能迅速取胜的武器和战术，以使军费降下来。同样，既然15世纪末期法国的君主有了一支自己直接控制和支付的“全国性”军队，他们就急于看到这支力量产生决定性的结果。

根据同样的理由，这种自由市场制度不仅迫使大量雇佣兵队长为签订合同而进行竞争，也促进手工工匠和发明者改进他们的产品，以争取新的订货。武器技术的这种螺旋上升式的发展在15世纪早期的弩机和盔甲片生产中已经可以见到，而在以后50年该原则又扩大到火药武器的实验上。这里回顾一下以下事实是重要的：最初使用大炮时，西方和亚洲在大炮的设计和效力方面没有多大差别。发射石球和产生轰然巨响的巨大炮管显然看起来很了不起，且曾起过作用，即土耳其人曾用于轰击君士坦丁堡城墙的那种炮。然而，似乎只有欧洲才存在不断在技术上进行改进的动力：在火药粒方面，在用铜和锡合金铸造小得多（但火力同样强大）的大炮方面，在炮管和炮弹的形状及结构方面，在炮架和炮车方面。这一切极大地提高了大炮的火力和机动性，给了这种武器的所有者摧毁最坚固堡垒的手段。用强大铜炮装备起来的法军1494年入侵意大利时，意大利城邦惊恐地领教了它们的威力。所以毫不奇怪，发明家和有学问的人都被怂恿去设计某种能抵消这种大炮威力的东西（同样令人惊奇的是，这一时期达·芬奇的笔记里就有一种机关枪、原始坦克和蒸汽动力炮的草图）。

这并不是说其他文明没有改进他们早期的、构造简单的武器。它们经常通过模仿欧洲样式或说服欧洲来访者（如在中国的耶稣会会士）出让他们的专长，来进行改进。但因为明朝政府享有大炮的垄断权，而且俄国、日本和莫卧儿王朝统治下的印度不久也取得了这种垄断权——既然它们的政权已经确立起来，改进并加强这种垄断权的诱因就要小得多。中国人和日本人转向闭关自守以后，就忽视了发展武器生产。穆斯林士兵因固守传统的作战方式，对大炮的兴趣也比较冷淡，直到后来为时已晚，难以赶上欧洲的领先地位。面对不太发达的民族，俄国和莫卧儿王朝军队的指挥官们没有改进武器的迫切需要，因为他们已经拥有压倒敌人的军队。正像在一般经济领域一样，欧洲在军事技术这个特别领域受到繁荣的武器贸易的刺激，取得了对其他文明和实力中心的决定性领先地位。

这种武器技术螺旋上升发展的两个进一步的后果需要在这里提一下：一个后果是确保了欧洲政治的多元化，另一个后果是它最终获得了海上霸权。第一个后果很简单，可以简单叙述。在1494年法国入侵后的1/4世纪内，甚至在此之前，意大利人就已发现，城墙以内突起的土木工事可以大大地减少大炮轰击的效果；当炮弹射进坚实的土堆时，便失去了对外墙的那种破坏作用。如果在各种这类土木工事前面再有一条深壕沟（后来又有一系列构造复杂的设防棱堡，滑膛枪和大炮可以从这里发射交叉火力），它们就会形成围城步兵几乎不可逾越的障碍。这就恢复了意大利城邦的安全，或者至少是那些未落入外国征服者之手的，以及那些拥有建造和守卫这种综合防御体系所需要的人力资源的城邦的安全。这也给了那些参与防御土耳其人的军队一种优越性，正如马耳他和匈牙利北部的基督教守卫部队很快发现的那样。它阻碍了欧洲一个傲慢强国对叛乱者和竞争者的轻易征服，这就像伴随尼德兰起义的持久包围战所证实的。如果敌人有可以退守的坚固防御基地，在开阔战场获得的胜利就不能成为决定性的。德川幕府或印度的阿克巴通过火药所取得的权威，在西方没有被模仿，西方的特点仍旧是政治的多元化及同时发生的、你死我活的军备竞赛。

海上“火药革命”的影响甚至更为广泛。以前，北欧、伊斯兰世界和远东在中世纪末期的造船和海军装备上实力相当。如果郑和的远航和土耳其舰队在黑海、东地中海的迅速发展或许对1400年和1450年前后的观察家有什么暗示的话，那就是海运发展的未来把握在这两个强国手中。人们猜测，在有关制图学、天文学以及罗盘、星象仪等仪器的运用这三方面他们区别很小。关键的区别在于持续不变的组织。或者如琼斯教授所说：“假定其他航海家，例如波利尼西亚人也能航行很远的距离，但整个欧洲在合理地组织航行和在一个航程内开发资源的能力，则能比单独的伊比利亚人的远航伟业给人留下的印象更深刻。”葡萄牙人对地理资料进行系统搜集，热那亚商行多次想为大西洋探险提供资金，这种探险最终可能弥补失去黑海贸易的损失，可以再往北依次发展纽芬兰的鳕鱼渔场，这一切都说明一种向外发展的持续意愿，这在这个时期的其他社会是不易见到的。

但是，最重要的“合理化”措施，也许是船上武器装备的不断改善。在海战极力模仿陆战的时代，在帆船上安装大炮是非常自然的结果。正像中世纪的城堡沿城墙和堡垒配置弓箭手以击退包围的军队一样，热那亚、威尼斯和阿拉贡的大商船也以弩机武装起来，守在船头船尾的“堡垒”中，以保卫自己免受地中海穆斯林海盗的侵犯——尽管仍会造成船员的严重伤亡，而且不一定真能拯救和平的商人——如果进攻者果真下了决心的话。

然而，一旦水手们领略到陆上大炮设计方面所取得的进步（即新的铜炮要小得多，威力却要大一些，对炮手的危险要比笨重的铸铁炮小），就会很快将这种武器装在船上，尽管中国和西方的军舰上已经装上了石弩、投石机和其他类型的投射器械。即使大炮已变得不那么容易爆炸，对船员已不那么危险，它们仍然存在很大的问题：假如使用威力较大的火药，后坐力就会很大，如果大炮未加固定，就会被反作用力弹回甲板，而且这种武器仍然很重，如果船舷上（特别是在炮台上）装的炮很多，足以使船失去平衡。这时，欧洲坚固的、船壳略呈圆形的三桅全天候帆船所固有的优越性便显示出来，它们使在地中海、波罗的海和黑海等内海航行的窄条划桨单层平底帆船、阿拉伯人的独桅三角帆船，甚至中国人的平底帆船都相形见绌。它们可以在任何情况下用更大的舷炮开火，同时使船保持稳定。当然事故还是不时发生；但人们很快认识到，把这种武器安置在船舰中部而不是炮台上，可以提供安全得多的炮基，此时这种轻快帆船和大帆船的潜在威力就变得很强大。相形之下，轻便小船受到双重劣势的不利影响——携带炮火的能力小，更容易受到炮弹的损伤。

有必要强调一下“潜在威力”，因为载炮远洋帆船的演进是一种缓慢而不平衡的发展。历史上建造过许多混合型的舰船，有些装有多根桅杆、多门大炮和多排的桨。16世纪在英吉利海峡仍能见到单层平底大帆船这样的船只，此外，有大量证据表明，在地中海和黑海这种船也在继续使用。在很多情况下，这种船航速较快，在近海操作比较灵便，因而比较容易用来与沿海陆地运输相衔接，对土耳其人来说，这些船要优于那些只能作短程航行而不能远海航行的船。

同样，我们不能设想，第一批葡萄牙船一绕过好望角就立即开始了没有争议的西方制海权时代。历史学家提到的“瓦斯科·达·伽马时代”和“哥伦布时代”（即1500年以后300年或400年的欧洲霸权），是一个非常缓慢的过程。葡萄牙探险家在15世纪90年代以前或许已经抵达印度海岸，但他们的船舶仍然很少（经常只有300吨），而且并非所有船都配有很好的武器装备，当然不能同一个世纪后航行于这些水域的强大的荷兰东印度公司的商船相比。事实上葡萄牙人不能长期渗入红海，也不能频繁涉足中国，只是偶尔到过那里；而在16世纪末期，他们的一些东非停靠站就在一次阿拉伯的反攻中陷落了。

如果假想非欧洲的强国一见到西方的扩张主义就像一沓纸牌一样倒塌了，那也是错误的。墨西哥、秘鲁和新大陆其他不太发达的社会在西班牙探险家登陆时，的确发生过这种情况。既然中国政府曾主动忽视海上贸易，如果商业落入蛮人之手，它也不会真正关心；甚至葡萄牙人1557年在中国澳门建立半官方商站，似乎也没有搅扰北京的平静，虽然这个商站对地方丝商和纵容它的行政官员们必定有利可图。日本人在这方面要强硬得多。当葡萄牙人1640年派遣一个使团去日本抗议其驱逐外国人时，几乎所有团员都被杀害，而里斯本却无法对其进行惩罚。最后，奥斯曼帝国的海军坚守着东地中海，而其陆军实力仍然对中欧构成重大威胁。在16世纪，“对大多数欧洲政治家来说，丢失匈牙利比在东方建立工厂的重要性要大得多，而对维也纳的威胁要比他们自己在亚丁、果阿和马六甲进行的挑衅重要得多；只有那些背靠大西洋的政府像它们后来的历史学家一样，可以忽视这一事实”。

无疑，远程武装帆船的发展预示了欧洲在世界上地位的重要推进。西方海军强国利用这些舰船使自己处于一种非常有利的地位：控制大西洋商路，慑服所有容易受到海上实力攻击的社会。葡萄牙人同他们的穆斯林敌人在印度洋上的前几次重大冲突，就使这一点清楚无疑。达·伽马和阿布奎基在他们的航海日志和报告中，描述了他们的战舰如何冲杀和摧毁在马拉巴尔海岸附近、霍尔木兹海峡和马六甲海峡遇到的由阿拉伯独桅三角帆船和其他轻型船组成的庞大舰队，为自己开辟道路。无疑，他们在回忆中有所夸大，但读这些航海日志和报告可以得到这样一种印象——似乎一种天外超人的力量突然袭击了那些不幸的敌人。葡萄牙船员遵循新的战术，即“他们决不能去敌舰的甲板，只能用大炮战斗”，他们在海上实际上是不可战胜的。在陆上，如在亚丁、吉达、果阿和其他地方进行的激烈战斗（并偶尔战败），所表明的情况全然不同。然而，这些西方入侵者的决心如此之大，又如此残忍，到16世纪中叶，他们已经为自己开辟了从几内亚湾到南中国海的一系列要塞。虽然葡萄牙人从未能垄断印度的香料贸易（其中很大一部分继续经传统渠道运到威尼斯），但他们也操纵了这种贸易的相当大一部分，并从他们争夺帝国的早期领先地位中得到了巨大好处。

当然，西班牙征服者在其于西半球迅速建立的广大陆上帝国内获利的证据更多。西班牙远征军从伊斯帕尼奥拉和古巴的早期居留地出发，向大陆推进，于16世纪20年代征服墨西哥，30年代征服秘鲁。在几十年内，这块领地从南部的拉普拉塔河扩展到北部的里奥格兰德。西班牙大帆船沿着大陆西海岸定期往返，与来自菲律宾群岛的船相衔接，后者载来中国丝绸以交换秘鲁的白银。在新大陆，西班牙人建立帝国行政机构、建筑教堂并经营牧场和矿山，明确表示要在那里待下去。征服者通过开发这些领土上的自然资源，更多的是利用土著劳动力，把源源不断的糖、胭脂红、皮革和其他商品运送回国。最重要的是把波多西矿中的白银运送回国，该矿在100多年的时间里是世界上最大的单一银矿。这一切导致“跨越大西洋贸易的飞速增长，其贸易额在1510年到1550年增长了7倍，而在1550年到1610年又增长了两倍”。

因此，所有迹象表明，这个帝国主义国家企图永远在那里待下去。葡萄牙和西班牙探险家的行动与郑和的短暂访问不同，他们象征着承担改变该大陆政治和经济平衡的使命。他们用舰载大炮和滑膛枪所作的正是这件事。回顾历史，有时似乎很难理解：一个像葡萄牙这样人口和资源都很有限的国家，怎么能航行如此之远并取得如此之多。而在上述欧洲陆军和海军优势的特殊情况下，这绝非不可能。这一步一经迈出，帝国的丰厚利润以及获取更多利润的愿望，更加快了扩张的过程。

“欧洲扩张”史中有些因素以前被忽略了，或仅简单提到，那就是没有对个人作用方面进行考查，然而（如在一切重要努力中）这方面的内容是很丰富的：亨利王子（航海家）等人的鼓励；造船工匠、武器制造者和学者们的天才；商人的进取精神；最重要的是参与远航，沿途经受浩瀚大海、恶劣气候、荒凉地形和残暴敌人可能造成的种种艰难困苦的绝对勇气。由于个人得失、国家荣誉、宗教狂热，或许还有冒险意识等各种动机的结合，人们甘冒一切风险，而在许多情况下他们的确冒了风险。对于欧洲征服者强加给非洲、亚洲和美洲的牺牲者的可怕残忍，一般很少叙及。这些特点之所以很少提及，是因为那时的许多社会都把这样一些个人和集团推上前台：他们为把世界变成自己的囊中物而敢冒一切风险并愿做任何事情。欧洲的船长、船员和探险家们最杰出的地方在于，他们拥有可以用来实现其野心的船舶和火力，他们来自笼罩着竞争、冒险和企业家精神的一种政治环境。

欧洲扩张的好处是广泛而持久的，而最重要的是它们有助于促进已经存在的机制。虽然重点在于获取金、银等贵金属和香料，但不管这些贵重物品多么重要，也不能忽视欧洲海员横跨大西洋以后大量涌进欧洲港口的次要商品的价值。纽芬兰渔场带来了用之不竭的食物供应，而且大西洋还提供了照明、润滑和其他领域所迫切需要的鲸鱼油和海豹油。糖、靛蓝、烟草、大米、毛皮、木材和像土豆、玉米那样的新植物，增加了欧洲大陆总的财富和福利，当然，后来还有源源不断的粮食、肉和棉花。但要理解葡萄牙人和西班牙人的发现在几十年内对增强大陆西部的繁荣和实力的巨大的、日益增加的重要性，人们无须过早谈论后来19世纪的全球性世界经济。像渔业这种大宗贸易在捕鱼和销售方面都需要雇用大量人手，这进一步促进了市场经济发展。而这一切对欧洲造船工业造成了最大的刺激，把大量手工工匠、供应厂商、商人和承保人等都吸引到伦敦、布里斯托尔、安特卫普、阿姆斯特丹及其他许多港口周围。其直接效果是使很大一部分西欧居民而不仅是少数上层代表人物，对海外贸易成果发生了一种持续的物质兴趣。

如果在商品单子上再加上俄国向大陆发展的贸易，即从俄国运到西欧的毛皮、皮革、木材、麻、盐和粮食，那么学者就有理由把这描绘为一种“现代世界体系”的发端。开始时是许多单独的扩张，它们确定不移地汇合为一个连锁体：几内亚沿岸的黄金和秘鲁的白银被葡萄牙人、西班牙人和意大利人用于交换从东方来的香料和丝绸，俄国的冷杉和木材帮助它从英国采购铁炮，粮食从波罗的海途经阿姆斯特丹运到地中海。这一切造成一种持续的相互作用——欧洲的进一步扩张带来新的发现，因而带来贸易机会，这种额外的收获又刺激了更大的扩张。这不一定就是一帆风顺的，欧洲的大战或内乱会急剧减少海外活动。但殖民强国几乎从不放弃自己的囊中物，而且在短期内新的扩张浪潮和探险又会开始。如果已经确立起来的帝国主义国家没有开发它们占有的阵地，就会有别的国家取而代之。

最后也是为什么这个机制如同以前一样继续起作用的最大原因，即欧洲国家已经很尖锐的多重竞争，发展到了大洋彼岸的领域。西班牙和葡萄牙人虽曾极力保住罗马教皇分配给它们的对外部世界的垄断地位，但它们不可能保住，特别是当人们认识到并不存在从欧洲通向中国的东北通道或西北通道以后。还在1560年以前，荷兰人、法国人和英国人的船只已冒险穿越大西洋，稍后进入印度洋和太平洋，英国呢绒业的衰落和尼德兰起义加快了这一过程。在国王和贵族的庇护下，在阿姆斯特丹和伦敦大商人的资助下，在宗教改革和反宗教改革造成的一切宗教和民族主义狂热的推动下，新的商业和掠夺性远征从西北欧出发，以获取一份赃物。既然有获得荣耀和财富、打击竞争者和增进本国资源，以及把新的精神变成真诚信仰的前景，还可能有什么相反的论据提出来反对进行这种冒险呢？

这种日益加剧的商业和殖民竞争的相对合理方面，是科学和技术知识的平行发展。无疑这一时期的许多进步都是军备竞赛和争夺海外贸易的副产品，但其最终的好处却超越了它们不光彩的起源。改进了的制图学、航海图、望远镜、气压计、海面高度仪和装有平衡架的罗盘等新仪器，以及更好的造船方法，都有助于使海上旅行成为风险较少的旅行方式。新的庄稼和植物不仅带来了更好的营养，也是对植物学和农业科学的一种促进。冶金技术以及实际上整个炼铁工业取得迅速进展，深层采矿技术也取得了同样的进展。天文、医学、物理和工程学得益于日益加快的经济步伐和科学价值的提高。富于探索精神的理性头脑进行着更多的观察、更多的实验；而印刷业除了印制本国文字版的《圣经》和政治论文外，还传播着这些发现。这种知识爆炸的积累性作用，支撑着欧洲技术优势以及随之而来的军事优势的进一步增强。对于强有力的土耳其人，至少他们前线的战士和海员在16世纪末以前也都感受到了这方面的某种影响。对其他活力更差的社会来说，其影响就更为严重。不管亚洲某些国家是否起飞进入自发的商业和工业革命，它们能完全不受干扰这一点似乎很值得怀疑；但有一点是清楚的，即在比较先进的欧洲国家占据了世界强权阶梯的顶上几级以后，其他国家是极难再攀登并超越其上的。

似乎可以这样说，这种困难是多方面的，因为向上攀登阶梯不仅需要获取欧洲的装备及欧洲的技术，而且要全面借鉴使西方社会不同于其他一切社会的那些一般特征。这意味着需要市场经济，即便不是亚当·斯密提出的那种程度的市场经济，至少是商人和企业家不会经常受到威慑、阻挠和掠夺。这同样意味着要有一种权力中心的多元化，每个中心都应尽可能有自己的经济基础，以免出现一种强加的东方式专制制度的集权化，而创造出进步的刺激竞争的一切可能前景，可能会有骚动，偶尔还伴有残忍。推而广之，这种削弱经济和政治的僵化意味着同样削弱文化和思想的正统观念，这是一种探索、争论和实验的自由，是信仰改进的可能性，是关心实际而不是抽象的事物，是一种蔑视达官贵人的信条、宗教教条和传统民俗的理性主义。这在多数情况下并不牵扯许多积极因素，而是需要减少阻碍经济增长和政治多样化的障碍。欧洲的最大优势是它较少被其他文化所羁绊。

虽然不可能对此加以证明，但人们可以猜想，根据它固有的某种内部逻辑，这种种一般特征是相互关联的，而且都是必然的。欧洲的优势是经济自由放任、政治和军事的多元化以及智力活动自由的一种结合，这些因素在经常的相互作用中产生了“欧洲的奇迹”。因为这种奇迹在历史上是独特的，似乎可以合理地假定，只要模仿其全部组成部分，就可以在别的地方产生同样的结果。因为在中国明代、中东和亚洲的伊斯兰帝国或上面考查过的任何其他社会都不存在这种关键成分的融合，于是，当欧洲已发展为世界舞台的中心时，这些东方帝国似乎仍在停滞不前。

注：

1. 指穆罕默德。——译者注

2. 休达，在摩洛哥最北端，即直布罗陀海峡东南的一个港口，属西班牙。——审校者注

3. 在 16 世纪 90 年代的一个短暂时期，有所恢复的中国沿海舰队曾协助高丽人抵御了日本人两次入侵的尝试。但即使明朝海军的这部分残余力量随后也衰落了。

4. 1066 年 10 月 14 日，诺曼底公爵威廉（征服者）在英国黑斯廷斯登陆，后自立为英国国王。

5. 马修 · 加尔布雷斯 · 佩里（1794~1858），美国海军准将，1853 年率舰队到达日本。1854 年 2 月又率一支舰队到日本神奈川，强迫日本签订《日美和好条约》。

6. 普雷斯特 · 约翰，传说中的一位基督教徒国王和牧师，据说曾统治远东或非洲的某一王国。——审校者注

第二章 哈布斯堡家族争霸（1519~1659）

尽管科技进步和军事竞争推动着欧洲各国以其通常的互不相让、各显其能的方式向前发展，依旧可能有一个国家凭借充足的资源而脱颖而出，控制整个欧洲大陆。

欧洲能在经济、军事方面雄居世界之首，亦得益于16世纪欧洲内部的权力斗争。当时，在相互竞争的欧洲国家之中，谁能积累足够的资源，超过和控制其他国家，尚未形成定局。在1500年后的150多年中，哈布斯堡家族的联合体，几乎成为欧洲政治和宗教势力的主宰。这一囊括整个欧洲大陆的联合体，是由这一家族的西班牙和奥地利成员所统治的王国、公国及省份组成的。本章的中心内容为：叙述这场旷日持久的争夺，以及在欧洲其他国家的联合打击之下，哈布斯堡欲为欧洲之王的野心最终破灭的历史。到1659年，即西班牙终于在《比利牛斯和约》[1]上认输之时，欧洲已出现了政治多元体，这是不容置疑的事实。这个政治多元体，包含五六个主要国家，另有几个小国。在这些主要国家之中，哪个在大国权力体系的变动中得利最多，将在下一章中叙述。到17世纪中叶，至少有一点是清楚的：没有任何一个王朝或军事集团有能力成为欧洲之王，而在此前几十年，却有几次似乎将要出现欧洲之王。

在这一个半世纪里，为争霸欧洲而进行的战争，在程度和性质的错综复杂上均不同于 1500 年以前的战争。在此前 100 年内所发生的战争是地方性的，如意大利各国之间的冲突、英国和法国王室的争斗，以及条顿骑士团对立陶宛和波兰的战争，就是有代表性的典型例证。而在 16 世纪开始后，这类传统的地区性争斗，已被规模大得多的为争霸欧洲大陆而进行的战争所掩盖和替代。

角逐的目标与纪年

虽然卷入这场大规模斗争的国家都各有其特殊原因，但造成欧洲战争升级和范围扩大的普遍原因有二。其一，是宗教改革，导火线是 1517 年马丁 · 路德对教皇专权的反抗。这为传统的王朝斗争增加了凶险的新内容。由于特定的社会经济原因，宗教改革以及它的对立面（即天主教对异教运动的反改革），都倾向于将欧洲南半部与北半部分开，把新兴的以城市为基础的中产阶级与封建贵族分开。在这一大分化及归类中，当然会有不少例外情况。但基本的一点是，基督教社会分裂了，欧洲大陆有许多人被拉入了为教义而进行的超国界的斗争。直到 17 世纪中叶，当宗教战争的过火行为和徒劳无益使人们消极退缩下来时，他们才普遍地或许不无勉强地承认欧洲教派的分裂。

使得 1500 年以后的战争更为广泛和复杂的第二个原因，是哈布斯堡家族的王朝联合体。该联合体的领土从直布罗陀到匈牙利，从西西里到阿姆斯特丹，形成一个网络。欧洲自 700 年前查理曼大帝时代以后，再没有过如此庞大的家族王朝。哈布斯堡家族起源于奥地利，这些统治者不断地想方设法成为神圣罗马帝国的皇帝。虽然中世纪盛世以来，此一头衔已大失实权，但仍有不少王公孜孜以求，以便在德国乃至整个欧洲发挥更大作用。

实际上，哈布斯堡家族是通过婚姻和继承权来扩大领土的，这种做法举世无双。一个例证是，奥地利的马克西米利安一世（1493~1519 年在位的神圣罗马帝国皇帝），在 1477 年通过这种做法一举获取勃艮第的富饶土地遗产，还取得了尼德兰。另一例证是，在 1515 年通过一纸婚约，取得了匈牙利和波希米亚。虽然前者不在神圣罗马帝国疆域内，且拥有相当多的自由权，但哈布斯堡王朝因之获得横跨中欧的大片土地。马克西米利安影响最为深远的王朝联姻，是其子菲利普娶西班牙国王之女胡安娜，而胡安娜的父母斐迪南二世和伊莎贝拉一世已通过自己的联姻把卡斯蒂利亚和阿拉贡的领地（包括那不勒斯和西西里）联为一体，这些婚姻的“遗产继承人”是查理，即菲利普和胡安娜的长子。他生于1500年，15岁时成为勃艮第大公，一年后成为西班牙国王卡洛斯一世；1519年，他继承祖父马克西米利安一世的大业，成为神圣罗马帝国皇帝和哈布斯堡家族在奥地利世袭领地的统治者。因此，到1555~1556年退位时止，他一直领有全部四份世袭领地。1526年，无嗣的匈牙利国王路易二世在与土耳其人进行的第一次莫哈奇战役中阵亡，查理又戴上了匈牙利和波希米亚的王冠。

这些领地的多样性及其分散状况将在后面具体讨论。哈布斯堡主权的状况使人联想到它绝不是亚洲式的真正统一的中央集权帝国。甚至在16世纪20年代，查理就已把奥地利的世袭地产和刚得到的匈牙利及波希米亚行政管理权——亲王主权交给了他弟弟斐迪南一世。也就是说，早在查理退位之前，他已承认西班牙和奥地利的世袭领地不可能由一个人有效地统治。尽管如此，其他王公和国家并不这样看待哈布斯堡政权的大规模兼并。法兰西瓦罗亚家族的国王们刚刚巩固了在国内的地位，便急欲将其势力侵入富饶的意大利半岛，在他们看来，查理五世的产业包围了法兰西国家。不夸张地讲，在以后的两个世纪里，法国在欧洲的目标就是要打破哈布斯堡家族的势力。同样，德意志的王公和帝侯长期以来一直就反对让皇帝在德意志本土有任何实权。他们看到，查理五世由于新添领土而实力大增，他可能会运用这些资源推行自己的主张，因而不能不警觉。许多教皇也如此，尽管他们经常需要利用哈布斯堡家族的势力，去同土耳其人、路德派及其他敌人战斗，但他们仍不愿让其权力扩大。

由于欧洲国家体系所固有的竞争机制，很难想象哈布斯堡王朝不会受到挑战。这种冲突的可能性与宗教改革引起的教派纠纷相结合，就变成了旷日持久的、灾难性的现实冲突。事实是，在一个半世纪里，最为出色、最有权力的哈布斯堡君主，也是保卫天主教的最顽强的斗士。如查理五世及其继承人斐迪南二世（1619~1637 年在位）、西班牙国王菲利普二世（1556 ~1598 年在位）、菲利普四世（1621~1665 年在位）都是如此。结果，企图把这个时期折磨欧洲大陆的竞争中的政治权力和宗教派系分离的想法全部落空。当时所有人都可以体会到，如果查理五世能在 16 世纪 40 年代打垮德国新教王公，那将不仅是天主教信仰的胜利，而且是哈布斯堡势力的胜利。同样的情形还有，菲利普二世在 1566 年以后镇压尼德兰宗教动乱；1588 年，西班牙舰队入侵英格兰。简言之，民族和王朝的竞争已与宗教狂热融为一体，使得人们不断寻求战争，而在以往，他们是可以妥协的。

即使如此，使用“哈布斯堡家族争霸”这个标题，概括从 1519 年查理五世当上神圣罗马帝国皇帝到 1659 年西班牙在《比利牛斯和约》上认输的整个时期，还是有说服力的。显然，他们的敌人确实认为哈布斯堡家族想要掌握绝对的控制权。伊丽莎白时代的作家弗兰西斯 · 培根，在 1595 年就曾伤感地描述了“西班牙的野心与压迫”：

> 法兰西已被颠覆……葡萄牙也被篡夺……低地国家遭战火……阿拉贡终难放过……自由人沦为奴隶，印第安人悲惨啊！

有些哈布斯堡大臣夸夸其谈，偶尔提到“世界君主”，然而从没有一个人像拿破仑或希特勒那样在有意识、有计划地控制欧洲。有些哈布斯堡王朝的联姻和继承权属于幸运，最多不过是出于灵感，尚无证据说明它们有一个长期的领土扩张计划。在有些情况下，哈布斯堡统治者是受到挑衅，而不是去挑起事端。例如法国对意大利北部频繁的进攻。16 世纪 40 年代以后，在地中海地区，西班牙及其帝国的部队因不断遭受复兴的伊斯兰国家的进攻而处于守势。

无论如何，事实仍然是，只要哈布斯堡统治者达到了他们有限的、地区性的目标，甚至是防御性的目标，欧洲霸权就在他们的掌握之中。奥斯曼帝国将被挡回去，沿北非海岸退出地中海；德国内部异教派将被压制下去，尼德兰起义将被扑灭；法兰西和英格兰的友好政权会保持下去。只有斯堪的纳维亚、波兰、莫斯科公国和奥斯曼帝国的残余领土不服从哈布斯堡政权。同时还有反宗教改革的胜利。虽然如此，那时的欧洲与明代中国所达到的统一程度相比，仍是望尘莫及的。然而，哈布斯堡王朝的两个中心（马德里和维也纳）所主张的政治和宗教原则，将严重侵蚀欧洲大陆的多元性，而长期以来，这种多元性正是欧洲最重要的特点。

在此简要分析上述一个半世纪的战争年表，对现代读者来说，引人注目的不是各个战役的名称和结果（如帕维亚、吕岑等），而是这些冲突所持续的时间。与土耳其的战争拖了几十年；西班牙从16世纪60年代到1648年镇压尼德兰起义，其间只有一小段间歇，史称“八十年战争”；由奥地利和西班牙的哈布斯堡王室为一方、以敌对国家不断组成的联盟为另一方的范围广泛的冲突，从1618年拖到1648年签订《威斯特伐利亚和约》，则被人们称为“三十年战争”。在这种冲突中，每个国家承受一年复一年、十年复十年的战争负担的相对能力十分重要。正是在此时期，发生了一场“军事革命”，改变了战斗的性质，使以后战争耗费猛增，支撑战争的物质与财政的重要性更为突出。这个变化的原因及其主要特点，后面很快就要讨论到。但在我们对事件进行简略的描述之前，也应该知道，16世纪20年代的军事冲突，比17世纪30年代的军事冲突，无论在投入的人力还是在使用的物力方面，其规模都要小得多。

第一系列的主要战争集中在意大利。早在1494年，意大利富饶而脆弱的城邦国家已遭到法国君主的入侵。同样可以预料的是，它们也促使各种竞争势力（西班牙、奥地利的哈布斯堡，甚至英格兰）组成联盟，逼迫法国人后退。1519年，当西班牙和法国还在为后者对米兰的权力争执时，传来了消息：查理五世成为神圣罗马帝国皇帝，并继承哈布斯堡王朝在西班牙和奥地利的遗产。于是，野心勃勃的法兰西国王弗朗索瓦一世（1515~1547年在位）看到自己的劲敌有如此之多的头衔，就极力在意大利本土并沿勃艮第边境、西班牙和南尼德兰挑起一系列反对活动。弗朗索瓦一世进入意大利的结果是，在帕维亚战役中兵败就擒。不到 4 年，这位法国君主又率军开赴意大利，同样被哈布斯堡军队挫败。尽管弗朗索瓦在 1529 年的《康布雷条约》上再一次宣布放弃对意大利的权利，但是在 16 世纪 30 年代和 40 年代，他仍与查理五世为这些领地进行战争。

由于法兰西与哈布斯堡的领土、实力大不一样，按说查理五世不难挡住法国的扩张。但作为神圣罗马帝国的皇帝，查理五世也承继了很多其他敌人，因而使这项使命难以完成。其中最为可怕的是土耳其人，他们在 16 世纪 20 年代扩张到匈牙利平原（在 1529 年包围了维也纳），并对意大利构成海上威胁；此外，他们与北非海盗勾结，袭击西班牙海岸。更为严重的是，奥斯曼帝国与弗朗索瓦一世达成默契，组建反哈布斯堡的非神圣联盟：1542 年，法国和奥斯曼的舰队联合进攻尼斯。

查理五世的另一困境在德意志。这里已被宗教改革所分裂，路德对旧秩序的挑战得到新教公国同盟的支持。考虑到查理五世的其他困难，就不奇怪为什么他到 16 世纪 40 年代中期才集中力量对付路德派在德意志的挑战。查理五世的行动，开始十分成功，特别是在米尔贝格战役（1547 年）中击败了由新教公国指挥的军队。但只要哈布斯堡和帝国权威一扩大，查理五世的竞争者就立刻紧张起来，于是德意志内部的公国、土耳其人、法兰西的亨利二世（1547~1559 年在位）甚至教皇，全都力图削弱他的势力。1552 年，法军开进德意志，以支持新教公国，这些新教公国得以抵制皇帝的中央集权倾向。这一点在暂时结束德国宗教战争的《奥格斯堡和约》（1555 年）和结束法、西冲突的《卡托-康布雷奇和约》（1559 年）上都得到承认。查理五世退位本身也表明了这一点。他在 1555 年把神圣罗马帝国的皇位让给弟弟斐迪南一世（1555~1564 年在位）；1556 年将西班牙王位让给儿子菲利普二世（1556~1598 年在位）。如果说此后奥地利和西班牙的两个支系仍然密切相关，那么，其情形恰如历史学家马玛泰所言：从此，犹如帝国纹章上的黑色双头鹰，哈布斯堡拥有两个头，一个在维也纳，一个在马德里；一个窥视东方，一个窥视西方。

正当东部支系斐迪南一世及其承继人马克西米利安二世（1564~1576年在位）在领地上享受相对和平的时候（不算土耳其人在1566年至1567年的进攻），西部支系西班牙的统治者菲利普却十分不幸。北非海盗进攻葡萄牙和卡斯蒂利亚海岸，土耳其人随后开始重新争夺地中海。结果，西班牙不得不与强大的奥斯曼帝国进行大规模的新战争，从1560年出征杰尔巴岛，经1565年在马耳他的搏斗，1571年勒班陀战役，以及各有胜负的突尼斯争夺战，直至1581年方实现最后的停战。与此同时，菲利普的宗教褊狭政策和日益增加的赋税，使尼德兰的哈布斯堡属民由愤愤不满变成公开起义。16世纪60年代中期，尼德兰的西班牙政权崩溃，导致阿尔巴公爵率军北上，实行军事专制。这反而引发四面环海、易于防卫的由荷兰和西兰岛所组成的荷兰人省份的全面抵抗，造成英国、法国和北德意志对西班牙人所怀意图的不安。1580年，当菲利普二世兼并邻国葡萄牙连同它的殖民地和舰队时，英国人更加心慌意乱。然而，正像哈布斯堡家族要强化（或扩展）权力的所有企图一样，其结果只能是他们的众多竞争对手觉得有责任进行干预，以防止权力失衡。到16世纪80年代，原本是荷兰新教徒反抗西班牙统治的地方性起义，已经扩展成一场新的国际斗争。在尼德兰本土，攻城和反攻城持续不断，没什么激动人心的结果。海峡彼岸的英格兰，伊丽莎白一世顶住内部对其权威的所有挑战（不论支持来自西班牙还是教皇），坚定地向荷兰起义者提供军事援助。在法国，君主政权的削弱导致一场激烈的宗教内战，由西班牙支持的天主教同盟与其对手——受伊丽莎白和荷兰人支持的胡格诺派拼死相争。在海上，荷兰、英国的私掠船则切断西班牙对尼德兰的补给线，并将战火引到西非和加勒比海。

这场斗争的某些阶段，特别是16世纪80年代后期和16世纪90年代初期，声势浩大的西班牙军队看来就要胜利了。例如1590年9月，西班牙军队在朗格多克和布列塔尼作战；另一支军队在帕尔马公爵出色指挥下由北方进军巴黎。尽管有这样的压力，反西班牙的部队还是顶住了，法兰西王冠的竞争者、颇具魅力的法国胡格诺教徒、纳瓦尔国王亨利，为了争取对他的王位的支持，在教派归属上灵活到可从新教徒转信天主教；然后，又领导越来越多的法兰西民众去反对入侵的西班牙人和声名狼藉的天主教同盟。到 1598 年，《韦尔芬和约》达成，正值西班牙国王菲利普二世去世，马德里同意放弃对法兰西的一切干涉。到这个时候，伊丽莎白的英国也保住了。1588 年西班牙无敌舰队的两次入侵均遭惨败，在爱尔兰挑动天主教起义的企图也破灭了，伊丽莎白的军队稳固地重新征服了爱尔兰。1604 年菲利普二世和伊丽莎白都已去世，西班牙同英格兰妥协言和。又经过 5 年，直到 1609 年，马德里才与荷兰起义者停战，谈判和平协议。虽然在此之前，局势早已清楚：无论是从海上，还是经由莫里斯指挥的战斗力极强的荷兰军队坚守的拿骚陆地（和水路），西班牙政权都无法击溃尼德兰。法兰西、英格兰和尼德兰联邦这三个国家继续存在，而每个国家都有潜力干扰哈布斯堡家族未来统治的事实，再一次肯定了 1600 年的欧洲是由众多国家组成的，而不是只有一个霸主。

这一时期震撼欧洲的第三次大交战发生在 1618 年以后，德意志遭受重创。仅仅因为鲁道夫二世（1576~1612 年在位神圣罗马帝国皇帝）的权力削弱和他个人的才智，以及土耳其对多瑙河流域的再次威胁（1593~1606 年），德意志在 16 世纪后期才幸免于一场全面的教派战争。然而，在德意志团结一致的表象背后，敌对的天主教和新教势力都在想方设法加强自己的实力，削弱敌方的力量。17 世纪初，新教联盟（建于 1608 年）和天主教联盟（建于 1609 年）的斗争加剧。西班牙的哈布斯堡家族坚决支持他们在奥地利的表兄弟，而新教联盟的首领，即普法尔茨选帝侯腓特烈四世，与英格兰和尼德兰都有关系，于是，欧洲多数国家都加入各自阵线，似乎准备为他们的政治、宗教矛盾决一死战。

1618 年波希米亚的新教集团反对新的天主教统治者神圣罗马帝国皇帝斐迪南二世（1619~1637 年在位）的起义，为另一轮残酷的宗教战争，即 1618

年至 1648 年的“三十年战争”的爆发提供了所需的导火索。战争开始，皇帝的军队进展顺利，斯皮诺拉侯爵率领的西班牙哈布斯堡军队有效地支援了他们。然而结果却是，一群成分复杂的宗教和世俗军事力量卷入冲突，于是又一次急切地需要改变力量对比的方向。荷兰人在 1621 年终止了与西班牙在 1609 年达成的停战，开进莱茵兰与斯皮诺拉的军队对抗。1626 年，一支丹麦军队在它的君主克里斯蒂安四世的率领下，从北方进攻德意志。在幕后，颇具影响力的法国政治家、红衣主教黎塞留，想尽一切办法给哈布斯堡家族制造麻烦。不过，这些军事和外交的反攻均未奏效。到 17 世纪 20 年代末期，斐迪南皇帝有权势的副官华伦斯坦意图把包容一切的中央集权的政府强加到德意志身上，其范围甚至远及北部波罗的海沿岸。

帝国政权的迅速强化，激起哈布斯堡家族的众多仇敌更加奋力地与之拼搏。17 世纪 30 年代初期，最坚决果敢的人当属引人注目、有影响力的瑞典国王古斯塔夫二世 · 阿道夫（1611~1632 年在位），1630 年，其训练有素的军队挺进德意志北部，翌年，向南冲入莱茵兰和巴伐利亚。虽然古斯塔夫在 1632 年的吕岑战役中阵亡，但绝不能就此抵消瑞典对德意志举足轻重的作用，或者抵消这场战争的巨大规模。反之，到 1634 年，菲利普四世（1621~1665 年在位）和其才华不凡的首相奥利瓦雷斯伯爵–公爵所率领的西班牙人，决定给他们的奥地利表兄弟以更全面的支援，但他们派往莱茵兰的以红衣主教–亲王费迪南为主将的军队，反而促使黎塞留决定让法国直接卷入，于 1635 年命令军队在多处跨过边界。多年以来，法兰西一直是反哈布斯堡联盟默契的、间接的领袖，向所有反帝国和西班牙的人送去津贴。现在冲突已公开，每个联盟都开始动员更多的军队、武器、钱财，讲话的语言也相应地变得更加强硬。奥利瓦雷斯在 1635 年制订下一年三路进攻法国的计划时曾写道：“要么丧失一切，要么使卡斯蒂利亚居世界之首。”

然而，征服法兰西这样一个大国是哈布斯堡的军事力量力所不能及的。其军队刚刚接近巴黎，就被迫拉长战线，横跨欧洲。瑞典和德意志军队在北方进逼帝国军队。荷兰和法国“钳住”西属尼德兰。更糟的是，1640 年葡萄牙起义使一部分西班牙军队和物资不得不源源不断地从北欧转移到本土，尽管这些兵力和资源还不足以重新统一这个半岛。实际上，同时发生的加泰罗尼亚人的起义受到法国人热情的支持，希望它在 17 世纪 40 年代初叶造成西班牙腹地的分裂。在海外，荷兰远征舰队袭击巴西、安哥拉和锡兰，将冲突转变成某些历史学家所说的第一次全球性战争。尼德兰在后几项活动中获得了好处，而其他交战国这时大都因多年的军事活动而损失惨重。17 世纪 40 年代的军队比 30 年代要少些，各国政府的财政应急措施更加不顾一切，人民已失去耐心，抗议日趋猛烈。然而，正因为这是一场相互牵连的斗争，参加的任何一方都难以退出。很多德意志的新教国家要是知道瑞典也愿停战回家，他们就会退出。奥利瓦雷斯和其他西班牙政治家有可能与法国谈判停火，但后者不肯抛弃荷兰。不同级别的秘密谈判与各条战线上的军事行动在同时并进，各方都私下安慰自己说，再打一次胜仗就能加强自己在总体和解中的地位。

因而“三十年战争”的结局并不干脆利落。西班牙之所以突然在 1648 年初与荷兰和解，承认后者的完全独立，不过是为了剥夺法国的一个盟友。法兰西与哈布斯堡的斗争仍在继续。同年，当《威斯特伐利亚和约》（1648 年）终于给德意志带来平静时，奥地利的哈布斯堡家族退出了冲突。余下的纯粹是法、西冲突。《威斯特伐利亚和约》使个别国家和统治者有失有得，其精髓是要承认神圣罗马帝国内部的宗教与政治的均势，确认帝国权威的局限性。这就使得西班牙和法兰西接下来进行了一场民族战争，而与宗教毫无关系。黎塞留的继承人、法国总理马萨林清楚地证实了这一点。1655 年，他与克伦威尔的新教英国结盟，打击西班牙，迫使它同意和谈。《比利牛斯和约》（1659 年）的条款并不苛刻，但西班牙被迫与自己的劲敌和解，足以说明哈布斯堡家族已在欧洲丧失了优势。菲利普四世政府所剩下的“战争目标”只是保全伊比利亚半岛的统一，甚至这个目标也不得不在 1688 年放弃，因为那时葡萄牙的独立已获得正式承认。欧洲大陆的政治分裂仍然保持着查理五世 1519 年继位时的大致状况，尽管西班牙本身在17世纪末仍需为它最初过分的战略扩张付出代价，遭受更多的起义和领土损失的折磨。

实力与弱点

哈布斯堡家族为什么会失败？这个问题如此复杂，过程又如此漫长，看来很难用个人因素来解释，比如说鲁道夫二世皇帝的疯狂，或者西班牙菲利普三世的无能。也很难说哈布斯堡王朝和它的官员们特别无能，可以看看同时代法国和英国许多君主的失败，以及某些德意志王公的贪赃愚昧。回想一下哈布斯堡家族所能积聚和掌握的大量物质力量，就更令人困惑费解。

查理五世继承了4个主要王朝的王冠——卡斯蒂利亚、阿拉贡、勃艮第和奥地利，后来他的家族又得到了波希米亚、匈牙利和葡萄牙，有一小段时间里甚至还得到了英格兰的王冠。这些王朝事件的发生，加上同时西班牙在新大陆的征服与掠夺，都给哈布斯堡家族带来了其他欧洲国家所不能比拟的财富和资源。

尽管现有统计数字有许多漏洞和不精确之处，那个时期的人口数字又不那么可靠，但假定居住在哈布斯堡统治的领土上的居民占近代早期欧洲人口的1/4，不会有什么大的错误。然而，这些概略的总数[2]比起这些地区的财富并不那么重要，这里的王朝遗产看起来得天独厚、非常富饶。

哈布斯堡家族有5项主要的财政来源，另有一些小项进款。其中最为重要的是西班牙的卡斯蒂利亚遗产。此地由王室直接统治，议会和教会把各种定期的捐税让给王室（营业税、宗教财产“十字军税”）。此外，欧洲的两个贸易区——意大利城邦和低地国家——的商业财富和流动资本，能够提供相当多的资金。随着时间的推移，第四项来源越来越重要，即来自美洲国家的收入。在美洲开采白银和黄金的“1/5王室税”，加上营业税、关税，以及教会的征收，使得新世界为西班牙的国王提供了大笔红利，不仅有直接的，还有间接的，因为流进私人手里的美洲财富，不管是西班牙人、弗兰德斯人还是意大利人，都有助于这些个人或公司交纳越来越重的国税，而且在紧急情况下，君主还可以向银行家大量借款，因为运送白银的船队一到，他就可以付清债务。哈布斯堡家族领土内拥有很多重要的金融和商业大家族，例如住在德意志南部、意大利城市和安特卫普的那些富商巨贾，也应算作一种优势，这是第五项主要财政来源。举例来说，这项来源肯定比来自德意志的赋税更容易到手，因为德意志国会里那些王公和自由城市的代表，只有在土耳其人攻到门口时，才肯投票给皇帝拨款。

封建社会末期，骑士们已不可能再履行个人的军事服务（至少多数国家如此），沿海城镇也不可能提供船舶。对一个交战国家来说，拥有现金和可靠的信贷是绝对必要的。只有直接支付（或者承付），才能在市场经济的限度内购到必要的船只、海军设备、武器和食品，来装备一支随时可以出战的舰队；只有频繁地向自己的军队提供给养和薪饷，才能避免发生哗变，从而把军人的能量指向敌人。再者，此一时期虽是人们称之为西欧“民族国家”的产生时期，但所有的政府都大量依靠外国雇佣军来加强军事力量。这一点哈布斯堡家族又占了便宜，他们可以轻而易举地从意大利、低地国家以及西班牙和南德意志招兵。例如著名的弗兰德斯雇佣军就是由 6 个主要民族构成的，都相当忠实于天主教的事业，但需要按时付薪。说到海军，哈布斯堡的遗产可以组建一群五花八门的舰队，例如在菲利普二世的晚年，地中海式军舰、热那亚和那不勒斯的大型西班牙式帆船、数量庞大的葡萄牙舰队，都可壮大卡斯蒂利亚和阿拉贡的舰队。

不过，在这 140 年里，哈布斯堡家族最大的军事优势恐怕是西班牙训练的步兵。卡斯蒂利亚的社会结构和思想氛围造就了一个理想的招兵场地，恰如林奇所指出的，在那儿“当兵是一种合乎时尚而又有利可图的行业，不仅对绅士而言如此，对全体人民亦然”。况且，那位“伟大的统帅”贡萨洛 · 德 · 科尔多瓦在 16 世纪初叶对步兵的编制进行了改组，从那时起直到“三十年战争”

中期，西班牙大方阵都是欧洲战场上最具战斗力的作战单位。每阵约 3 000 人，长枪兵、剑士和火绳枪兵编制在一起，训练相互支援配合。西班牙运用这种战法扫荡了无数敌人，大大降低了法国骑兵和瑞士长矛兵方阵的名声和战斗力。一直到讷德林根战役（1634 年），红衣主教费迪南的步兵还顶住了瑞士军队的 15 波强大攻势，然后，就像威灵顿的军队在滑铁卢战场上那样，坚定地向前推进，粉碎敌人。在罗克鲁瓦（1643 年），西班牙人虽被法军包围，但仍然战斗至死，这当然是哈布斯堡大厦中最坚固的支柱之一。值得注意的是，西班牙的军力直到 17 世纪中叶才明显地出现裂痕，那时的军队主要由德意志、意大利和爱尔兰的雇佣军组成，来自卡斯蒂利亚的勇士已大大减少。

尽管拥有上述优势，但西班牙—奥地利王朝同盟却不可能取胜。这是由于它的财政和军事资源虽然在当时的人看来极其雄厚，却从没有满足过要求。这个致命的缺陷来源于三个始终相互作用的因素（从广义上讲，它为研究军事冲突提供了主要素材）。

第一个因素，前面已简略地提过，即近代欧洲早期的“军事革命”，亦即约 16 世纪 20 年代以后的 150 年里，战争的规模、费用以及组织剧烈膨胀，这种变化本身是由几种交互因素（包括战术的、政治的和人口的）造成的。骑兵控制战场的格局受到打击，这种打击首先来自瑞士长矛兵，然后是操长枪、剑、弩和火绳枪的混合部队，这意味着一个军队最大、最重要的组成部分是步兵。“星形要塞”的发展更加强了这个结论，也就是前面一章提到的高级复杂的棱堡城防系统。部署这样一个防卫系统或者围困它，都需要数目庞大的军队。当然，在一场大战役中，一个有组织能力的指挥官能很好地部署相当数量的骑兵和炮兵，但这两种部队毕竟不像步兵团队那样无处不在。因此，并不是国家削弱它们的骑兵力量，而是步兵在军队中的比例显著增加；步兵的装备和给养都比较便宜，可以大量招募，特别是欧洲的人口在增长。当然，这些因素极大地增强了对政府组织工作的压力，但不会压垮西方“新式君主”的官僚体系，正如军队人员的大量增加并不一定能使一名将领丧失指挥能力一样，只要他的军队有一个出色的指挥机构，且受过良好训练就足够了。

西班牙帝国的军队也许为“军事革命”的实现提供了最好的范例。正如研究它的历史学家所说，1529年以前，法国和西班牙在争夺意大利的斗争中，“没有证据说明任何一方动用了3万以上的兵力”，但是：

> 1536~1537年，皇帝查理五世仅在伦巴第一地就征集了6万人，保卫新占领的米兰，并入侵法国的普罗旺斯。1552年，为同时从所有战线进攻——在意大利、德意志、尼德兰和西班牙，在大西洋和地中海——查理五世在德意志和尼德兰征兵10.9万人，又从伦巴第征兵2.4万人，此外，还有从西西里、那不勒斯和西班牙征来的兵。这样，皇帝指挥下的也是他供养的军队有15万人左右。这种上升趋势仍在继续。1574年，仅西班牙的弗兰德斯军就有8.6万人。而仅仅半个世纪后，菲利普四世也可以高傲地宣称他在1625年指挥的军队不下3万人了。在所有这些军队中，真正增长的部分是步兵，特别是长枪兵。

在陆上所发生的事情，在海上以更大的规模发生了。海上贸易（特别是漂洋过海的贸易）的扩大，贸易国舰队在英吉利海峡、印度洋或西班牙本土沿海的竞争，北非海盗船和奥斯曼大型帆船舰队构成的威胁，都与新的造船技术相互作用，使得舰船造得越来越大，装备越来越先进。那个时代，战舰和商船并无明显界限，一定规格的商船基本上都装配枪炮，以对付海盗和其他掠夺者。但有一股建立皇家海军的潮流，君主可以借此占有一定数量的正规海军，形成一个核心。战时，武装的商船、三桅军舰以及二桅小型舰必须向这个核心集中靠拢。英格兰的亨利八世尤为支持这个方案，而查理五世却不愿自建海军，他更倾向于征用其西班牙和意大利领地上的私人西班牙大帆船和单甲板大帆船。菲利普二世先在地中海、接着在大西洋受到沉重压力，不可能享受这种奢侈，他不得不出钱在巴塞罗那、那不勒斯和西西里实施一个庞大的造船计划。到1574年，他供养了146只大帆船，几乎是十几年前的3倍。以后10年里，大西洋爆发的战争迫使他付出更大努力，以确保通往西印度群岛（1580年葡萄牙被吞并以后）和东印度群岛的海路，保护西班牙海岸免遭英国的袭击，以及把侵略军送往不列颠，这一切，都急需远洋舰队。1604年英、西签订和约后，西班牙也需要一支庞大的舰队，用以抵御荷兰人的海上进攻，保卫同弗兰德斯的交通。而且，天长日久，这些战舰的装备越来越多，费用也越来越昂贵。

正是这种螺旋式上升的战争费用，暴露了哈布斯堡政权的真正弱点。普遍的通货膨胀使得食品价格从1500年到1630年上涨4倍，工业品价格上涨两倍，这对政府的财政是一个极为沉重的打击，陆军和海军两倍、三倍地扩充规模，更是火上加油。结果，哈布斯堡家族总是不断地为具有偿付能力而挣扎。16世纪40年代，在对付了与阿尔及尔、法国和德意志新教徒的种种战役之后，查理五世发现他的正常和非常收入，根本不能支付开销，他的赋税早已提前多年抵押给了银行家。只有采取断然措施，没收西印度群岛的财富，抓住西班牙所有的硬币，才能获得金钱，支撑对付新教王公的战争。1552年，他在梅斯一役中就花掉了250万达克特，约为皇帝当时征自美洲的正常收入的10倍。不足为奇的是，他被迫不断地举借新债，但是条件越来越苛刻；王室的信用在下降，银行家征收的利息则越来越高，于是，正常收入的很大部分只能用来偿付以往债务的利息。查理退位时，留给菲利普二世的国债已约有2 000万达克特。

菲利普还承继了同法国的战争，而这场战争的花费如此之大，1557年西班牙王室不得不自行宣布破产，当时，像富格尔家族那样的大银行家族也只好屈服。能够聊以自慰的是，同一年，法国也被迫宣告破产，这是1559年双方同意在卡托–康布雷奇和谈的主要原因。紧接着，菲利普马上要对付强大的土耳其敌军，20年的地中海战争，对格林纳达的摩尔人的战役。在荷兰、法国北部和英吉利海峡的错综复杂的军事行动，逼迫王室寻求一切可能的收入来源。查理五世在位期间赋税增加了两倍，而菲利普二世仅在1556~1573年就增税一倍，到他统治的末年，几乎又翻了一番。

无论如何，菲利普二世的开支更大，在勒班陀战役中，据估计维持基督教舰队和士兵的费用每年超过400万达克特，虽然威尼斯和教皇分担了一大部分。弗兰德斯军的费用到16世纪70年代已十分庞大，而且总是不能按期支付，结果激起军队暴动。1575年，菲利普停止向热那亚银行家偿还利息后，形势更趋恶化。虽然来自美洲的矿产收入猛增，暂时缓解了王室的财政和信用危机（16世纪80年代，每年约有200万达克特，而大约40年前只有1/10的样子），但是，1588年的无敌舰队总组建花费竟达1 000万达克特，而它的悲惨命运，不仅仅是一场海军灾难，也是王室财政的灾难。1596年，菲利普以空前额度大借公债之后，再一次拒付。两年后，即他去世的时候，总债务高达1亿达克特。这笔巨债的利息差不多等于全部赋税的2/3。尽管西班牙很快与法、英两国达成和议，但与荷兰的战争仍然继续艰苦地进行着，直到1609年，才实现停火，且停火本身也是1607年西班牙军队哗变并进一步瓦解而紧急促成的。

在以后几年的和平时期，西班牙政府的开支没有实质性减少。先不谈巨额利息问题，仅地中海局势的持续紧张，就需要大笔经费以修筑一个沿海防御工事；绵长的西班牙海岸屡遭私掠船的抢劫，也需要在菲律宾、加勒比以及公海舰队上花费相当大的防御费用。1610年以后，欧洲的停火局面并没有使高傲的西班牙领袖们考虑减少军费开支。1618年爆发的“三十年战争”不过将一场“冷战”变为“热战”，使越来越多的西班牙军队和钱财流入弗兰德斯和德意志。值得注意的是，哈布斯堡家族这一时期在欧洲的最初胜利和在美洲有效的防御，很大程度上与其从新世界运来的金锭、银锭的显著增加相吻合，并受它的支持。但出于同样的原因，1626年以后财政收入减少，翌年宣告破产，1628年荷兰人劫持运银舰队的惊人之举（使西班牙及其居民失去1 000万达克特之多），使得战争努力中止了一段时间。尽管德意志与西班牙结盟，但其收入却绝对难以弥补西班牙的亏空（除去华伦斯坦当权的那段时间）。

这就是后来30年西班牙应付战争的情形，把新借到的债款凑到一起，加上新税，并利用所有来自美洲的意外收入，就可支持一场重要的军事行动，如红衣主教费迪南在1634~1635年对德意志的干涉。但是耗竭财力的战争最终总是侵蚀掉这些短期收入，不出几年，西班牙财政状况就更加恶化。17世纪40年代在加泰罗尼亚人和葡萄牙人起义之后，来自美洲的财富大大减少，一个长期的、缓慢的衰落已经不可避免。纵使一个国家拥有极好的士兵，一旦由一个支出超出正常收入两三倍的政府来管理，还能指望有什么好结果吗？

西班牙和奥地利失败的第二个主要原因从以上简述中已不难看出：哈布斯堡要管的事太多了，要对付的敌人太多了，要防卫的阵线太多了。虽说西班牙军队在战场上很坚强，但把他们分散到国内守备，分散到北非、西西里、意大利、新大陆和荷兰，就力不从心、难以胜任了。正像3个世纪以后的英帝国一样，哈布斯堡集团把分布广泛的领土糅合在一起，是一个政治王朝的惊人绝技，需要极大的物质来源和心计维持其运转。这种情况是历史上战略过分扩张的最佳例证之一；占领广大领土，代价就是树立众多的仇敌，同时代的奥斯曼帝国也背着同样的包袱。

与此相关的是哈布斯堡战争年表这个不容忽视的问题。欧洲冲突频频爆发，其费用对每个社会都是难以承受的负担。但是，所有其他国家——法国、英国、瑞典甚至奥斯曼帝国，都或多或少享有和平与恢复的时期。只有哈布斯堡，特别是西班牙，总是不停地从对一个敌人的战争转向对另一个敌人的战争。刚刚与法国媾和，接着就是同土耳其人交战；地中海停战，接着就是大西洋上的广泛冲突和西北欧战争。在某些困难时期，西班牙帝国同时三面受敌，而敌人即使没有军事援助，也有意识地在外交和商业上相互支援。用当时人的话来说，西班牙像一只掉在坑里的大熊，比任何一条进攻它的狗都强大，然而，它终究敌不过所有的对手，结果就是在这个过程中逐渐精疲力竭。

那么，哈布斯堡如何才能逃脱这种恶性循环呢？历史学家指出了长期分散力量的状况，提出查理五世和他的继承人应制定一套清楚明确的优先防御计划。这就暗示了某些地区是可以放弃的，但指的是哪些地区呢？

回过头来反思，人们可以说奥地利，特别是斐迪南二世的统治，要是聪明一点的话，就不会随着德意志北部的反改革势力向前推进，因为这样做得不偿失。然而，皇帝硬是要在德意志保留一支强大的军队，以防止诸公的派系倾向、法国人的诡计和瑞典人的野心：而且只要土耳其人骄横地站在匈牙利（相距维也纳150英里），哈布斯堡的军队就不能减少。对西班牙政府来说，它不能让奥地利表兄弟落入法国人和路德派手里，也不能让他们落入土耳其人手里，因为这对西班牙自己在欧洲的地位至关重要。不过，奥地利似乎并没有这么想。查理五世在1556年退位后，帝国目睹马德里在西欧和海上作战时，并未感到有义务帮忙；而西班牙意识到了这个更高的利益，总是愿为帝国效忠。此种不同感觉和义务所造成的长远结果很有意思。17世纪中叶，西班牙哈布斯堡在欧洲的失败与它内部的问题和相对的经济衰退有明显的关系；它在各个方面过于疲劳之后，现在“心脏衰弱”了。而奥地利哈布斯堡，虽然没有击退德意志的新教主义，却在王朝土地上（奥地利、波希米亚等）达到一种权力的巩固，在这片广阔的领地上，随着后来建立起一支职业常备军，在17世纪最后几十年有能力再度成为欧洲大国，而此时西班牙的国势却更趋衰微。然而，到了那个阶段，奥地利的元气复苏对马德里的政治家们已谈不上什么安慰了，他们感觉要到别处寻找盟友了。

人们很容易看到为什么新大陆的领地对西班牙是一个至关重要的地区。在一个多世纪里，它们补充着西班牙的财富以及军事力量。没有这些补充，哈布斯堡家族的军事行动就不可能在如此大的范围内继续维持。甚至当英国人和荷兰人进攻西班牙与葡萄牙的殖民帝国，致使海外的舰队和防御工事费用越来越膨胀时，西班牙王室从这些领土获取的直接和间接收益仍然相当可观，放弃这种好处是不可思议的事情。

值得考虑的还有哈布斯堡家族在意大利和弗兰德斯的领地。关于这两个地方，从意大利撤军这件事本身就显得不妙。16世纪前半叶，法国已想到要填补这块霸权真空，攫取意大利的财富为自己的目标服务，这当然要伤害哈布斯堡的利益。在16世纪后半叶，意大利实际上是西班牙抵御奥斯曼帝国向西扩张的屏障。土耳其人对西西里、那不勒斯和罗马的攻击也是对西班牙的威信以及基督教的打击，失去意大利将会是一个战略上的严重倒退，那样一来，西班牙就得把越来越多的金钱用于海岸防御和大帆船舰队的建造上，而这些活动在菲利普二世统治下的早期已经占了很大一部分预算。因此，利用现存力量保卫地中海的中段在军事上是合理的，可以拒土耳其敌人于一定距离之外；另一个有利点在于，这场战争的费用将由哈布斯堡在意大利的领地和教皇乃至威尼斯分担。而从这条战线撤退则将无利可图，其潜在危险更无须多言。

如此权衡以后，尼德兰就是哈布斯堡可以减少损失的唯一地区了，而且归根到底，弗兰德斯军在对荷兰的“八十年战争”中的费用支出极其惊人，大大超过了其他任何战线。这是由于地形复杂、防御工事先进的缘故。甚至当“三十年战争”进入高峰期，用在弗兰德斯驻军身上的金钱，仍相当于德意志驻军的5到6倍。一位西班牙参议员评论说：“荷兰的战争是毁灭这个王国的祸害。”事实上，1566年到1654年，西班牙至少向荷兰军用财库输送了21 800万达克特，这比王室从印度群岛得到的财富总数12 100万达克特要多得多。从战略上讲，弗兰德斯的防御也更加困难；海路经常处在法国人、英国人和荷兰人的控制之下，1639年荷兰舰队司令特龙普击溃一支装载增援部队的西班牙舰队就是明证。但是，从伦巴第经瑞士山谷或萨伏依和弗朗什-孔泰，北上法国东部边境，到莱茵河下游的这条“西班牙路”，也有几处非常脆弱的咽喉部。难道值得用如此巨大的代价来力图控制处于漫长交通线顶端的200万顽固的尼德兰人吗？为什么不能像卡斯蒂利亚担负着沉重税务的国会代表们狡猾地指出的那样，让那些反叛者在异教中堕落呢？上帝肯定会惩罚他们，西班牙用不着再担这副担子了。

尽管反对从那个战区撤出帝国军队的人所提出的理由不足以说服那些埋怨浪费资源的人，但也不乏某些道理。首先，如果西班牙不占领弗兰德斯，它就会落到法国或尼德兰联邦手里，从而加强哈布斯堡那两个不共戴天的仇敌的力量和威望；这是西班牙决策者所不能接受的。对他们说来，“威望”比其他任何东西都重要。其次，菲利普四世和他的顾问所提出的一个理由是，那个地区的对抗起码能把敌军的力量从敏感地区调开：“虽然我们在尼德兰进行的战争耗尽了我们的国库，迫使我们举债，但也把我们的敌人调到了那些地区，否则，肯定会在西班牙或其他附近地区发生战争。”最后，是“多米诺骨牌理论”——如果丢失尼德兰，那么，哈布斯堡在德意志的利益，弗朗什-孔泰这类小领地，甚至于意大利都会相继失去。这当然只是些假设性的理由，有趣的是马德里的政治家和他们在布鲁塞尔的军事指挥官已看到一个相互关联的战略整体，如果其中任何一部分陷落，整体就会随之动摇。

> 首要的危险（在1635年危机中人们这样解释）是来自对伦巴第、尼德兰和德意志的威胁。三处中任何一方的失败都是对王国的致命打击。如果在这些地方的失败是一次大失败，王国的其余部分就会土崩瓦解；因为德意志完了，接着就会是意大利和尼德兰，尼德兰之后就是美洲；伦巴第之后就是那不勒斯和西西里，要想保全哪一方都是不可能的。

西班牙接受了这个逻辑，把自己拖进了一场广泛持久的消耗战，或拖到胜利的到来，或等到和平妥协的实现，或使整个体系衰竭崩溃。

不断开战的巨额费用以及不愿放弃四大战场中的任何一方，可能足以表明西班牙帝国的野心是肯定实现不了的。而且，还有另外一个联系紧密、证据充分的原因，即西班牙政府没有把可利用的资源有效地利用起来，其经济上的愚蠢导致权力的腐败。

外国人通常把查理五世或菲利普二世的帝国视为律令严明的整体，然而事实并非如此，它不过是一片分散的领土，各自都有自己的特权及其引以为豪的特殊性。没有真正的中央管理机构（立法或司法除外），唯一的实际联系是君主本人。这里缺乏一个使人产生整体感的机构，统治者可能从来就没有视察过整个国家，国王很难从他的一部分领土筹款到另一部分去作战。西西里和那不勒斯的纳税人情愿为抵抗土耳其人建立一支舰队，但一想到要用钱支持西班牙在尼德兰的战争就怒气冲天；而葡萄牙人懂得保卫新世界的意义，但对德意志的战争毫无热情。这种强烈的地方主义助长并反映在各地紧抓着自己的财政权上。例如，西西里的领地抵制哈布斯堡家族早期增加赋税的做法，于1516年和1517年起来反抗西班牙总督；西西里既穷又有无政府倾向，并有一个议会，当然不能为哈布斯堡的整体防卫利益做出多大贡献。在那不勒斯王国和新占领的米兰，迫于马德里压力的西班牙行政官筹集新款项所遇到的立法障碍较少，因此两者都能在查理五世时期提供相当的财政援助，但实际上在为保住米兰而进行的战争和反土耳其的战争中，钱是朝相反方向流去的。西班牙为了守住地中海这个“屏障”，不得不向意大利送去数百万达克特，以补充从当地征走的款项。“三十年战争”期间，这种模式被颠倒过来，意大利纳税人资助在尼德兰和德意志的战争。不过，如果把1519年到1659年作为一个整体来考察，很难相信哈布斯堡家族在意大利的领地对公共基金所作的贡献，会大大超过他们为自己的防御而从公共基金中支出的部分。

尼德兰当然是帝国总收入更大的耗费之地。查理五世统治初期，国会提供的税款不断增加，尽管总要为数字讨价还价，并坚持要承认他们的特权。到了查理五世的晚年，他们为在意大利和德意志进行战争而需要频繁地拿出额外款项而愤怒，这与宗教不满情绪和商业上的困难结合起来，产生了普遍的反对西班牙统治的情绪。到1565年，低地国家的国债达1 000万弗罗林，债务加上一般行政费用已超过赋税，于是西班牙就得弥补这个差额。又经过马德里的10年不当指挥，地方性反感演变成公开暴动，尼德兰成为帝国资源的一大漏洞，6.5万人以上的弗兰德斯军在一个又一个十年里消耗着西班牙政府总支出的1/4。

但是，在动员资源方面最惨重的失败发生在西班牙本土。那里，王室的财政权实际上极其有限，阿拉贡的三块领地（阿拉贡、加泰罗尼亚和瓦伦西亚）都有自己的法律和税务制度，拥有相当大的自主权。结果，国王唯一有保障的收入来自王室的财产，额外的款项既数目微少，又很难征集。例如，菲利普四世这样一个不顾一切的统治者，在1640年想要加泰罗尼亚为派到那里保卫西班牙前线的军队拨款时，结果只是引起了一场历时经久的著名暴动。葡萄牙虽然从1580年到1640年起义时期被接管，但在财政上完全自治，从不为哈布斯堡的整个利益提供定期款项。剩下的卡斯蒂利亚是西班牙税务体系中的真正“奶牛”，尽管这里的巴斯克诸省也都是免税的。乡绅们在卡斯蒂利亚议会中拥有强有力的代表，通常很愿意为他们免交的税款投票。况且，1/10的营业税、关税这类正常赋税，加上服务税（议会特批）、食品税（也是议会特批）以及各种教会摊派等（这些都是主要的额外赋税），很容易伤害商业、物品交换和穷人，因而造成普遍贫困化和不满，致使人口下降（通过向国外移民）。

直到美洲白银的流入给西班牙王室带来大量的额外收入之前（大约为16世纪60年代至17世纪30年代后期），哈布斯堡的战争费用主要由卡斯蒂利亚的农民和商人承担；即使是白银流入的高峰期，王室从新世界得到的收入，也只有从卡斯蒂利亚及其600万居民中榨取的1/4到1/3。除非将捐税负担较平均地分摊给整个王国，换言之，就是分摊到哈布斯堡的全部领土，否则，仅靠卡斯蒂利亚来维持那个时代压死人的军事开支，确实是杯水车薪。

在剥削卡斯蒂利亚纳税人时所采用的经济倒退手段，使得这种不合比例的情况更趋严重。这个王国的社会思潮从来就不利于商业，但是在16世纪初叶，那里有过相对的经济繁荣、人口增长，并出现了一些重要的工业。然而，反宗教改革的到来和哈布斯堡的频繁战争，刺激了西班牙社会的许多军事部门，减弱了商业成分。这个社会存在的经济刺激因素，使人感到求一份教会有俸圣职或买一份小贵族的特权是明智的。这里长期缺乏熟练的手工业工人，例如在武器制造业，劳动力的流动和就业的灵活性受到行会的阻碍。甚至农业的发展也受到有名的牧羊主行会（即麦斯塔的特权）的妨害，这些人的羊群可以在全国到处放牧。由于16世纪前半叶西班牙人口的增长，导致进口更多的粮食。因为麦斯塔为这些放牧权付出的钱进入王室金库，而要废除这种做法就会激怒王室一些强有力的支持者，因而没有可能改变这种制度。最后，虽然存在一些显著的例外，如从事羊毛贸易的商人金融家西蒙·鲁伊兹，以及塞维利亚地区，但卡斯蒂利亚的经济整体来说还是大量依靠进口外国工业品，依靠非西班牙人，特别是热那亚、葡萄牙和弗兰德斯企业家提供的服务。它也依靠荷兰人，即使是在敌对期间——“到1640年，西班牙海港3/4的货物都是荷兰船运来的”，让这个国家的最大敌人占了便宜。毫不奇怪，西班牙一直不能维持贸易平衡，唯一的补救办法就是再出口来自美洲的金银。

长达140年的战争造成的可怕巨额费用，就这样强加到一个在经济上无力承担的社会身上。哈布斯堡的君主们没有能力用最有效的方式征集赋税，只得求助于各种权宜之计，这样做短期内方便，对国家的长远利益却极其有害。税额以各种方式不断上升，却很少落到那些有能力担负的人的肩上，而且总是要伤害商业。一个急于得到现款的政府出售各种特权、专利和荣誉，一种形式简陋的赤字财政发展起来——一方面以卡斯蒂利亚将来的赋税和美洲财富作抵押，大量向银行家借款；一方面发放带利息的政府债券，这反过来又抽走了可以投入贸易和工业的资金。而政府的债务政策总是采用过一天算一天的方式，从来没有谨慎的限制，也没有一种由中央银行可能施加的控制来制约。甚至在查理五世统治的后期，政府的赋税就已提前多年抵押了；1543年，普通赋税的65%要用来偿付已经发出的债券利息。王室的“正常”收入被转让出去越多，就越要急切地寻找额外收入和新税。例如，银币就一再用铜币维隆来替代，实行贬值。有的时候，政府干脆扣押运给私人的美洲白银，强迫货主接受债券作为补偿。还有些时候，如前所述，西班牙国王宣布暂时破产，停止偿付利息。如果说这种行为经常毁掉金融家族本身，那么也肯定降低了马德里将来的信用。

虽说这些岁月里打击卡斯蒂利亚经济的某些因素不是人为的，但它们却因人为的愚蠢而更具破坏力。17世纪初期造成农村人口锐减的瘟疫是不可预料的，它们加剧了别的因素——横征暴敛的租税、麦斯塔的所作所为以及军役，这些因素已经侵害了农业。美洲白银的流入肯定会造成经济问题（特别是价格上涨），那时的社会却没有对付这个问题的经验，但西班牙通行的条件意味着这种现象对生产者阶级的危害超过非生产阶级，白银很容易从塞维利亚流出，迅速流入外国银行家和军火商手里，结果，来自大西洋彼岸的新财富在王室手里没有用来造成“稳定的财政”，而是起了反作用。有人说，来自西印度群岛的贵重金属，对西班牙而言，就像水浇在屋顶上，浇上去就流走了。

因此，西班牙衰落的核心问题是，没有认识到保存一个强大的军事机器的经济支柱的重要性。它一次又一次地采取错误的决策：驱赶犹太人，后来是驱赶摩尔人；中断与外国大学的联系；政府指示比斯开造船厂集中生产大型战船，而几乎完全排斥生产较小的更有用途的商船；出卖专利权、限制了贸易；对羊毛出口课以重税，使其在国外市场上失去竞争力；西班牙各王国之间的内部关卡不利于商业，造成物价上涨。所有这一切只是其中一些不明智的决策，这些决策从长远来看，严重影响了西班牙给自己规定的在欧洲（以及欧洲以外）事务中扮演重要军事角色的能力。虽然西班牙大国的衰落痕迹直到 17 世纪 40 年代才充分暴露出来，但其原因早在几十年前就已存在了。

国际较量

强调哈布斯堡的失败是重要的，但这个失败也是相对的。不研究其他欧洲大国的经历而就此停笔，不能算是全面的分析，正如一位历史学家所论证的，战争“是 16 世纪国家所面临的最严峻的考验”。军事技术的变化使得军队大规模扩张，而几乎同时发展起来的大规模的海军冲突，给西方有组织的社会增加了巨大的新压力。每个参战国都要学会怎样组织一个有能力的行政管理机构来对付这场“军事革命”，而且，同样重要的是，要寻求新办法来支付螺旋式上升的战争费用。哈布斯堡统治者及其臣民承受的压力可能是不同寻常的，因为他们的军队作战年头最长；但是，如表 1 所示，监督和供养大量的武装部队对任何一个国家来说都是一个挑战，它们当中的很多国家看来比西班牙帝国占有的资源要少得多，它们是怎样应付这个考验的呢？

表 1 1470~1660 年兵力的增长

时 间	西班牙	尼德兰联邦	法 国	英 国	瑞 典
15 世纪 70 年代	20 000		40 000	25 000	
16 世纪 50 年代	150 000		50 000	20 000	
16 世纪 90 年代	200 000	20 000	80 000	30 000	15 000
17 世纪 30 年代	300 000	50 000	150 000		45 000
17 世纪 50 年代	100 000		100 000	70 000	70 000

这个表的概述省略了哈布斯堡家族最顽强、最有威胁性的敌人——奥斯曼帝国，这主要是由于它的长处和弱点已在前一章讨论过了。但值得回味的是，土耳其行政官员不得不对付的许多问题和缺陷，看起来类似于菲利普二世及其继承人所遇到的——战略扩张过度，未能有效地利用资源，为了宗教的正统或军事威望而压制商人的企业家精神。俄国和普鲁士的状况也被省略了，因为它们成为欧洲政治强国的时代尚未到来。还有波兰、立陶宛，虽然领土广大，但由于民族分散和封建主义的桎梏（农奴制、落后的经济、选举君主制，“一种贵族无政府状况，即俗话所说的政治无能”），妨碍了它起步成为现代民族国家。因此，这里要讨论的国家是法国、英国这种“新君主国”，以及瑞典和尼德兰联邦这种“资产阶级共和国”。

因为法国将最终取代西班牙成为最大的军事强国，历史学家们很自然地要强调前者的许多长处。但是，因此而把法国占优势的日期提前就错了。在本章讨论的绝大部分时间里，法国看起来（实际上也如此）比它南边的邻国弱得多。在百年战争后的几十年中，将英格兰的王室土地——勃艮第和布列塔尼——并入法国，征收直接税（特别是人头税）而不向议会申请的习惯，新国务大臣们稳妥的行政管理工作，以及拥有一支强大的炮兵辎重队的“王家军队”的存在，都使法兰西似乎要成为一个成功的、统一的、封建后期的王国。然而这个体制的脆弱性很快就显现了。意大利战争不仅一再显示，法国想在那个半岛争取努力的举动是多么短命和可悲（甚至当威尼斯和土耳其联盟都是如此），付出的代价也极其昂贵：在致命的1557年，不仅哈布斯堡家族，法国王室也宣告破产。早在那次崩溃之前，尽管人头税和间接税如盐税和关税都提高了，法国王室依然从金融家那里以高利（10%~16%）举借重债，而且采取了一些不光彩的权宜之计，如卖官鬻爵。更糟的是，正是在法国而不是在西班牙或英国，宗教竞争和大贵族的野心相互起作用，造成了一场血腥的、长期的内战。1560年以后的法兰西不仅谈不上是一个国际事务中的强国，而且有可能变为欧洲的新斗鸡场，说不定会像尼德兰和德意志那样，按照宗教边界而被永久地分割了。

在纳瓦拉的亨利继承法国王位，成为亨利四世（1589~1610年在位）以后，他的对内妥协、对外以武力反抗西班牙的政策才使情况得以好转。他在1598年与马德里签订的和约非常有利于法国保持为一个独立的国家。但那是一个被内战、盗匪、昂贵的物价、毫无规律的贸易和农业严重削弱的国家，加上其支离破碎的财务制度。1596年法国国家债务几乎达到3亿里弗尔，那年3 100万里弗尔的赋税有4/5已经派了用场，被事先花出去了。因此，在很长一段时间里，法国是一个正在恢复的社会。但是，它的自然资源比较丰富，其人口有1 600万，是西班牙的两倍、英格兰的4倍。虽然在都市化、商业和金融方面比不上尼德兰、北意大利和伦敦地区，但它的农业是多样的、健康的，通常总有剩余食品。法兰西潜在的财富在17世纪初明显地表现出来，那时由亨利四世的得力大臣萨利管理经济和国家财政，萨利除了出卖世袭官爵并向其征税外，没有增加什么新的财务手段。他只是对税收机构进行全面整顿，清除了数千名非法的自称免税的人，恢复了王室土地和收入，重新商定国债的利息。1600年以后的几年里，法国国家预算已达到平衡，先是萨利，后来则有路易十四的大臣柯尔贝尔想出各种办法支持工业和农业：降低人头税、造桥、修路、开凿运河，以利物资的运输；鼓励纺织工业，建立王室工厂，生产奢侈品替代进口货等。并非所有这些措施都能满足人们的期望，但比起菲利普三世的西班牙却是出色之举。

很难说，要不是亨利四世在1610年遭到暗杀，这些恢复工作是否仍将继续。很明显，这个“新君主国”没有一个能在缺乏适当的领导的情况下正常运行，从亨利四世遇刺到17世纪30年代黎塞留巩固王权的这段时间里，法国内部的政治斗争、胡格诺教徒的不满以及贵族的阴谋倾向，再一次削弱了它作为欧洲大国的能力。而且，当法国终于公开加入“三十年战争”的时候，它并不像某些历史学家描述的那样，是一个统一的、健康的国家，而是一个仍然被老毛病折磨的国家。贵族的阴谋活动仍然很猖狂，在1648~1653年达到高潮；农民、城市失业工人以及胡格诺教徒的起义，加上地方官僚对议事进行的阻碍，全都妨害了政府机构行使正常职能；人口普遍下降，气候恶化，农业减产，以及那个时期似乎扰乱欧洲许多地方的发生率很高的瘟疫，都影响了法国的经济，使它难以支撑一场大规模战争。

因此，从1635年之后，法国的税收不得不以各种方式增加。官爵出售加快了，早年曾削减的人头税增长得如此之多，以至于到1643年时，人头税的岁入已经加倍。但即使这样仍不足以弥补反对哈布斯堡的战争费用，直接的军事负担是支持一支15万人的军队，另有给盟国的津贴。1643年是法国在罗克鲁瓦战役对西班牙大胜的年份，政府的开支几乎是收入的两倍，黎塞留的继承人马萨林陷入绝境，只好加紧出售政府官爵，更加严格地控制人头税，而这两项政策都很不得人心。1648年的起义从拒绝纳税开始，反对马萨林的新财政措施并非偶然。这类动乱迅速导致法国政府失去信用并无可奈何地宣布破产。

结果，在1648年《威斯特伐利亚和约》以后的法西11年战争中，两个对手就像被打得昏头昏脑的拳击手一样，在几乎耗尽体力的情况下，互相紧紧地抓住对方，而不能将另一方打倒。双方都遭受国内起义、普遍贫困化和厌战情绪的折磨，都处于财政崩溃的边缘。诚然，在大孔代和蒂雷纳这样的将领和勒·泰利埃这样的军事改革家指导下，法国军队逐渐成为欧洲最强大的军队，但是，黎塞留建立的海军由于陆战的需要，很快解体。而这个国家仍需要巩固的经济基础。结果，法国人的好运到来，英国在克伦威尔统治下重振海军和陆军，选择时机加入冲突，终于使天平开始不利于倒霉的西班牙。此后签订的《比利牛斯和约》与其说象征着法兰西的伟大，不如说象征着它那过分扩张的南方邻国的相对衰落，西班牙此时只是在凭借极其顽强的精神而进行战斗了。

换句话说，每个欧洲国家都有其优势和弱点，真正需要的是如何防止弱点压倒优点。这点适用于处在西边和北边的“侧翼”国——英国和瑞典，它们的干涉在几个关键时刻有助于打击哈布斯堡的野心。在这140年里，比方说，英国站在那里保持中立，装备好以待大陆上冲突的情况几乎是没有的。玫瑰战争以后英国元气恢复的关键在于，亨利七世着力于国内稳定和紧缩财政开支，至少是在1492年与法国达成和议后，都铎王朝的第一位君主削减自己的开销，还清债务，鼓励羊毛贸易和渔业，普遍地鼓励商业，为这个饱受内战和动乱之苦的国家提供了一个急需的休养生息的空间；农业的自然高产，与低地国家进行的繁荣的布匹贸易，扩大利用富饶的沿海渔场，热闹不凡的沿海贸易，都起了作用。在国家财政方面，这位国王收复王室土地，接管原属于反叛者和王位竞争者的财产，与贸易繁荣带来的关税收入，以及星室法庭[3]和其他法院的收益合在一起，创造了一个健康的入超。

但是政治和财政稳定并不等于拥有权力。比起法国和西班牙的众多人口，英格兰和威尔士的300万~400万居民并不算多。这个国家的财政机构和商业基础设施，比起意大利、德意志南部以及低地国家还很粗糙。尽管在都铎王朝时工业有相当的发展，在军事水平上，差距就大多了。亨利七世坐稳王位后，解散了自己的军队，并禁止大权贵保有私人军队（除少数例外）；在法国和哈布斯堡家族在意大利改变军事冲突的性质和规模的时期，英国除了“皇家卫队”和某些守备部队以外，没有正规的常备军。结果，都铎王朝初期的武装力量仍沿用传统武器（长弓、长柄矛）装备，用传统方式征集（郡民兵、志愿"联队"等）。然而，这种落后状况并不能阻止他的继承人亨利八世对苏格兰人发动战争，或妨碍他在1513年和1522~1523年对法国进行干涉，因为英国国王可以从德意志雇佣大量"现代"军队——长枪兵、火绳枪兵和重骑兵。

虽说这两次早期在法国的军事行动以及后来在1528年和1544年的英国入侵没有以军事惨剧告终，虽说他们真的经常迫使法国君主收买这些捣乱的英国进攻者，但这些军事行动确实造成了灾难性的财政后果。1513年英国内阁财政部70万英镑的总支出中，有63.2万英镑用来支付士兵薪饷、军需、战船和其他军事费用。[4] 亨利七世积累的库存很快就被他那野心勃勃的后代花掉了。亨利八世的红衣主教沃尔西因采取强迫借债、"恩税"以及其他武断方式筹款，而引起普遍不满。到16世纪30年代托马斯·克伦威尔夺取教会地产才使财政情况缓和；实际上，英国宗教改革使王室收入加倍，使大规模军事防卫项目的建设成为可能，如沿英吉利海峡和苏格兰边境的要塞、皇家海军新造的大军舰、对爱尔兰起义的镇压等。但是，16世纪40年代对法国、对苏格兰的灾难性战争用掉了213.5万英镑，约为王室正常收入的10倍，这就迫使国王的大臣们采用最不择手段的权宜之计：低价出售宗教财产，捏造罪名没收贵族产业，一再强行借债，货币大贬值，最后是求助于富格尔家族和其他外国银行家。1550年同法国和解，也成了一个濒于破产的政府的救急良方。

这一切都表明，16世纪前半叶的英国实力非常有限。它是一个相对单一的中央集权国家，虽然在边境地区和爱尔兰的控制力要差得多，并常有可能把王室的资源和注意力吸引去。主要出于亨利八世的兴趣，英国在防御方面很强，拥有一些现代堡垒、炮兵、船坞、相当可观的军火工业，以及一支装备精良的海军。不过，陆军的质量不高，又受财政限制，不可能进行一场大战。当伊丽莎白一世在1558年登上王位时，她的谨慎足以使她认识到这些局限性，并在不超过这些限度的情形下达到她的目的。在1570年以后的危险年代，当反宗教改革达到高峰，西班牙军队活跃在尼德兰时，她的目的实在是难以实现。因为伊丽莎白的国家不是任何一个真正的欧洲“超级大国”的对手，于是她想办法通过外交保持英国的独立，甚至当英、西关系恶化时，她将对付菲利普二世的“冷战”施行于海上，这样做至少是低成本的，偶尔还可得利。虽然需要为保住苏格兰和爱尔兰两翼提供款项，并在16世纪70年代需要支援荷兰起义者，但伊丽莎白和她的大臣们还是在她执政的前25年成功地积累了一笔相当可观的余款，这笔款项的积累恰逢其时，当1585年决定派遣一支由莱斯特伯爵指挥的远征军去尼德兰时，这位女王需要的正是这样一笔“战争基金”。

1585年以后英国与西班牙的冲突，给伊丽莎白政府加上了战略和财政的双重负担。海军领袖如霍金斯、雷利和德雷克等人，在考虑英国应采取的最佳战略时，敦促女王采用拦截西班牙的白银贸易的政策，进攻敌人的沿海和殖民地。总之，就是利用海上优势打一场实惠的战争——这是一个在理论上很诱人的建议，虽然在实践中很难实行，但是还需要将部队送到尼德兰和法国北部去，以援助那些同西班牙军队作战的部队。采用这个战略并非出于热爱荷兰反抗者或者法国新教徒，其唯一的原因，正如伊丽莎白所解释的，是“法国末日到来之时，亦正是英国行将灭亡之日”，因而保持欧洲“均势”至关重要，必要的话就进行实际干涉。这种“对大陆的义务”持续到17世纪初，至少是以个人的形式，因为当远征部队在1594年并入尼德兰联邦的军队时，很多英国部队留了下来。

英国一方面在陆地上阻碍菲利普二世的计划，一方面在海上干扰他的帝国，这种双重作用为维持欧洲政治的多元化做出了自己的贡献。但支持8 000人在海外作战是个很大的压力。1586年送往尼德兰的经费总数超过10万英镑，1587年为17.5万英镑，每年相当于当年总支出的一半；西班牙无敌舰队进攻那年，英国政府给英国舰队的拨款超过了15万英镑。结果，伊丽莎白的年度支出在16世纪80年代末期相当于初期的两三倍。在下一个10年里，王室每年耗费35万英镑以上；在女王统治的最后4年里，爱尔兰战争将每年的平均支出提到50万英镑以上。英国政府想尽一切办法从其他来源筹款，如拍卖王室地产、出卖专利，但还是无济于事，只得一再召集下院开会，请求额外拨款。总共 200 万英镑左右的款项终于批拨出来，英国政府既没有宣布破产，也没有拒付军队的薪饷，足以证明这位君主和她的大臣们的技巧与谨慎。战争年代考验了这整个制度，给斯图亚特家族的第一位英国国王留下债务，使他和他的继承者处于依赖一个失信的下院和一个提心吊胆的伦敦金融市场的地位。

这里没有篇幅探讨王室和议会之间越来越深刻的冲突，这个冲突在 1603 年以后的 40 年里居英国政治的主要地位，而财政则是冲突中心。英国军队在 17 世纪 20 年代对欧洲大战不适当的、偶尔的干涉虽然花钱不少，但对“三十年战争”的进程却影响甚微。在此期间，英国的贸易、人口、海外殖民地和一般的财富都增长了，但缺乏国内的和谐，这些并不能为国家权力提供一个坚固的基础；实际上，关于“船款税”这类在理论上可以加强国家武装力量的争吵，很快导致了王室同议会的一场内战，削弱了英国在 17 世纪 40 年代大部分时间里对欧洲政治的作用。英国重新出现的时候，是在一场激烈的贸易战中向荷兰人挑战（1652~1654 年），不管交战者的目标何在，这对整个欧洲均势的作用不大。

克伦威尔当政的英国在 17 世纪 50 年代有可能比任何前任政府更为成功地扮演了大国角色，从内战中产生的新军，终于消除了英国军队和它的欧洲伙伴之间存在的传统差距。按照拿骚的莫里斯和瑞典国王古斯塔夫 · 阿道夫方式建立的、以现代方法组织和训练出来的英国军队，经过多年战争磨炼，纪律严明，（一般）按期领饷，能够对欧洲的均势发生作用，这已为 1658 年在沙丘战役中击败西班牙军队所证实。不仅如此，共和国的海军在那个时代更为先进。下院宠爱它，因为它在内战中一般是宣布反对查理一世的。舰队在 17 世纪 40 年代后期经历了一场更新，规模扩大了一倍多，从 39 艘战舰（1649 年）增加到 80 艘（1651 年），工资和条件改善了，船坞和后勤支援改进了，所有这些款项都由一个深信利益和权力是同步的下院按期投票批准。海军在对荷兰的第一战中就碰上了劲旅——指挥官特龙普和德 · 吕泰尔，是同布莱克和蒙克一样出色的将领。1655 年后对西班牙帝国进行作战时，无怪乎战果累累：占领阿卡迪亚（新斯科舍），在伊斯帕尼奥拉岛一场惨败后占领牙买加，1656 年夺取西班牙的部分财宝舰队，1657 年封锁加的斯并在圣克鲁斯消灭西班牙舰队。

英国军队终于打破平衡，迫使西班牙在 1659 年结束了同法国的战争，但这个成就并非没有国内的压力。在 1655 年以后的岁月里，有利可图的西班牙贸易让给了中立的荷兰人，敌人的私掠船沿着大西洋和地中海航线掠夺了不少英国商船。最重要的是，负担一支多达 7 万人的陆军和庞大的海军是耗资巨大的；有一种估计认为，1657 年英国政府支出的 287.8 万英镑中，有 190 万镑用于陆军，74.2 万镑用于海军。捐税制通过了，在史无前例的水平上有效地征收着，但对于一个花费“相当于查理一世时代 4 倍”的政府来说还是不够，而在英国革命以前的查理一世在位时的支出“就被认为令人难以容忍了”。债务不断增加，士兵和水手的薪饷推迟发放。西班牙战争这几年无疑增加了公众对克伦威尔统治的不满，使得大多数商人阶级恳求和平。当然，英国并没有被这场冲突完全摧毁，要是它像西班牙那样长期地争夺大国霸权，那肯定就会毁灭了。英国内陆和海外贸易的发展，加上来自殖民地和航运的利润，开始造就一个坚固的经济基础，使伦敦政府在将来发生战争的情况下可以有所依赖。确切地说，因为英国和尼德兰联邦已经建立了有效的市场经济，所以在把提高生活水平和人口增长结合起来的方面取得了少有的成就。但是，在国家的军事努力同鼓励国民财富增长这二者之间保持平衡，仍然是至关重要的。在护国时期结束的时候，这个平衡变得太脆弱了。

如果我们把英国的兴起与另一个“侧翼”国瑞典相比较，在国家管理方面的这个严重教训就更清楚了。在整个 16 世纪，这个北方王国的形势都不太妙。吕贝克和（特别是）丹麦挡住了它自由进入西欧的通道，东侧不断地同俄国发生战争，与波兰的关系也一再分散注意力，瑞典要维持生存已经够忙的了。在 1611~1613 年的战争中惨败给丹麦，预示着这个国家的命运是衰落而不是扩张，而且还将遭遇内部分裂之苦。这种分裂是立宪性的而不是宗教性的，结果是肯定了贵族的广泛特权。但瑞典最大的弱点是它的经济基础。它的广大领土多是北极圈内的荒地和森林；分散的农民大多自给自足，占它90万人口的95%；加上芬兰，大约有125万人，比许多意大利的城市国家都要小。城镇和工业太少了，“中产阶级”简直谈不上，以物易物和提供劳务仍是主要的交换形式。因此，年轻的古斯塔夫·阿道夫在1611年登上王位时，瑞典在军事上和经济上只不过是一个侏儒。

两个因素——个外部的、一个内部的——促使瑞典从这个不景气的基础上迅速成长起来。首要的因素是外国企业家，特别是荷兰人，但也有德意志人和瓦隆人[5]，在他们看来，瑞典是一个有前途的“未发展”国家，有丰富的原料如木材、铁矿和铜矿。这些外国企业家中最有名的是路易·德·吉尔，他不仅卖给瑞典人成品、买走矿石，而且时间长了，还建立了木材厂、铸造厂和工厂，向国王贷款，把瑞典人拉进主要以阿姆斯特丹为基地的商业“世界体系”。这个国家很快就变成了欧洲最大的铁和铜的生产地，而这些东西的出口又带来大量外汇，很快有助于建设武装部队。而且瑞典在军备上也变得自给自足，这种少有的特长还得感谢外国的投资和技术。

内部因素就是古斯塔夫及其助手实行的一系列有名的改革。法庭、国库、税收制度、中央管理最高法院以及教育，都在这个时期变成有效率、有成果的领域，而这还只是其中的一部分。他把贵族从派系斗争中引开，让他们为国家服务。宗教团结巩固了，地方和中央政府看起来都在发挥职能。在这些坚实的基础上，古斯塔夫可以建立一支瑞典海军用来保护海岸线不受丹麦人和波兰敌手的侵犯，保证瑞典军队安全通过波罗的海。最重要的是，这位国王的名声来自他的军事改革；他以征兵制为基础发展了国家常备军，用新式战术训练部队，改进骑兵，引进机动性强的轻炮兵，最后，他的指导给部队带来纪律和高昂的士气。当古斯塔夫在1630年夏天开进德意志北部去支援新教运动时，他指挥的可能是世界上最好的战斗部队。

这种优势是完全必要的，因为欧洲战争比起瑞典早期经历过的任何一场对邻国的地区性战争，规模都大得多，代价也大得多。到1630年底，古斯塔夫指挥着一支4.2万人的军队；12个月以后，军队人数翻了一番；在决定他命运的吕岑战役之前，他的军队膨胀到15万人。瑞典军队在主要战斗中构成精锐部队，也用来把守战略要地，但没有足够的人力组成那样庞大的军队。实际上，那15万“瑞典军队”中有4/5是外国雇佣军，包括苏格兰人、英国人、德意志人，他们的花费是极其昂贵的。早在17世纪20年代，对波兰的战争就使瑞典的国家财政感到紧张，而德意志的战争更加费钱。然而瑞典人却出色地想出了办法让别人为战争付钱。外国人的资助，特别是法国人的资助是人人皆知的，但那只能补偿一小部分开销。真正的来源是德意志本身，各个公国和自由城市如果是盟友，就要资助这一事业；如果是敌对的，就得拿出赎金，以免遭劫掠。另外，这支由瑞典人控制的庞大军队从他们驻扎的领土上索取驻地、食品和饲料。其实这个制度已由神圣罗马帝国皇帝的助手华伦斯坦完善了，他的索取“资助”的政策养活了一支10万人以上的帝国军队。这里的关键是，并非瑞典人出钱在1630年到1648年这一时期用这支大军帮助打击哈布斯堡家族。就在威斯特伐利亚议和谈判的那个月，瑞典军队还在抢掠波希米亚，而它要求一大笔“赔款”才肯撤兵，也是完全正当的。

虽然这是瑞典人的一个惊人成就，但它在很多方面使人对瑞典在欧洲的地位有了一种幻觉。事实上，它强大的战争机器在很大程度上是寄生性的。瑞典军队要在德意志活下去必须抢劫，否则部队就会哗变，那对德意志更有害。当然，瑞典人要自己花钱供养海军，保持国内防御，支持德意志以外的其他地区的军队；像其他国家一样，它消耗了政府的财政，导致不顾一切地向贵族出售王室土地和赋税，因而减少了长期的收入。“三十年战争”也夺走了很多人的生命，极其沉重的税收压在农民身上。加上瑞典的军事胜利给它带来好几块波罗的海对岸的领地——爱沙尼亚、利沃尼亚、不来梅、波美拉尼亚的大部分——虽然应当承认它们带来了商业和金融上的利益，但是在和平时期维持它们，在战时保卫它们免入嫉妒的敌人之手，给瑞典政府造成的费用大大超过17世纪30年代和40年代在德意志进行的大规模战争。

甚至到1648年以后，瑞典仍是一个相当强大的国家，但只是属于地区性的。在查理十世（1654~1660年在位）和查理十一世（1660~1697年在位）时，有人争论说它在波罗的海舞台上处于高峰，成功地挡住了丹麦人，顶住了波兰、俄国和兴起的普鲁士政权。查理十一世转向绝对专制的做法，扩大了王室的财权，有可能维持一支和平时期的庞大常备军。不过，这些都是在瑞典逐渐从一流国家下降时用来加强自己的措施。用罗伯特教授的话说：

> 在一代人的时间里，瑞典沉湎在胜利之中，被战利品所膨胀；查理十一世把它带回日常生活的灰色光线之下，制定适合其资源和真正利益的政策，给它以实行这些政策的装备，为它准备了符合二等强国身份和尊严的前途。

这些成就并不小，只是在更大的欧洲范围内它们的意义有限。值得注意的是，波罗的海权力平衡的程度，即瑞典和丹麦、波兰以及勃兰登堡所依赖的权力平衡的程度，在17世纪后半叶是受法国、荷兰甚至英国（为了它们自己的利益）影响和“操纵”的，手段是财政补助和外交干涉，在1644年和1659年则是一支荷兰舰队。最后，虽瑞典在这场外交大战中不再能被称为“傀儡”国家，但比起西方兴起的强国，它仍然是一个经济侏儒，总要依靠它们的补贴。在1700年前后，它的外贸不过是尼德兰联邦或英国的很小一部分；它的政府开支大概只有法国的1/50。在这个不坚实的物质基础上，瑞典没有可能获得海外殖民地，它尽管有令人羡慕的社会和政治稳定性，却再没有机会保持在古斯塔夫 · 阿道夫统治下所取得的短期军事优势。事实上，在以后的几十年里，它始终要抓紧防备，想办法阻止普鲁士从南方、俄国从东部的进攻。

最后一个例子是这个时期的荷兰政权，它与瑞典形成了鲜明的对比。它是在革命的混乱局面中产生的国家，是由7个各不相同的省份组成的集团，这些省份以不规则的边界与哈布斯堡所属尼德兰的其余部分分割开来，只是一个大王朝帝国中的一小部分，人口和领土都很有限，但它迅速变成了欧洲内外的一大强国，并持续几乎一个世纪。与其他国家的不同之处是，它有一个共和式的、寡头政治形式的政府，虽然这一点和意大利的前身威尼斯是相同的。但它真正的特点是，它的力量牢固地建立在贸易、工业和金融基础上。它当然是一个了不起的军事强国，至少在防御方面是如此。直到17世纪后期英国的海军兴起，它一直是最有力量的海上强国。但这些武装力量的表现只是荷兰的力量和影响的结果，而不是本质。

当然，在7万余荷兰暴动者暴动的早期，他们在欧洲事务中没起什么作用，实际上几十年后荷兰才把自己看成一个单独的国家，到17世纪初期边界才形成。所谓尼德兰的起义，一开始只是零星分散的事件，这其中不同的社会集团和地区互相争斗，同时也反对他们的哈布斯堡统治者，有时也与哈布斯堡妥协，在16世纪80年代就有好几次。当帕尔马公爵为西班牙收复领土进行卓越的指挥时，他几乎看到了胜利。要不是来自英国和其他新教国家的补贴和援助，要不是进口了大量的英国枪炮，要不是西班牙军队被频繁地调往法国，暴动在那时可能就被镇压下去了。由于港口和船坞几乎全都在起义者手里，西班牙不可能掌握制海权，帕尔马只能用慢速的、陆上包围的作战法，而一旦他得到命令把军队开往法国，这种作战就失去了力量。

于是到了16世纪90年代，尼德兰联邦留存了下来，而且有可能夺回东部失去的大部分省份和城镇。到这一阶段，它的军队也已训练有素，由拿骚的莫里斯指挥，他的战术发明和利用沼泽地作战的本领，使他成为当时最好的指挥官之一。将这支军队称为荷兰军队是不恰当的：在1600年它有43个英国人联队，32个法国人联队，20个苏格兰人联队，11个瓦隆人联队，9个德意志人联队，只有7个荷兰人联队。尽管民族大混杂（但并非不典型），莫里斯却把它铸成了一个一致的、标准的整体。毫无疑问，荷兰政府的财政能支持帮助他完成这个任务，他的军队比欧洲大部分军队更能按期得到薪饷，正如政府一贯为支持强大的海军而提供经费一样。

夸大尼德兰联邦的财富和财政稳定，或者说它能轻松地支付这场长期冲突是不明智的，特别是在它的早期阶段。在尼德兰联邦的东部和南部，战争造成相当大的破坏，贸易损失，人口下降，甚至繁荣的荷兰省也感到税收太重；1579 年它要为战争拿出 96 万弗罗林，1595 年几乎达 550 万弗罗林。到 17 世纪初，反西班牙的年度费用升到 1 000 万弗罗林，很多人担心，这场战争不用坚持多久就会造成财政困难。荷兰的幸运在于西班牙的经济遭受损失更大，加上相应的、供养爱闹事的弗兰德斯军的能力不济，终于迫使马德里同意 1609 年停火。

战争考验了荷兰的资源，但并没有将之耗尽。实际情况是，从 16 世纪 90 年代开始，荷兰经济发展迅速，当政府像所有的参战国那样需要向金融市场借债时，它有一个牢固的基础。经济繁荣的一个明显原因是，人口增长与摆脱哈布斯堡统治以后的更旺盛的进取精神相互作用。除了自然人口增长外，还有来自南边或欧洲其他地区的好几万（或许几十万）难民。这些移民大都是技术工人、教师、手艺人或资本家，很明显，他们可以做出很多贡献。1576 年，西班牙军队攻陷安特卫普，这给了阿姆斯特丹更多的机会在国际贸易体系中起作用，而荷兰人确实利用了一切可乘之机发展贸易。他们控制有利的鲱鱼贸易，开垦海田，这些增加了荷兰的资源。他们的大型贸易船队，特别是那种简单结实的货船，到 1600 年包揽了欧洲大部分运输业，木材、粮食、布匹、盐、鲱鱼，由荷兰船只通过每条水路运输。使英国盟友和荷兰加尔文派牧师反感的是，只要利润超过风险，阿姆斯特丹的商人竟然愿意把这类物资运给他们的死敌西班牙。荷兰会进口大批原材料，由阿姆斯特丹、代夫特和莱顿等地的各行各业进行加工。其主要工业有“糖加工、冶金、蒸馏、酿造、制烟、缫丝、制陶、玻璃、军工、印刷、造纸”，不用惊讶，到 1622 年，荷兰 67 万人口中有 56%生活在中等城镇里。世界上任何其他地区与之相比都显得落后了。

荷兰经济的另外两个方面也增强了它的军事实力。其一是海外扩张。虽然这项贸易与欧洲水域低级但大宗的买卖不能相比，但也是共和国的另一项来源。“从1598年到1605年，每年有25只船到西非，20只船到巴西，10只船到东印度群岛，150只船到加勒比海。1605年在安汶、1607年在德那地岛建立有主权的殖民地；印度洋周围，在亚马孙河口和日本（1609年）一带都建立了工厂和贸易站。”尼德兰联邦和英国一样，在经济活动从地中海向大西洋世界逐渐转移的过程中得到了好处，而这个转移是1500年到1700年的主要潮流之一；它一开始对葡萄牙人和西班牙人有利，后来给了那些更有能力从全球商业获利的政权以强大的刺激。

其二是阿姆斯特丹成长为国际金融中心，这是这个共和国充当欧洲的船运商、交换人和商品经济人的必然结果。金融家和机构所能提供的（接受有息存款，转移款项，给汇票记账和结算，发行债券），与威尼斯和热那亚等地已实行的做法没有什么不同。但它反映出联合王国的贸易财富规模更大，可靠性更强，特别是因为主要投资者是政府的一部分，愿意想办法保持货币可靠、有保证的信誉和定期偿还债务的原则。这样的结果是，总是有钱借给政府，这使荷兰共和国相比它的敌人具有无可估量的优势；由于它的信用好，还债及时，因此总能以比任何其他政府优惠的条件借到钱。这在17世纪是个主要优势，实际上在任何时候都是如此。

1621年与西班牙再次开战以后，这种能够轻易举债的能力就更重要了，因为武装力量的费用不断上升，从1 340万弗罗林（1622年）增至1 880万弗罗林（1640年）。即使对一个人口众多的国家来说，这也是一笔巨款，特别是在荷兰的海外贸易因战争而受损失——或者是直接损失，或者是贸易转入中立国手中的情况下。因此，尽可能让公共贷款支持大部分战争费用在政治上容易些。虽然这造成公债猛增——荷兰省在1651年的债务为1.53亿弗罗林，但这个国家的经济活力以及对偿付利息的谨慎态度，意味着其信用体系从没有过垮台的危险。虽然它显示了即使富国也在军事支出面前退缩，但它也证实了，战争胜利取决于各方钱包的大小，而荷兰总能比其他国家耗得长久。

战争、金钱和民族国家

现在让我们概括一下本章的结论。1450 年后进行的战争与民族国家的诞生密切相关。15 世纪后期到 17 世纪后期这段时间，大多数欧洲国家经历了政治和军事权力实现中央集权的过程，通常在君主之下（但在有些地方是在当地王公或一个商业寡头政体之下），伴随着国家税收权力增加和方法增多，收税的官僚机器也复杂多了，不像过去那样，国王是“自己过自己的”，国家的军队则靠封建征募。

欧洲民族国家的这种发展有各种各样的原因。经济变化已经破坏了不少旧的封建秩序，不同的社会集团不得不通过新形式的合同和义务来互相联系。宗教改革把基督教社会按统治者的宗教偏爱划分，把世俗和宗教权威合到一起，因而把世俗制度扩大至整个民族。拉丁语衰落了，政治家、律师、官僚和诗人越来越多地使用地方语言，也推动了这股世俗的潮流。交通工具的改善，更为广泛的物资交换，印刷术的发明，超越大洋的地理发现等，使人们不仅知道有其他种族的人民，而且也知道有各种不同的语言、趣味、文化习惯和宗教。在这种环境下，无怪乎当时的许多哲学家和其他作家把民族国家当作公民社会自然的也是最好的形式，认为民族国家的权力应该加强，它的利益应该保卫，不管统治者和被统治者享受的是哪种宪法形式，都应该为共同的民族利益而和谐地工作。

而战争以及战争的结果推动“民族建设”的紧迫而持续的压力，远远超过这些哲学思考和缓慢进化的社会潮流，军事实力使得许多欧洲王朝可以镇住他们本国的大亨，保证政治一致性和权威（虽然经常要向贵族妥协）。军事因素，或者确切地说，地理战略因素，有助于形成这些新的民族国家的地理边界，同时频繁的战争诱导民族意识（以消极的形式）滋生，让英国人学会恨西班牙人，让瑞典人恨丹麦人，让荷兰反抗者恨他们从前的主子哈布斯堡家族。最重要的是，战争，特别是有利于步兵的那些费钱的防御工事和舰队发展的那些新技术，迫使参战国家花费比以前更多的费用，消耗了收入中的大部分。所有关于早期近代欧洲政治花费的普遍增加，关于新的税收组织，关于国王与各集团之间的关系在改变的议论，如果不提到军事冲突的核心作用就只是抽象的空论。在伊丽莎白一世的英格兰或者菲利普二世的西班牙的最后几年里，政府全部开销的 3/4 用于战争，或者用于偿还上次战争欠下的债务。陆军和海军行动并不一定总是新的民族国家存在的原因，但肯定是这些国家最费钱、最紧迫的行动。

不过要是假定在 16 和 17 世纪，征收赋税、支持军队、装备舰队、发布命令、指挥军事战役这类行动，能像 1944 年诺曼底登陆那样进行，那就错了。正如前面的分析已经说明的，早期近代欧洲的军事机器是笨拙低效的。在此期间征集和控制一支军队是一桩困难之极的事业；衣衫褴褛的部队，运输问题，不标准化的武器，这些都是令大多数指挥官感到绝望的问题。即使有足够的款项用于军事目的，贪污和浪费又要从中分一杯羹。

因而武装力量并不是一个国家可预知的、可靠的工具。大队人马由于后勤供给短缺或更严重的缺乏薪饷而失去控制情况，屡见不鲜。弗兰德斯军在 1572 年到 1607 年至少发生了 46 次哗变，其他劲旅亦然，虽然不是那么频繁。例如，黎塞留曾在他的“政治宣言”中憎恶地评论在德意志的瑞典军队和克伦威尔的新军：

> 历史上由于供给匮乏和体制混乱而自我毁掉的军队，比毁于敌人之手的多得多；我已亲眼看见了，在我的任期内开始进行的所有行动，都因为这个原因而不能完成。

薪饷和供给的问题从所有方面影响军事行动。有位历史学家证明古斯塔夫 · 阿道夫在德意志的惊人机动性，并不是像克劳塞维茨所说的那种意义上的军事战略计划的要求，而是反映了他在被迫为他们庞大的军队寻找食品和饲料。早在拿破仑的那句名言之前，指挥官们就已知道，一支军队吃饱了肚子才能前进。

这些物质条件的限制也适用于国家政权，特别是在为战争筹款的问题上。这个时期的国家不管多么繁荣，没有一个国家能够为这场漫长冲突的费用立即付款；不管征了什么样的新税，政府的收入和支出之间总有一个差距，只能靠贷款来弥补，或者从私人银行家如富格尔家族那里去借，或者像后来那样，从一个经营政府债券的正式组织的金融市场去借。不过，螺旋式上升的费用迫使君主拒付债务，贬值货币，或者试图采取它不得已的措施，急功近利造成了长期损害，这样的事例屡见不鲜。正如他们的指挥官拼命想办法维持军队秩序，喂饱战马，近代早期的那些政府也过着不安定的入不敷出的日子。纠缠着要议会批准更多的额外赋税、强迫富人和教会“捐赠”、与银行家和军火商讨价还价、劫掠外国财宝货船、回避众多的债权人等等，这就是那些年代里统治者和他们的官僚被迫从事的差不多是经常性的活动。

因此，本章的论点并不是说哈布斯堡家族没有做出其他大国干得很漂亮的事情，这里并没有出现惊人的对照，成功和失败仅仅是由很小的差别来决定的。所有的国家，包括尼德兰联邦，都由于军事和海军战役造成的不断的资源损耗而处于重压之下。所有的国家都经历了财政困难、军队哗变、供给不足、国内反对增税。就像第一次世界大战期间，这些年代经受的应该说是耐受力的斗争，把参战国逼得越来越接近财穷力竭。到了“三十年战争”的最后10年，很明显，对立阵营都不能拿出古斯塔夫和华伦斯坦指挥的那样规模的军队，因为各方都确确实实用光了人力和物力。因此，反哈布斯堡的胜利只是模糊的、相对的。他们在维持物质基础与军事实力的平衡上，干得恰好比对手哈布斯堡强了一点点。至少有些胜利者看到了在一场长期斗争中，国家的财富资源应该小心使用，而不是乱用。他们也可能承认（不管是多么勉强地承认），商人、制造商、农夫与骑兵军官以及长枪兵对他们来说一样重要。但是，他们对此的理解超过哈布斯堡的程度是很小的。借用威灵顿公爵后来的话说，这是一个“要命的势均力敌的事”。大多数大规模竞争都是如此。

注：

1.《比利牛斯和约》即结束法国和西班牙战争（1635~1695 年）的条约。——译者注

2. 大约占 1600 年欧洲 10 500 万人口中的 2 500 万。

3. 星室法庭（Star Chamber），英国 15~17 世纪设在威斯敏斯特宫内的法庭，以滥刑专断著称于世。——审校者注

4. 我的同事罗伯特 · 阿史顿教授提醒我说，在这整个时期里所有公布的英国（或许还有其他国家）政府收入和支出都只能看作名义上的；官吏减去的数目，贿赂、贪污、记账混乱等，使公布的给陆军和海军的“分配额”大大降低。同样，国王的“收入”也只有一部分能到达君主手里。因此这里提供的统计数字是示意性的，而非权威性的。

5. 瓦隆人，居住在比利时南部、东南部及附近的法国境内。——审校者注

第三章　金融·地理·战争（1660~1815）

最初由路易十四，后来又由拿破仑统治的法国，比历史上任何国家都更接近于控制整个欧洲。

《比利牛斯和约》的签订，并没有结束欧洲列强之间的你争我夺，也没有改变它们通过战争消除争端的积习。但在1660年以后一个半世纪里进行的国际纷争，在某些非常重要的方面与前一个世纪是不同的，这些变化本身反映了国际政治演进中的一个阶段。

1660年以后，列强舞台上最重要的特征是欧洲各国之间名副其实的多极政体的形成，它们不再为跨国利益、宗教信仰而战了，它们对战争或和平的决断，越来越多地受“国家利益”所左右。这一变化当然不是转瞬之间完成的，也不是绝对的。1660年以前，欧洲各国的活动当然也考虑到它们的世俗利益，同时宗教偏见对18世纪的许多国际纠纷来说仍然是火上浇油。1519~1659年，时代的主要特点是西班牙—奥地利的哈布斯堡政权轴心国同新教国家及法国作战，不过这一特征已经消失了，取而代之的是短暂多变的、松散得多的联盟体系。各国在一场战争中曾是对手，而在下场战争中又经常成为盟友。这说明它们在决定政策时首先考虑的是现实政治，而不是虔诚的宗教信仰。

对于这样一个反复无常、多极的体系来说，外交和战争上的风云变幻是再自然不过的事了。一些国家崛起，另一些国家衰落，这不是什么新鲜事，而是各个时代所共有的现象，这使该体系更加复杂化。从1660~1661年路易十四在法国攫取最高权力，到1815年拿破仑·波拿巴滑铁卢战败，在这一个半世纪的国际对抗中，先前的一些主要国家（奥斯曼帝国、西班牙、荷兰、瑞典）沦为二流国家，波兰也跟着黯然失色。奥地利哈布斯堡王朝在对其世袭领地进行各种各样的疆域和结构调整后，勉强保持了一流大国的地位；在北德意志，勃兰登堡—普鲁士迈出看似前途渺茫的第一步后，也跻身一流大国之列。为了成为欧洲最强大的国家，在西部，1660年后法国迅速扩张其军事力量，在许多观察家看来，其军事力量几乎同半个世纪前哈布斯堡的军事力量不相上下。仅仅由于法国的海上与大陆上的邻国在一系列旷日持久的战争中（1689~1697年，1702~1714年，1739~1748年，1756~1763年）结成同盟，才遏制了法国控制西欧的力量。但在拿破仑时期，法国重整军备，取得了一系列高卢式的军事胜利，只是因为另外四大强国的联盟才功败垂成。即使在1815年战败之际，法国仍不失为主要国家中的一员。当18世纪开始时，在欧洲的中心地带，西部的法国与东部的两个德意志国家，即普鲁士和奥地利哈布斯堡之间，缓慢形成了一个大体三足鼎立的局面。

在这个世纪里，在大国体系中真正具有重大意义的变化，发生在欧洲的侧翼，甚至更远一些的地方。一些西欧国家一步一步地把它们在热带地区，特别是印度和东印度、南部非洲乃至远及澳大利亚的一小块的、不稳定的领地，扩展成大片领地。在这些殖民国家中，干得最漂亮的要算英国。英国国内局势自从1688年威廉和玛丽取代詹姆斯二世之后已“稳定”下来，于是又开始按部就班地发挥伊丽莎白时期作为欧洲最强大海洋帝国的潜力了。即使是18世纪70年代失去了对富庶的北美殖民地的控制，一个独立的、有强大防卫能力和可观的经济实力的美利坚合众国的出现，也只是暂时地阻止了英国影响力在全球的增长。可以与之相比的是俄国取得的成就。在整个18世纪，俄国向东、向南扩张，跨过亚细亚大草原。英、俄两国虽然坐落在欧洲东西两个边缘，但都对中欧的命运极感兴趣。英国卷入德意志事务是因为它同汉诺威有王朝间的联系（从1714年乔治一世继位起），而俄国则决心要在其邻国波兰的命运问题上发号施令。从宏观上说，伦敦和圣彼得堡的政府想要在欧洲大陆建立一种均势，并愿为此而一再插手，以便求得符合自己利益的平衡。换句话说，欧洲列强体系开始变成五大国——法国、奥地利哈布斯堡、普鲁士、英国和俄国——以及一些诸如萨伏依一类的小国和像西班牙那样正在衰落的国家组成的体系。

为什么这些实力明显不相等的国家，特别是5个大国能够保持（或列入）这样一个国家“大联盟”呢？纯粹从军事上加以解释是不能令人满意的，例如，人们很难相信这段时期内大国的兴衰主要归因于陆军和海军技术更新，比如一国比另一国获益更大的技术更新[1]。当然，在武器装备上是有许多小的改进，如燧发步枪（带刺刀）在战场上取代了长矛；炮兵更加机动灵活了，特别是在18世纪60年代由法国的格里博瓦尔发明新式大炮以后；被称作加农炮的一种口径大、炮管短的海军舰炮（最初由苏格兰的加农公司于18世纪70年代末制造）提高了战舰的杀伤力。战术思想也得到了改进，在人口和农业生产稳步增长的背景下，组建更加庞大的军事单位（师、军）成为可能，到18世纪末，肥沃的农田可以轻而易举地供养师、军这类庞大的军事单位。然而公平地说，1815年威灵顿的大军同1710年莫尔伯勒公爵的大军并无多大差别，而纳尔逊的舰队也不比迎战路易十四战舰的舰队在技术上先进多少。

事实上，由于国家力量的增强，18世纪发生在陆军和海军领域最重大的变化，大概要算组织上的变化了。这一变化的典型毫无疑问非路易十四的法国（1661~1715年）莫属了。他的大臣柯尔贝尔、勒·泰利埃等人都一心一意地想要在国内加强王权，在国外为国王增添荣耀。法国建立了陆军部，由其行政长官来检查部队的资金筹措、供给和组织，马提奈作为负责人制定了训练和军纪的新条令，在陆上新建了各式各样的军营、医院、阅兵场和弹药库，以维持太阳王的庞大陆军，并在海上组建了一个集中指挥的庞大舰队。所有这一切，都迫使其他不想黯然失色的国家起而效尤。国家对军队的垄断并使其官僚化，显然是“立国”的中心部分。其发展是一个相互影响的进程，这是由于国家权力的扩大和收入的增加必然使军队有一定程度的常备性（这在一个世纪以前是没有过的），不仅有“职业性”的“常备”军和“皇家”海军，还有更加发达的军事学院、军营、船坞等基础设施以及管理它们的行政长官。权力是国家的权力，无论它表现为东欧开明的专制政体、英国的议会制还是稍后大革命中法国的民众力量。另一方面，其他国家可以很快地模仿这些组织机构上的改进(最突出的例子要算彼得大帝在1698年后短短的几十年中对俄国军队进行的改革)，而在没有维持大国地位的保证时，这些国家自己也会对其组织机构再进行改革。

比起用纯粹军事上的发展进步来解释1660~1815年大国的力量对比来说，另外两个因素——财政因素和地理因素更为重要。这两个因素往往交织在一起，把它们合起来看，就可能对这个时期多次战争造成的、乍看起来令人眼花缭乱的成败模式产生清楚一些的认识。

金融革命

如上一章所述，文艺复兴时期的王公们已清楚地认识到为国家创收的生产性经济基础和财政的重要性。18世纪旧君主政体兴起，他们拥有庞大的军队和众多战舰组成的舰队。这些又促使政府发展经济，增强筹措和管理有关资金的财政机构。不仅如此，1689~1805年英法间的7场大战，如同第一次世界大战一样，是持久战。因而胜利总是属于更有能力保持信誉、持续获得给养的大国，确切地说，由于英国同法国都有盟国，因此胜利常常属于大国的联盟。事实上，这种联盟之间的战争只增加了战争的持久性，因为交战一方若资源耗尽，还可以向更强大的盟国寻求贷款和支援以维持作战。在这种花费巨大和耗竭资源的战争中，各方迫切需要的，是“钱，钱，更多的钱”。这种需要成了

17 世纪末和 18 世纪初所谓“财政革命”的背景。当时一些西欧国家为支付其战争费用，发展了一套复杂的银行和信贷系统。

的确，这个时期的财政变化还有第二位的、非军事的原因，那就是硬币的长期匮乏，特别是 1693 年葡属巴西发现金矿之前的那些年。在 17 和 18 世纪，欧洲同东方的贸易越发展，就有越多白银为支付贸易逆差而外流。各地的大小商人都在抱怨缺乏硬币。此外，欧洲贸易的增长，特别是如布匹和航海用品等大宗产品贸易的持续增长，加之永久性贸易中心代替中世纪欧洲的季节性交易市场，使财务结算的规则性和可靠性增强。这就大大增加了汇票和信用票证的使用。特别是在阿姆斯特丹，此外还有伦敦、里昂、法兰克福及其他城市，出现了一大批放债人、商品经销人、金匠（他们经常放债）、证券经纪人，以及数目日益增加的联合股份公司的经纪人。这些金融业者和钱庄采用文艺复兴时期在意大利已经出现的金融业习惯做法，逐步建立起一套支撑着近代早期世界经济的国家的和国际的信贷体制。

但是，给予欧洲“金融革命”以最大、最持久推动的还是战争。如果说菲利普二世时期和拿破仑时期财政负担只是程度上的差别的话，那么这种差别也是相当可观的。在 16 世纪打一场战争只要几百万英镑，到 17 世纪末，打一场战争要几千万英镑；而在拿破仑战争末期，主要交战国的开支有时一年就达上亿英镑。如果从经济角度来看，大国间这些旷日持久、此起彼伏的冲突对西方商业和工业的发展是否利大于弊，这是永远也不可能满意地加以解答的问题。在很大程度上，答案取决于你是否以长期战争前后的相对繁荣和实力作参照，竭力估算出一个国家的绝对增长。有一点很清楚，即使在 18 世纪称得上最繁荣、最“现代化”的国家，全靠其平时的正常收入也不够支付它在这个时期所进行的战争。事情远未到此为止，大幅度地提高税收，即使有现成的机构去征收，也很可能触发国内的动乱。这正是所有政权都为之提心吊胆的事情，特别是在同时面临外国挑战者的时候。

其结果是，各国政府为战争筹措足够资金的唯一办法就是借款，即通过出售债券和官爵，或者更好的办法是向那些借钱给国家的人出售偿本付息、可以流通的长期公债券。有了资金来源的保障之后，官员们就有能力支付军火商、供应给养的商人、造船主以及军队的官兵们。从许多方面来说，这种一边大量借钱、一边大量花钱的双向体制就像是一个风箱，给西方资本主义制度和民族国家本身的发展吹风打气。不论对后世的人来说这是多么自然的事情，还是有必要强调这个体制的成功仰仗的两个关键因素：足够有效的筹措贷款的机构；在金融市场上维持政府的“信誉”。在这两个方面，尼德兰联邦都做得很出色。这倒没什么奇怪的，荷兰的商人是政府的组成部分，他们希望像管理一家联合股份公司一样，用同样不打折扣的财政原理来管理国家。因而为政府开支定期地高效率征收赋税的荷兰三级议会，能够将利率定得很低，从而降低偿债额，这是很恰当的。这一体制被阿姆斯特丹城的金融活动极大地加强了，它很快就使尼德兰联邦获得了清算债券、贴现和提供贷款的国际声誉。这就自然而然地造成了一种格局和一种气氛，在这种格局内有固定利息的长期国家贷款便被视为家常便饭一类的事情。阿姆斯特丹成功地成为荷兰剩余资本的中心，不久它就可以向外国的公司投资了，最重要的是，它可以向外国政府认购各式各样的债券，特别是在战争期间。

这里没有必要研究这些活动对尼德兰联邦经济的影响，虽然那是明摆着的。如果没有一个繁荣的商业和生产基础作为支柱，阿姆斯特丹就不会成为大陆的金融中心。此外，应该看到远期的影响也许是不利的，因为源源不断的政府贷款的收益使尼德兰联邦的经济越来越脱离生产性经济，而变成一种高利贷式的经济。它的银行家们不大情愿冒风险将资金投入 18 世纪末大规模的工业建设项目。轻易即可筹借贷款最终使荷兰政府背上巨大的债务包袱，而靠消费税来偿付又使其工资和物价上涨，结果使荷兰商品失去竞争力。

对我们所讨论的目的更为重要的，倒是荷兰在认购外国政府债券时，对其顾客的宗教信仰和意识形态满不在乎，更关心的倒是它们财政上的稳定性和可靠性。因比，可以把荷兰给俄国、西班牙、奥地利、波兰和瑞典等欧洲诸国所定的贷款条件视为一种尺度，用它来评定各国经济潜力、它们给银行家们提供的抵押、它们偿付利息和贴水的记录，最后是它们在群雄混战中取胜的前景。这样，波兰政府债券在18世纪末的暴跌，以及与之相反的奥地利几十年来常被忽视的非同一般的资信能力，就反映出这些国家不同的耐久力。

财政实力和强权政治之间这种至关重要的关系的典型例子，要算这一时期两个最大的冤家对头英国和法国。由于它们之间冲突的结局影响着整个欧洲的均势，所以值得对它们的经历进行深入的探讨。有一种观点认为，18世纪的大不列颠显示了坚强和势不可当的商业与工业力量的增长，显示出不可动摇的财政信誉以及一个可变的、向上流动的社会结构，与之比较起来，旧制度的法国则是建立在穷兵黩武、经济落后、等级制度森严的一盘散沙之上。这种陈旧的观点看来是站不住脚的。在某些方面，法国赋税制度比起英国来，税率递减不那么严重。另一方面，尽管它在一些重要项目上落后，如煤的蕴藏量十分有限，但18世纪时法国的经济仍呈现出向工业革命“起飞”的现象。它的军火产量是十分可观的，它还拥有许多熟练工匠和一些引人注目的企业家。比起它的海岛邻国来，它有更多的人口和更大规模的农业，因而更富足。法国政府的收入和军队的数量，使任何一个西欧对手都相形见绌。同威斯敏斯特的政党政治相比，其统治经济制度似乎赋予其更大的凝聚力和可预见性。因此，18世纪的英国人在注视海峡对岸时，更清醒地意识到自己国家的相对劣势而不是实力。

尽管如此，英国体制在财政领域还是拥有关键的优势，这在战时增强了它的国力，在平时加强了它政治的稳定，促进了经济的增长。不错，虽然它总的赋税制度比法国来说税率递减得更大，这就是说更加依赖于间接税而不是直接税，但由于这种独一无二的特色，似乎使公众对它的不满不那么强烈。比如，在英国没有法国那样大批的包税人、收税官和其他中间人。英国的许多税是“无形的”（对几种基本产品的消费税），或看上去只损害外国人的利益（关税）；它的国内没有通行税。法国的商人们对国内的通行税深恶痛绝，它阻碍了国内商业的发展。英国的土地税在18世纪是主要的直接税，不允许有特殊的豁免，同时对社会的大部分人来说也是“无形的”。这些不同形式的捐税由选举出来的议会加以讨论，然后授权征收。尽管议会有种种缺陷，但看起来还是要比法国的旧制度更具有代表性。早在1700年前，英国的人均收入就已高出法国，当注意到这一要点时，这个岛国的居民情愿并且能够相应地多交纳一些捐税也就不足为奇了。最后，虽然很难用统计数字来证明，人们却可以论证英国较轻的直接税负担不仅增加了社会中小康人家的储蓄倾向（这样在平时就积累起投资的资金），而且也为战时积聚了可供征税的大量财富，战时英国就开征了更高额的土地税，并在1799年开征直接税，以应付国家紧急需要。这样，到了拿破仑战争时期，尽管人口还不到法国的一半，但英国每年从赋税筹集的收入第一次超过了比它大的邻国。

然而，不论上述成就是多么了不起，其重要性和英法两国在公共信贷制度上意义更重大的差别相比黯然失色。事实上，在18世纪绝大部分战争时期，在为额外的战争开支所筹措的款项中，几乎有3/4来自借款。英国在这方面比在其他任何方面都更占决定性的优势。首先是英国体制性结构的演进容许其高效率地筹措到长期贷款，而同时负责定期偿付由此产生的债款利息（及本金）。1694年创建的英格兰银行（最初作为战争中的应急措施）和稍后对国债的调整，以及债券交易的兴旺和“乡村银行”的发展，这些方面为政府和商人获得资金开辟了财源。在一个硬币匮乏的时代，形形色色的纸币的发行在没有引发通货膨胀和导致信誉下降的情况下，带来了极大的好处。但是，如果国家的证券没有历届议会及其征收附加税的权力作担保；如果没有从沃波尔到小威廉·皮特的历届政府的殚精竭虑，使银行家们和公众相信他们毫无例外地也是按照金融准则行事，是“节俭”的政府；如果没有商业和工业的持续发展和在某些方面突飞猛进的发展提供了关税和消费税收入的同步增长的话，那么这场“金融革命”就很难成功。只要皇家海军保护着英国的海外贸易并扼制住敌人，即使战争也未能阻止这种增长。英国的“信誉”就是建立在这种牢固的基础上的，尽管有早期的动荡，政治上遭到激烈的反对，以及近乎金融灾难的1720年“南海泡沫”的破碎。英国的历史学家们曾评论道：“尽管在处理英国公共财政时弊病百出，但是在该世纪后一段时期，英国比起任何其他欧洲国家来说，都更加守信誉，更加有效率。”

其结果不仅令利率稳步下降，[2]而且使英国政府债券对外国投资者特别是对荷兰人，产生了越来越大的吸引力。在阿姆斯特丹金融市场上进行定期的英国政府债券交易，成为联系英荷两国贸易和金融关系的重要部分，并对两国的经济都带来巨大影响。在“强权政治”的条件下，它的价值在于：尽管反对法国的盟国荷兰已变成左右为难的中立国，尼德兰联邦的资金却能屡次为英国进行战争输血打气。值得注意的是，北美独立战争是英国陆军、海军、外交和贸易的弱点都暴露无遗的一次冲突，因而它的资信能力降到了谷底。只是在这次战争时期，荷兰资金的流入才趋于枯竭，即使伦敦准备提供更高的利率也无济于事。可是到了1780年，当荷兰加入法国一方对英作战时，英国政府发现它自己的经济实力和国内可供使用的资金与往昔大不相同，国内投资者几乎可以完全提供它所需要的借款了。

英国举借战债能力的绝对数额及其最终成绩可归纳为表2。

表2　英国战争时期的支出和收入（1688~1815年）

（单位：英镑）

年　度	总支出	总收入	借款补差额	借款占支出的百分比（%）
1688~1697	49 320 145	32 766 754	16 553 391	33.6
1702~1713	93 644 560	64 239 477	29 405 083	31.4
1739~1748	95 628 159	65 903 964	29 724 195	31.1
1756~1763	160 573 366	100 555 123	60 018 243	37.4
1776~1783	236 462 689	141 902 620	94 560 069	39.9
1793~1815	1 657 854 518	1 217 556 439	440 298 079	26.6
总计	2 293 483 437	1 622 924 377	670 559 060	33.3

这些数字的战略意义在于英国能够“把大大超过其税务收入的钱财用于战争，这样一来，它就把具有决定性优势的舰船和兵力投入同法国及其同盟国的战争，而没有这种优势，它先前所投入的人力、物力便都会付诸东流”。尽管许多英国评论家在整个18世纪一提到英国债务的庞大数额及其可能带来的后果有如谈虎色变，但事实上（用伯克利主教的话来说）信贷是“英国对法国的首要优势”。最后，国家支出的猛烈增长，特别是海军部订货造成的对生铁、木材、布匹和其他物资的巨大而持续的需求，造成了一个“反馈环”，促进了英国的工业生产，刺激了技术上一系列的突破。这又使英国增加了一项对法国的优势。

为什么法国未能效法英国的这些习惯做法，现在看来原因是显而易见的。首先，法国没有一个合适的公共财政体系。从中世纪以来，法兰西王国的财政活动就被一小撮人所“把持”，被地方政府、神职人员、地方显贵以及越来越多的包税人把持。他们为国王征收捐税，督办王室专卖，作为回报，他们从中获得一部分收益，并同时以很高的利率贷款给法国政府，从中获得预期的收入。在这种制度下，不仅征收烟草税和盐税的包税商贪污受贿，就是那些征收人头税这类直接税的教区收税员、地方收税官和地区收税官，也都假公济私。他们每个人在将钱交给上一级机关之前，都截留下自己的“回扣”，每个人还获取当初为购买官职所付代价的5%的利息。更有许多高官显贵被控告在将其征收的钱款上交王室财库前，直接将一部分钱付给政府承包商或作为他们的佣金。这些人也向国王放款取利。

这样一个松散、随意的机构从骨子里就是腐败的，纳税人的许多钱财都落入私人的腰包。有时（特别是在战争结束之后）也发起对这些理财的人的一番清查，致使他们中的许多人支付“赔偿”或接受低一些的利率，但这样的举动仅仅是姿态而已。一位历史学家争辩道：“真正的病根在于这个制度本身。”这种低效率的第二个后果是，至少到18世纪70年代内克改革之前，法国人都没有一个全国性账目核算的总体意识，没有支出与收入的年度账目，对财政赤字也认为无关紧要。只要能为其军队和宫廷的眼前急需搞到钱，国债的步步上升对国王来说是无足轻重的。

尽管早先的斯图亚特王朝也表现出与此类似的漫不经心，但18世纪前英国就实行了一套由议会控制国家财政的体系，使英国在争霸斗争中占有很大优势。英国政府的开支和国债增长并没有损害（也许实际是促进了）英国在商业和工业领域的投资，而法国在多数情况下似乎是鼓励那些有剩余资金的人去收买官职或年金，而不是鼓励他们将钱投到生产中去，这种情况也是一个重要因素。有时也的确有人试图为法国建立一个国家银行，以便有效地管理债务，并提供低息贷款。但这些设想总是遭到那些在现存制度中享有既得利益的人的反对，因而法国的财政政策——如果它真配这个称呼的话——始终是顾头不顾尾。

法国商业的发展在许多方面也受到困扰。例如，比较一下法国港口城市拉罗舍尔是在何种不利情况下同英国的利物浦和格拉斯哥竞争的，倒是很有意思。所有三个城市都跃跃欲试，要在18世纪“大西洋经济”腾飞里一显身手，而拉罗舍尔地理位置优良，它坐落在通向西非和西印度群岛的三角贸易线上。可悲的是，虽然商人有这样的热望，法国的拉罗舍尔却不时地遭到国王的剥削。国王“对金钱贪得无厌，冷酷无情地搜刮新的更多的收入来源”。大量“沉重的、不平等的、横征暴敛的直接和间接的商业税”阻碍了经济的发展，卖官鬻爵使地方资金不能用于商业投资，而贪官污吏的巧取豪夺又加剧了这种趋势。专利公司限制了进取精神。更有甚者，尽管国王强迫拉罗舍尔在18世纪60年代建造了一个耗资巨大的大军火库（否则拿走全城的所有收入），但战争真的来临时，法国却将其置之不用。由于法国政府通常将其目标放在陆上而不是海上，同处于优势的英国皇家海军频繁作战给拉罗舍尔带来了灾难性的后果。它眼睁睁地看着它的商船被掳掠，赚钱的奴隶贸易被中断，它在加拿大和路易斯安娜的海外市场丧失殆尽。所有这一切都发生在海上保险费暴涨并开征紧急税的时候。法国政府还常常感到不得不允许其海外殖民者在战时用中立船贸易，这好似致命一击，使得这些市场在和约缔结时更难恢复元气。对比之下，大西洋上的英国经济在整个18世纪都在稳步地发展。如果说有什么在战时（尽管有法国私掠船的袭扰）从掌握权力又获得利润的英国政府的政策中得到了好处的话，那就是贸易与海外领地，它们是不可分割的。

法国财政不健全的最大恶果，是战时其陆军和海军的浴血奋战在许多方面都成为徒劳。由于制度的低效率和不可靠性，就需要更多的时间去获得给养（如海军储备）而军火商又往往比他们同英国或荷兰海军部签订合同时开价更高。对法国君主政权来说，在战时筹措大笔资金往往是最头痛的事，尽管到18世纪70~80年代它已经越来越依赖荷兰的资金了。由于法国货币币值长期浮动、部分赖债以及它对短期或长期债券持有人的种种蛮横无理的做法，使金融家们对法国要求收取比英国或许多其他欧洲国家都高得多的利息，而借贷无门的法国也只好同意。[3]然而即使法国情愿接受这些苛刻的条件，波旁王朝还是无法筹措到足够的资金去支持它在持久战中的军事行动。

最能说明法国这种弱点的时期，是在美国独立战争之后的年代。对于英国来说，这不是一场光彩的战争，它丧失了最大的一块殖民地，眼看着国债上升到2.2亿英镑。但由于这些钱主要是以3%的低利率借来的，因而每年偿还借款的总额只有733万英镑。这场战争对法国的实际损耗要少得多，不管怎么说，法国只是到战争进行到了一半时才参加进去，而且还是在内克努力平衡国家预算之后。同时，这一次法国不必部署一支庞大的陆军。但是，这场战争花费了法国至少10亿里弗尔。几乎所有这些钱都是以英国政府所借贷款至少两倍的利率借来的短期贷款。两国为偿还债务，都耗费了各自国家年支出的一半；但是在1783年之后，英国立即着手采取了一系列措施（建立统一收入基金“偿债基金”，改善政府账目）以稳定债务总额，加强其资信能力。这大概是小皮特最辉煌的成就。相反，法国方面每年都发行大量新的债券以筹款。这是因为“正常”收入即使在平时也入不敷出，随着赤字年年增长，法国政府的信誉进一步削弱。

令人吃惊的统计结果显示，到18世纪80年代末期，法国国债数额几乎达到英国的水平，近2.15亿英镑，但它每年要支付的利息差不多是英国的两倍，即1400万英镑。更糟的是，法国历任财政大臣试图征收新税的努力都遭到公众顽强的抵制。是卡洛纳提出的导致召开显贵会议的赋税改革议案、反对最高法院的动议、国库停止偿付债务以及随后（1614年以来的第一次）于1789年召集的三级会议，终于触发了法国旧制度的最终崩溃。国家失去偿付能力和革命之间的联系是显而易见的。在之后的危机年代里，法国政府愈加增发钞票(1789年发行1亿里弗尔，1790年发行2亿里弗尔)。这种手段被制宪会议的应急措施所取代。它没收了教会的地产，按其评估价值发行纸币。所有这一切导致了更严重的通货膨胀，而1792年做出打仗的决定更是雪上加霜。虽然以后国库内部进行的行政改革和革命政权了解真相的决心，的确稳固地建立了一个类似于英国及其他国家的、统一的、官僚化的税务机构。但持续到1815年的国内动乱和过度的对外侵略扩张，导致法国经济越来越远地落到它主要对手的后面。

所有的政府和政治家们都被如何增加税收，以支付正在进行的和以前进行的战争费用所困扰。即使在和平时期，维持其军队也要耗费国家财政支出的40%~50%，而在战时，国家支出总额远远超过平时，军费要占总支出的80%甚至90%。不论各国政体如何，不论是君主专制的帝国、君主立宪制政体，还是资产阶级共和国，整个欧洲无一例外都面临着同样的难题。在每一轮战争之后（特别是在1714年和1763年以后），大多数国家都极度渴望喘息一下，从精疲力竭的经济中恢复过来，腾出手对付因战争和苛捐杂税导致的国内不满。但是，欧洲各国制度的竞争性和利己主义本性，意味着长期的和平是稀有的。因此，在几年之内，各国又在为新的大战作准备。但是如果连欧洲最富强的三个大国（法国、荷兰和英国）都不堪这样的财政重负，更穷的国家又怎么能担负得起呢？

这一问题的答案是简单的——他们负担不起。腓特烈大帝的普鲁士，虽然能够从王室领地和专卖公司中取得很大一部分收入，但如果不靠三种“特殊”的收入来源，即掠夺撒克逊和梅克伦堡这样的邻国，以及在1757年后从它富裕的盟邦英国那里得到津贴，也应付不了奥地利王位争夺战和七年战争的巨大开销。对于效率不高、权力分散的奥地利哈布斯堡来说，支付战争费用更是一个大问题。很难相信在俄国和西班牙情况会好多少。对这两个国家来说，除了进一步压榨农民和贫穷的中产阶级外，开源增收是没什么指望的。由于旧制度下的许多阶层（例如匈牙利的贵族，西班牙的神职人员）都要求免税，即使发明了巧妙的间接税、货币贬值和印刷纸币，也还是难以在和平时期供养分工复杂的军队和宫廷。所以战争的爆发就迫使各国采取特殊的财政措施，以应付国家的紧急需要。这意味着他们不得不增加对西欧金融市场的依赖，或者是更加依赖伦敦、阿姆斯特丹或巴黎的直接接济。这些钱便可用于收买雇佣兵和军需品。“没有钱，就没有瑞士雇佣兵”可能曾是文艺复兴时期王公们的一个口号，但直到腓特烈和拿破仑时代，这仍是生活中无法回避的基本现实。

然而，这并不等于说，决定列国在18世纪各场战争中命运的总是财政因素。在这一时期的大部分时间里，阿姆斯特丹是世界上最大的金融中心，但仅此一点并不能阻止尼德兰联邦从一个主要大国的地位跌落下来。相反，俄国虽然经济落后，政府资金相对匮乏，但该国在欧洲事务中发挥的影响和实力却与日俱增。要解释这种表面上的矛盾，就有必要对第二个重要的制约因素——地理对国家战略的影响——给予同样的重视。

地缘政治

由于欧洲列强政治固有的竞争性，以及贯穿整个18世纪各国之间同盟关系的不断变动，敌对国家常常从一场冲突到另一场冲突时遇到截然不同的情况，有时是极为变幻莫测的命运。秘密条约和“外交革命”造成列强之间组合的不断变化。由此引起欧洲均势、陆军和海军两个方面力量对比的动荡变化。

这就自然而然地使各国极大地依赖其外交家的聪明才智，更不用说武装部队的效能了。同时它还表明了地理因素的重要性。这里所说的地理因素不仅包括一个国家的气候、资源、农业生产力、可以利用的商路等因素，尽管这些因素对一国的全面繁荣强盛是很重要的，更重要的是指每个国家在这些多边战争中所处的战略位置这样一个关键问题。某一特定国家能将其全部力量集中投入到一条战线上，还是不得不在几条战线上同时作战？它是同弱小国家接壤，还是同强国接壤？它主要是陆上大国，还是海上大国，或者两者兼而有之？这一切又给它带来何种有利因素，何种不利因素？如果它想退出战争的话，能否轻易地从一场中欧大战中脱身？它能否从海外获得额外的资源？

尼德兰联邦在这个时代的国运兴衰是说明地理因素对政治产生影响的一个极好的例子。在 17 世纪初期，它具备了国家发展的许多要素，诸如国内经济繁荣，社会稳定，陆军训练有素，海军实力雄厚等，而它的地理位置当时也看不出对它有何不利之处。同时，纵横交错的河网为它对付西班牙提供了天然屏障（至少是在一定程度上），而濒临北海，又为它利用富饶的鲱鱼资源提供了通路。但一个世纪之后，荷兰却面对几个强敌，在保卫自己的困境中挣扎。自从克伦威尔的英国和柯尔贝尔的法国采取重商主义政策后，荷兰的商业和航运就受到了打击。不论特龙普和德·吕泰尔那样的指挥官战术指挥才能多么杰出，在对英国的海战中，荷兰商人或者不得不闯过两翼受敌的英吉利海峡，或者不得不兜个大圈子，绕过波涛汹涌的苏格兰，而这条路线（像他们捕捞鲱鱼一样），在北海仍然容易受到敌人的攻击。盛行的西风助了英国海军将领们一臂之力，而荷兰沿岸的浅海，限制了荷兰战舰的吃水深度，从而限制了战舰的吨位和火力。同样，它同美洲及印度的贸易也越来越暴露在英国海军的炮口之下。它在波罗的海的转口贸易，曾是它早期崛起的支柱之一，也一样被瑞典人和沿岸的其他对手削弱。尽管荷兰可以暂时派一支庞大的舰队前往受到威胁的某地重振雄风，但它对长久维持远海的广泛而脆弱的利益还是束手无策。

从 17 世纪 60 年代起，荷兰在陆上的弱点就暴露在路易十四时期法国的威胁之下，这使荷兰处境更加艰难。由于这一威胁比一个世纪前西班牙所造成的威胁要大得多，荷兰被迫扩充自己的陆军（到1693年实力为93 000人），并将更多的人力、物力投入到防守南部边界的要塞中去。这从两方面耗尽了荷兰的力量：它使大量的金钱用于军事开支，从而造成战债和利息支出的螺旋式上升；提高消费税和工资，削弱了本国商业的长远竞争力。荷兰在战争时期遭受大量的人员损失，而在整个这一时期，荷兰人口反常地停滞在200万人以上。由于这个缘故，在西班牙王位继承战争（1702~1714年）期间接踵而至的战斗中，当莫尔伯勒公爵执意派遣英荷联军对法国的正面防线发动浴血进攻而造成人员惨重损失时，荷兰人理所当然地感到惊恐。

1689年由威廉三世所缔造的英荷联盟同时起了双重作用，它既挽救了尼德兰联邦，同时又是使它作为一个独立大国衰落的重要因素。这同两百余年后的《租借法案》和英美同盟如出一辙。它们既挽救又削弱了当时在莫尔伯勒公爵的后裔温斯顿·丘吉尔领导下为生存而战的大英帝国。在1688年到1748年对法国的数次战争中，荷兰都感到资源不足；这意味着它必须把防务开支的3/4用于陆军，因而忽视了舰队。而英国却在海运和殖民活动中占了越来越多的份额，并从中捞取了越来越多的商业利益。简言之，当伦敦和布里斯托尔的商人们兴旺发达起来时，阿姆斯特丹的商人们却倒了大霉：由于英国不顾荷兰要保持同法国商业联系的意愿，在战争期间经常竭力阻止同法国的一切贸易往来，使荷兰商人损失更大。这也反映出尼德兰联邦在整个这一时期是多么深地卷入（因而更加依赖）对外贸易和金融往来。而英国的经济相对来说仍然是自给自足的，即使到七年战争时期尼德兰联邦宣布保持中立没有帮它多少忙。因为骄横的皇家海军拒绝承认"自由商船，自由货物"的原则，决意要封锁法国，阻止其用中立国船只进行海外贸易。英荷两国在1759年间就这一问题所发生的外交纠纷，在美国独立战争初期又多次发生，并最终导致两国1780年以后的公开冲突；这些冲突丝毫无助于英国或荷兰的海上贸易。直到法国大革命和拿破仑战争，荷兰人发现他们自己愈加陷进英法两国的夹缝中间。受到普遍赖债的损失，受国内分裂的影响，同时，荷兰在既无法避免又得不到任何好处的世界竞争中，丢失了自己的殖民地和海外贸易。在这种情况下，即使有金融上的精明强干以及可依赖的“剩余资本”，也是无力回天的。

与此相类似，法国在更大程度上由于是海陆混合型国家而在18世纪吃尽了苦头。它的力量一方面要用于大陆上的雄心壮志，另一方面要用于海上和进行殖民的勃勃野心。在路易十四统治初期，战略上这种顾此失彼的情况还不是很明显。法国的力量坚固地建立在固有的物质力量上：广袤又比较单一的领土、自给自足的农业以及约2 000万的人口，这允许路易十四把他的大军从1659年的3万人增加到1666年的9.7万人，进而扩充到1710年的35万人。“太阳王”外交政策的目标也是建立在欧洲大陆传统之上的：通过在南部打击西班牙，向北、向东夺取西班牙哈布斯堡王朝易受攻击的联系地带，以及德意志的领土弗朗什-孔泰、洛林、阿尔萨斯、卢森堡和南尼德兰，从而进一步削弱哈布斯堡王朝的地位。

由于当时西班牙已精疲力竭，奥地利忙于应付来自土耳其的威胁，而英国起初保持着中立或友好，路易十四在外交上得以赢得20年的胜利。但是好景不长，法国贪婪的胃口激起了其他大国的不安。

法国战略上的问题在于，尽管它在防守上力量很强大，但它的地理位置不那么有利于进行决定性的对外征服战役：它在各个方向上都受到阻碍，包括一些大国已有的领土要求和既得利益的妨碍。例如，进攻尼德兰南部（由哈布斯堡王朝占有），就要进行艰苦的战斗，通过布满要塞和河流的地区，这不仅招致哈布斯堡王朝本身的反击，而且会招致尼德兰联邦和英国的反应。法国进攻德意志领土的道路也是荆棘丛生：虽然可以轻而易举地突破边界防线，但法军的交通线却要长得多，同时还要面对不可避免的敌国同盟，即奥地利人、荷兰人、英国人（特别是从1714年汉诺威选帝侯继承英国王位后），还有普鲁士人的同盟。即使到了18世纪中叶，当法国想要挑选出强大的奥地利或是普鲁士作盟国时，这一联盟的必然结果便是另一个德意志大国站到法国的对立面，并且更为重要的是，后者将竭尽全力争取英国和俄国的支持，以便挫败法国的企图。

不仅如此，法国同海上大国进行的每一场战争，都要把它的力量和注意力从大陆上分散开去，这样就使其在大陆上进行的战争更难取得胜利。一方面要在弗兰德斯、德意志和意大利北部打仗，另一方面又要在英吉利海峡、西印度群岛、下加拿大和印度洋作战，法国在这两个战略抉择之间摇摆不定，经常导致它“两头落空”。虽然法国历届政府从来也不情愿在财政上做出向英国皇家海军优势挑战所必需的最大努力[4]，但还是要拨出一部分资金给海军。如果法国是一个单一的内陆国家，这笔钱原本可以用来加强其陆军的。只在1778~1783年的战争中，法国支持美国人在西半球的反叛，同时又放弃了对德意志的任何军事行动，法国才得以羞辱它的对手英国。而在其他所有战争中，法国从来没能够在战略上集中于一点，结果饱受损失。

总之，旧制度的法国领土广大，人口众多，资源丰富，一直是欧洲最强大的国家之一。但要成为一个“超级大国”，它的实力又不够充实，管理国家的效率也不够高。它在大陆上受到限制，在海上又被牵制，因而不可能战胜由于自己的野心而必然激起的敌国联盟。法国的所作所为，加强了而不是打乱了欧洲列强的多极体系。只有当大革命改变了它的国力，而后被雄才伟略的拿破仑恰当地运用以后，法国才得以让欧洲大陆在一段时间里对它俯首帖耳。但即使如此，它的成功也只是暂时的。任何军事天才都无法保证法国对德意志、意大利、西班牙的永久控制，更不用说俄国和英国了。

在几条战线上同时面对几个潜在的劲敌，这个地理战略上的问题并非只困扰着法国。不同的是因为法国自己反复的侵略和长期没有一个确定的方向，使这个问题更为严重罢了。这一时期的两个德意志大国——奥地利哈布斯堡和勃兰登堡—普鲁士也因为其地理位置，注定要处理同样棘手的问题。对于奥地利的哈布斯堡王朝来说，这并非什么新鲜事。他们管辖的形状极不规则的领土联合体（奥地利、波希米亚、西里西亚、摩拉维亚、匈牙利、米兰、那不勒斯、西西里，以及1714年以后的尼德兰南部），再加上其他强国同这些领土所处的地理位置，都迫使哈布斯堡王室要想保住帝国的遗产，就不得不在外交上和军事上使尽浑身解数。若要扩大这份遗产，就需要更多的聪明才智或者吉星高照，也许两者都不可缺少。

虽然同土耳其的几次战争（1663~1664年，1683~1699年，1716~1718年，1737~1739年，1788~1791年）显示出哈布斯堡的军队全面加强了在巴尔干的地位，但同日趋没落的奥斯曼帝国的战争也耗尽了维也纳在这些时期的大部分精力。比如，当1683年土耳其人兵临帝国首都城下时，利奥波德一世不得不对法国保持中立，虽然就在同一年发生了路易十四“重新合并”阿尔萨斯和卢森堡的挑衅事件。在九年战争（1689~1697年）和稍后的西班牙王位争夺战（1702~1713年）时期，由于维也纳在此以前已经成为强大的反法联盟的一员，它此时顾此失彼的矛盾才不那么显著。但即使在这一时期，这个矛盾也并未完全消失。哈布斯堡王室对外既要在欧洲保护其总体利益，在普鲁士崛起之后又要在德意志内部加以防范。18世纪晚期的许多战争对哈布斯堡王朝来说都更加变幻莫测。至少从1740年普鲁士夺走西里西亚之后，维也纳在制定其外交和军事政策时总得用一只眼睛牢牢地盯住柏林。这必然使哈布斯堡王朝的外交变得空前复杂：要在德意志内部阻止普鲁士的崛起，奥地利人需要在西方求得法国的援助，并更频繁地在东方请求俄国的帮助。但是法国本身也是靠不住的，还时常需要英奥联盟加以钳制（例如1744~1748年间）。此外，俄国的步步崛起也是一个新的麻烦，特别是当沙皇的扩张威胁到立足于巴尔干领土的奥斯曼人的时候，要知道维也纳也觊觎着这片土地。最后，当拿破仑帝国的挑衅威胁到欧洲所有其他列强的生存时，奥地利哈布斯堡为了同法国霸权作斗争，除了参加任何可以利用的强大同盟以外，别无其他选择。

奥地利的弱点，在18世纪初反对路易十四的同盟战争和18世纪末反对波拿巴的同盟战争中，也许反而不如在这之间的那些战争冲突中暴露得充分。特别是1740年以后针对普鲁士的长期战争最能说明问题，它向人们表明，虽然这一时期在哈布斯堡领土上进行了军事、财政和行政管理改革，维也纳仍不能战胜另一个比它小的德意志国家，后者在军队、收入筹集和官僚机构管理效率等方面都要有效得多。此外，非日耳曼国家如法国、英国和俄国的意图也越来越清楚，它们既不希望奥地利消灭普鲁士，也不希望普鲁士吞并奥地利。从更大的欧洲范围来讲，奥地利哈布斯堡已降为准一流大国，这种地位一直保持到1918年。它当然还没有跌落到西班牙和瑞典之类国家的地位，并且避免了落在波兰头上的命运。但是，由于它权力分散，民族众多，经济落后，维也纳历届政府要把它变成欧洲最强大国家的宏伟蓝图一次次地成为泡影。然而，要说奥地利已进入穷途末路还为时过早。正如奥尔温·赫夫顿所说："奥地利帝国坚持拒绝趁机解散（对一些人来说简直是违反常理）。"这说明它仍然具有潜在力量。每一次灾难后，接踵而来的就是又一轮改革，即所谓"重建"。尽管维也纳在着手进行改革时总是困难重重，但帝国仍然拥有相当可观的潜力。每一个研究哈布斯堡王朝衰落的历史学者，对于1792~1815年近24年间面对法兰西帝国势不可当的大军时奥地利的军事抵抗所显示出的顽强，都会做出令人刮目相看的解释。

普鲁士的情形，在地理战略上同奥地利十分类似，尽管他们国内情形大不相同。普鲁士迅速崛起并成为北部德意志最强大王国的原因是尽人皆知的，这里只列举一下：大选帝侯腓特烈·威廉（1640~1688年在位）、腓特烈·威廉一世（1713~1740年在位）和腓特烈大帝（1740~1786年在位）等三位领袖的组织和军事天才；由容克贵族充当军官、花掉国家赋税收入4/5的一支英勇善战的普鲁士大军；建立在规模广大的王室产业以及政府对工商业的鼓励基础上相对的财政稳定；雇佣外籍士兵，任用外国企业家；在军需总监领导下闻名于世的普鲁士官僚机构。而且，普鲁士生逢其时，正赶上瑞典的崩溃和动乱不安，混乱而衰微的波兰被瓜剖豆分，而维也纳在18世纪初的几十年中又被一场场战争和奥地利哈布斯堡王位继承问题搅得狼狈不堪，这些都是的的确确的。因此，如果普鲁士国王能抓住良机的话，实际上有许多绝妙机会在等着他们。不仅如此，在填补1770年后北欧出现的“权力真空”时，普鲁士还从它与其他大国所处的相对地理位置上获益匪浅。俄国本身的崛起，有助于牵制（或削弱）瑞典、波兰和奥斯曼帝国。而法国又远在西方，通常构不成致命的威胁。事实上，法国有时还可以作为普鲁士反对奥地利的同盟。另一方面，如果法国大举入侵德意志的话，法国就很有可能遭到哈布斯堡、汉诺威（因而还有英国），可能还有荷兰以及普鲁士的反抗。最后，如果这一联盟失败，普鲁士比其他国家更容易同法国握手言和。对于柏林来说，反法联盟有时是有用的，但并非必须参加。

普鲁士的早期国王们拥有外交和地理上的种种有利条件，他们纵横捭阖，得心应手。夺取被一些人称为东部工业区的西里西亚，极大地增强了普鲁士的军事经济实力。但是当外交关系不再那么有利时，当腓特烈大帝强大的邻国决心对他的狡诈进行惩罚时，普鲁士在欧洲事务中实际力量的不足，它有限的版图和人口的弱点，在七年战争中就暴露出来了。仅仅由于普鲁士国王及其训练有素的军队不屈不挠的努力，加上他的敌人之间缺乏合作精神，才使腓特烈面对可怕的“包围”得以侥幸逃脱覆灭的危险。但是这场战争使普鲁士在人力、物力上都损失惨重，加上18世纪70年代以后它的军队故步自封，逐渐僵化，柏林根本无力抵抗之后来自俄国的外交压力，更不用说抵抗1806年拿破仑的大胆攻击了。即使晚些时候由沙恩霍斯特、格奈森瑙和其他军事改革家领导的重建工作，也无法掩盖其1813~1815年仍然虚弱的国力。军事上，它那时已经处在俄国的下风。它在经济上严重依赖来自盟国供款者英国的津贴，而且独自还是对付不了法国。腓特烈·威廉三世（1797~1840年在位）的王国像奥地利一样，在一流大国中排在末席，并且一直到18世纪60年代工业和军事变革以前都是如此。

与上述国家比较起来，两个遥远的大国——俄国和美国——相对说来固若金汤。它们没有18世纪困扰中欧国家的战略上两面临敌的困难。的确，这两个未来的超级大国都有一条“支离破碎的疆界”要防守，但无论美国穿越阿勒格尼山脉和大平原的扩张，还是俄国跨过亚细亚平原的扩张，都没有遇到军事上发达的国家对其后方基地造成威胁。它们各自在同西欧打交道时，都享有相对单一“战线”这样一个优势。它们谁都可以向一些已确立其地位的大国挑战，或者至少造成一种牵制。同时，两国由于远离欧洲战场，可以安享免遭攻击的地位。

当然，谈到1660年到1815年这样漫长的一段时期，应该强调美国和俄国的影响在这一时期末比这一时期初更加明显。实际上，在17世纪60和70年代，欧洲人的“美洲”不过是一些孤立的沿海定居点。而彼得大帝统治（1689~1725年）之前的莫斯科公国，几乎是同样遥远，也更加落后。在贸易上，两者都是“不发达”国家，是木材、大麻和其他原料的生产国，都是从英国和尼德兰联邦采购工业品的国家。在这一时期的大部分时间里，与其说美洲大陆是一个实力因素，毋宁说它自己是列国角逐的对象。英国在七年战争结束时（1763年）压倒一切的胜利改变了这种情况。这次战争的结果使法国被赶出新斯科舍和加拿大，西班牙被赶出新佛罗里达。一旦消除了以前促使他们效忠于威斯敏斯特的外国威胁，美洲的殖民者们这时就可以坚持认为，他们同英国仅仅是一种名义上的联系，如果哪个帝国政府以某种原因否认这一点，就会招致叛乱。更何况到1776年北美殖民地迅速发展壮大起来。在这以前，它的200万人口每30年翻一番；它向西扩展，经济上欣欣向荣，而且有自给自足的粮食和其他许多商品。正像英国人在以后7年付出大量代价才发现的那样，这意味着叛乱各州仅靠海战实际上是攻不破的，而靠从遥遥3 000英里以外的本土岛屿调运陆军，也不可能降服这块大陆。

在一个时期内，一个独立美国的存在，对世界力量变化模式的历史产生了两大主要后果。其一是，从1783年以后，在欧洲以外出现了一个重要的生产、财富，最终是军事实力的中心。它对全球的实力对比产生了深远影响，而其他欧洲以外的国家（经济上正在没落的），如当时的中国和印度是不能发挥这种影响的。早在18世纪中叶以前，美洲殖民地就已在海事贸易中占有重要的地位，并开始蹒跚地步入工业化的第一个阶段。根据一些材料，这个新独立的国家在1776年已生产出比整个英国产出还要多的生铁和铁锭。这以后“产量增长了近50倍，以致到1830年美国已成为世界上发达国家中的第六大工业国”。这样的增长速度毫不奇怪。早在18世纪90年代就有观察家预言，美国在下一个世纪里将发挥更大的作用。第二个后果被感觉到的时间要快得多，特别是英国，一个潜在的劲敌出现在大西洋的对面，威胁着英国的加拿大和西印度属地。英国在欧洲政治中作为“侧翼”大国的作用受到影响。当然，这个问题并不常常出现。由于距离遥远，加上美国的孤立主义，伦敦并不需要像维也纳看待土耳其人或稍后对待俄国人那样认真地看待美国人。然而，1779[5]~1783年和1812~1814年两次战争的经验教训清楚地表明，如果有一个敌对的美国在背后，英国是多么难以全力从事欧洲的争夺。

沙皇俄国的崛起对国际力量对比有更直接的影响。俄国在波尔塔瓦（1709年）大败瑞典人，使其他大国面对这样一个事实：在此之前遥远而有点野蛮的莫斯科公国，决心在欧洲事务中占一席之地。第一个野心勃勃的沙皇彼得大帝迅速建立起一支海军，以巩固其在波罗的海的新立足点（卡累利阿、爱沙尼亚、利沃尼亚）。瑞典人为避免被这个东方巨人所蹂躏，急忙向英国皇家海军求援。但实际上，受害最大的是土耳其人和波兰人。1796年叶卡捷琳娜女皇去世前，她又为已经十分庞大的帝国增加了20万平方英里的领土。俄国军队偶尔向西方的侵略似乎更令人侧目。俄国军队在七年战争中所表现出来的残暴和可怕的顽强，以及1760年他们对柏林的暂时占领，极大地改变了腓特烈大帝对其邻国的看法。40年之后，俄国军队在苏沃洛夫将军的率领下，在第二次反法同盟期间（1798~1802年）积极参加了意大利战役和阿尔卑斯战役。这次远距离作战是1812年到1814年俄国军队不屈不挠地从莫斯科向巴黎推进的先声。

准确评定俄国在18世纪的地位是很困难的。它的军队人数常常超过法国，而且在重要的工业品生产（纺织、炼铁）方面取得了长足的进步。它是任何敌国，至少是来自西部的敌国很难征服或根本不可能征服的国家。而俄国作为一个“火药帝国”的地位，使它得以打败东方的游牧部落，从而获取更多的人力、原材料和可耕地资源，这必然会增强它在列强中的地位。在政府的指导下，俄国显然决心全力实现现代化，尽管这一政策取得的进展和成就往往被夸大了。落后的现象仍然比比皆是：惊人的贫困和野蛮、极低的人均收入、闭塞的交通、恶劣的气候、落后的技术和教育，更不用说罗曼诺夫王朝许多人反动无能的品格了。即使是令人生畏的叶卡捷琳娜，在处理经济和财政事务时也没有多大作为。

尽管如此，18 世纪时欧洲军事组织和技术的相对停滞，使得俄国（通过借鉴外国的长处）赶上并超过资源贫乏的国家。俄国人口众多这一原始优势，只是到了下一个世纪工业革命改变了战争的规模和速度时才被削弱。在 19 世纪 40 年代之前，尽管有上面提到的种种缺陷，俄国军队有时仍是一支强大的进攻力量。国家财政的大部分（也许有 3/4）拨给了军队，而士兵又都吃苦耐劳，这样，俄国的军队得以发动远距离作战。而这样的战役是 18 世纪其他多数国家的军队所无法发动的。不错，俄国的后勤供应经常都跟不上需求（劣等的马匹、低效的供应系统、不称职的军官），不能独自进行大规模作战。而 1813~1814 年向法国的进军，全靠着通过“友邦”的领土和英国的大笔资助。但这些偶尔的作战行动足以给俄国一个令人生畏的名声，甚至早在七年战争前，它就在一些欧洲会议中占据了一个重要地位。人们看到，在大战略方面，还有一个大国可以引入欧洲均势中来，因而有助于保证挫败这一时期法国主宰欧洲大陆的图谋。

18 世纪初的作家们，如德 · 托克维尔论证说，俄国和美国似乎是“上帝意志选定出来支配半个地球命运的”，但他们这样说的时候，仍然通常是指遥远的未来。在 1660 年到 1815 年这一时期，取得决定性进展，最终把法国从最强大国家之一的地位上赶下来的，是海上大国大不列颠，而不是这些陆上大国。这里地理因素起了极其重要的作用，虽然不是唯一的作用。英国所处的有利位置，在近一个世纪前马汉的经典著作《制海权对历史的影响》（1890 年）一书中就得到描述：

……如果一个国家占有这样的地利，使它既不必在陆上保卫自己，也不可能存有从陆上扩张其领土野心，那么，同一个拥有陆上疆界的国家相比，由于它的目标一心一意地指向海洋，它就占有一种优势。

当然，马汉的论点是以下面几点作为假定条件的。第一，英国政府不必为其侧翼分心。在英国征服爱尔兰和颁布《苏格兰合并法》后，侧翼基本上平安无事。有意思的是，伦敦对法国在凯尔特人居住的边缘地区偶尔进行的骚扰活动看得十分严重。爱尔兰人的起义比美洲殖民地的暴动离英国家门口近得多，虽然后者给英国造成了战略上的困难，但值得英国人庆幸的是，它的这一弱点从未被它的敌人很好地加以利用。

马汉这段话的第二个假定条件是，海战和海上实力有超过陆战和陆上实力的地位。这是被称之为“海军至上主义”战略学派坚信不疑的信念。而 1500 年以后经济和政治发展的潮流，似乎也很好地证明了这一点。主要商路确定不移地从地中海转移到大西洋，给在西印度群岛、北美、印度次大陆和远东的殖民地和商业冒险带来了丰厚的利润，这一切都有利于位于欧洲大陆西翼的国家。的确，还需要有一个认识到海上贸易重要性的政府，这个政府要乐于为一支大规模的作战舰队支付款项。在这种先决条件下，英国的政治精英们似乎早在 18 世纪以前就已经找到了促进国家财富和实力不断增长的窍门。繁荣的海外贸易促进了英国经济，刺激了航海业和造船业的发展，为国家财政提供了资金，同时它还是通向殖民地的生命线。殖民地不仅为英国制成品提供了出路，还为英国提供了许多原料来源，从宝贵的糖、烟草、白棉布，到越来越重要的北美航海用品。而且皇家海军为了英国政治和经济上的利益，在和平时期确保对本国商人的尊重，在战争时期保护他们的贸易并攫取更多的殖民地领土。这样，贸易、殖民地和海军就组成了一个“良性三角”，它们之间互相作用，保证了英国的长期优势。

虽然对英国崛起所作的这种解释部分是站得住脚的，但不能说明全部问题。像许多重商主义著作一样，马汉的著作也倾向于过分强调英国的对外贸易而忽视国内生产的作用，特别是夸大了“殖民地”贸易的作用。在整个18世纪，英国的农业始终是它财富的基础，而出口（它在国家总收入中所占的比重，到18世纪80年代以前也许还不到10%）则常常遭受外国强有力的竞争和关税障碍，对于这一点，无论多么强大的海军力量都无济于事。海军至上主义所持的观点也喜欢忘记如下事实，那就是英国同波罗的海、德意志和地中海地区所进行的贸易，虽然比糖、香料和奴隶贸易增长要慢一些，但在经济上仍有很大的重要性[6]。这就是为什么法国如果长期统治欧洲的话，就会像1806~1812年的事件所表明的那样，可能给英国制造业带来沉重打击。在这种情况下，对欧洲政治不闻不问，采取孤立主义政策，从经济角度上讲是愚蠢的。

那些把眼光盯住西印度群岛、加拿大和印度的人忽视了另外一点，那就是英国大战略中具有重要意义的“大陆”因素。在1652~1654年、1665~1667年，以及1672~1674年英荷战争时期，同荷兰进行纯粹的海战是理所当然的，因为英荷这两个海上大国敌对的根源就是争夺海上贸易。但是1688年光荣革命后，奥伦治的威廉登上了英国王位。此后，英国的战略形势发生了很大转变。在1689年到1815年发生的7次战争中，向英国利益发起挑战的，是以陆地为基地的法国。确实，法国想把这场战争引向西半球，引向印度洋、埃及和其他地方，这些战斗虽然对伦敦和利物浦的商人至关重要，但绝没有对英国的国家安全造成直接威胁。只有当法国战胜荷兰、汉诺威和普鲁士，使法国在中、西欧主宰一切，使它有足够的时间积聚能够威胁英国海上霸权地位的造船物资，这种前景出现时，才会产生对英国国家安全的直接威胁。所以，这些年间英国历届政府对欧洲大陆进行的军事干涉，绝不仅是因为威廉三世同尼德兰联邦之间的个人联系，或后来汉诺威王朝的纽带关系。此外，还有一个颇令人信服的论据——这个论据反映了伊丽莎白一世对西班牙的恐惧，那就是，英国为了保护自身的长远利益，扼制波旁王朝（及拿破仑）的野心，必须给法国在欧洲大陆上的敌人以援助。根据这一观点，“海上”和“大陆”战略是相辅相成的，而不是互相排斥的。

纽卡斯尔公爵在1742年很明确地表述了这一战略意图的要旨：

> 一旦在大陆上消除了后顾之忧，法国就会在海上超过我们。我一贯主张我们的海军应当保护我们在欧洲大陆上的盟国，借以牵制法国的力量，保证我们的海上优势。

英国对于想“牵制法国力量”的国家的支持，主要有两种形式。第一种形式是采取直接的军事行动，或者进行骚扰以牵制法军，或派遣比较强大的远征军与英国当时的盟国并肩作战。骚扰战略所付出的代价看来不大，因此受到大臣的偏爱，但其效果常常微不足道，有时则以失败而告终（如1809年的对瓦尔赫伦的远征）。就人力和经费来说，供应一支大陆远征军的花费要大得多，但是，像莫尔伯勒公爵和威灵顿将军指挥的战争所展示的那样，一支大陆远征军更有助于维持欧洲均势。

英国采取的第二种方式是财政援助。英国出钱组织雇佣军来同法国作战，或是直接资助同盟国。例如，从1757年到1760年，腓特烈大帝每年从英国得到多达675.1万英镑的资助。在拿破仑战争末期，英国财政援助的数额就更大了（例如，仅1813年它就给了各盟国1 100万英镑，在整个战争中它提供了6 500万英镑的援助）。英国之所以能拿出这么多钱来，主要是因为商业和贸易的日益增长带来了丰厚的利润，特别是有利可图的海外市场的繁荣，容许英国政府以空前规模借债和征税，而不会使国家财政破产。所以，尽管英国在欧洲大陆上牵制干涉“法国力量”是非常花费钱财的，但它往往能保证法国无法对英国海上贸易发动持久的进攻，也无法控制欧洲大陆，这样，它也就无法腾出手来对英国本岛构成进攻性威胁。这些必然会使伦敦有筹集战费并资助其同盟国的需要。地理上的优越性和经济利益结合在一起，使英国得以实行其两面战略："一面转向欧洲大陆，调整均势；另一面则指向大海，加强其制海权。"

只有掌握了上述财政因素和地理因素的重要性以后，才能充分理解这一时期列强人口增长和陆军/海军力量增长的统计数字。（见表3、表4、表5）

表3　列强的人口（1700~1800年）

（单位：百万人）

	1700年	1750年	1800年
英国	9.0	10.5	16.0
法国	19.0	21.5	28.0
奥地利哈布斯堡	8.0	18.0	28.0
普鲁士	2.0	6.0	9.5
俄国	17.5	20.0	37.0
西班牙	6.0	9.0	11.0
瑞典		1.7	2.3
尼德兰联邦	1.8	1.9	2.0
美国	—	2.0	4.0

表4　陆军规模（1690~1814年）

（单位：万人）

	1690年	1710年	1756~1760年	1778年	1789年	1812~1814年
英国	7	7.5	20		4	25
法国	40	35	33	17	18	60
奥地利哈布斯堡	5	10	20	20	30	25
普鲁士	3	3.9	19.5	16	19	27
俄国	17	22	33		30	50
西班牙		3		5		
瑞典		11				
尼德兰联邦	7.3	13	4			
美国	—	—	—	3.5	—	—

表 5 海军规模（1689~1815 年）

（主力舰数量）

	1689 年	1739 年	1756 年	1779 年	1790 年	1815 年
英国	100	124	105	90	195	214
丹麦	29	—	—	—	38	—
法国	120	50	70	63	81	80
俄国	—	30	—	40	67	40
西班牙	—	34	—	48	72	25
瑞典	40	—	—	—	27	—
尼德兰联邦	66	49	—	20	44	—

熟悉统计的读者都知道，对待这些粗略的数字应当极为谨慎。人口总数，特别是早期人口数，仅仅是推测出来的（拿俄国来说，人口数据的误差可能达几百万）。陆军的规模变动很大，这主要取决于所选定的日期是一场特定战争的开头、中期还是在高潮。而且总数中还常常包括大量雇佣军（例如拿破仑的军队），甚至有被迫参战的同盟国部队。主力舰数量不能说明其战备状态，也不意味着它们配备有训练有素的水兵。此外，统计数字并没有把指挥才能和航海技术考虑在内，也没有表明船员是称职还是疏于职守，是有爱国热忱还是怯懦胆小。尽管如此，上述数字至少粗略地反映了这一时期强权政治的主要趋向：在人口总数和陆军规模上，法国和迎头赶上的俄国名列榜首；英国的海上地位坚不可摧；普鲁士赶上了西班牙、瑞典和尼德兰联邦；在路易十四和拿破仑统治时，法国拥有大量军队。在这近一个世纪期间，法国在这两个人的统治下比历史上的任何时候都更接近于主宰欧洲。

了解了这 150 年间列强争霸中的财政因素和地理因素以后，人们就可以看到，必须进一步理解上述三个表格所勾画的图景。例如，在陆军规模上，相对其他国家而言，尼德兰联邦的力量迅速衰落了。但这种衰落并不表现在军事财政方面，相反，在这方面，它在一个较长时期里，都起了重要作用。美国在军事上相对弱小，这一特点掩盖了它仍可以在战略上极大地牵制对手的事实。上述数字同样低估了英国的军事贡献，因为1813~1814年它在维持自己的陆军和拥有14万人的海军的同时，还资助了同盟国约10万人的军队（1813年是45万人）。在分析陆军规模时，在大部分战争中依靠外国财政资助的普鲁士和奥地利哈布斯堡的实力则往往被夸大了。正如前面所提到的，法国庞大的军队由于资金不足和地理战略的障碍，战斗力较弱。俄国军队则因经济落后和战线太长而被削弱。当我们接下来研究这些战争本身时，应该记住各大国的实力和弱点。

赢得战争
（1660~1763）

当路易十四在1661年3月取得了对法国政府的全面控制时，欧洲的形势特别有利于一个决心将自己的意志强加于欧洲的国王。在南部，西班牙仍在劳民伤财地为恢复对葡萄牙的控制而作徒劳的努力。海峡对岸，查理二世的复辟王朝正竭力在国内站稳脚跟。荷兰人正垂涎欲滴英国的贸易商圈。北方刚刚结束的一场大战使得丹麦和瑞典大为削弱。在德国，新教王公们对哈布斯堡王朝任何改善其地位的新企图都持怀疑态度。维也纳的帝国政府被匈牙利和特兰西瓦尼亚以及稍后的奥斯曼帝国的复兴弄得焦头烂额。波兰则为防范瑞典和俄国的掠夺者而日渐衰落。这样，继承黎塞留最好传统的法国外交，就可以轻易地利用这种环境，挑动葡萄牙人去反对西班牙人，挑动马扎尔人、土耳其人和德国的王公们去反对奥地利，并挑动英国人反对荷兰人，而同瑞士各州签订1663年重要条约则加强了法国自己的地理（和招募军队的）地位。所有这一切给了路易十四充足的时间以确立其绝对君主的地位，摆脱在上一世纪困扰法国政府的国内动乱。更重要的是，这一切给了柯尔贝尔、勒·泰利埃等国王重臣一个彻底整饬行政机构的绝好机会，他们为替太阳王取得荣耀而将财力大量用于陆军和海军。

因此，路易十四在其统治初期试图“修补”法国疆界就变得轻而易举，尤其是到 1665 年英荷关系恶化并演变成公开冲突时（第二次英荷战争）。虽然法国信誓旦旦地保证支持尼德兰联邦，但实际上它在海战中的作用微乎其微，这时它腾出手来准备入侵仍虚弱不堪的西班牙手中的南尼德兰。当法国于 1667 年 5 月最终挥兵入侵时，一个又一个的城市迅速落入它的手中。紧接着发生的事情，是这一时期外交关系迅速变化的一个典型。英荷两国被双方都无利可图的战争弄得精疲力竭，并担心法国的勃勃野心，便于 7 月在布列达签订和约。同时，为了限制路易十四获得太多好处，在瑞典的参与下，英荷竭力对法西争端进行“调停”。1668 年的《亚琛和约》恰好达到这一目的，但其代价却是激怒了法国国王。路易十四决定报复他认定的实现其雄心壮志的主要障碍——尼德兰联邦。在随后几年中，当柯尔贝尔对荷兰进行关税战时，法国的陆军和海军都在厉兵秣马。法国的秘密外交离间了英国和瑞典同尼德兰联邦的联盟，安抚了奥地利和各德意志国家。到 1672 年，法国的战争机器由于有了英国人在海上助一臂之力，已做好了战斗准备。

尽管是伦敦最先向尼德兰联邦宣战，但是英国在 1672~1674 年第三次英荷战争中表现消沉，在此无须赘述。当在海上遇到多谋善断的德·吕泰尔而遭挫折，无法在陆上有任何作为的时候，查理二世的政府遇到了国内越来越多的批评：政治腐败，财政混乱，人们对于同一个像法国这样寡头政治的天主教国家结盟极为反感。这些都使这场战争不得人心，并迫使政府在 1674 年退出战争。回过头来看，它说明英国在斯图亚特王朝最后几个国王统治时，其政治、财政和行政管理是多么不成熟和不稳定。然而，伦敦政府的改弦更张具有国际意义，它部分地反映出路易十四的野心在全欧洲引起广泛不安。在下一场战争期间，荷兰的外交和津贴就争取到了许多愿意把力量投入同法国作战的同盟国家。德意志的大小公国、勃兰登堡（于 1675 年在费尔贝林击败了法国仅剩的一个盟国瑞典）、丹麦、西班牙和奥地利哈布斯堡都卷入反对法国的战争。虽然这个国家联盟尚未强大到足以制服法国的地步，它们中的绝大多数仅有很少的陆军，其侧翼受到牵制，而且这个反法联盟的核心仍然是在其新领袖奥伦治的威廉统辖下的尼德兰联邦。但是，北部有河道障碍，法军在莱茵兰的战线易受攻击，而自己又面对各种敌人，这一切使得路易十四自己不可能有太大的作为。在海上，存在着同样的僵持局面。法国的海军控制着地中海，荷兰和丹麦的舰队统辖着波罗的海，双方都无法在西印度群岛上占压倒优势。在这场战争中，法国和荷兰的对外贸易损失惨重，像英国那样的中立国便趁机渔翁得利。实际上，到 1678 年，阿姆斯特丹的商人阶层催促政府同法国单独讲和，其必然结果是，德意志国家（依靠荷兰的资助）不可能靠自己的力量把战争继续下去。

尽管 1678~1679 年签订的《奈梅亨条约》结束了公开冲突，但是路易十四扩展法国北部疆界的明显意图——充当“欧洲仲裁人”的要求，以及他在和平时期保持一支 20 万人大军这一令人惊恐的事实，使德国人、荷兰人、西班牙人和英国人都坐卧不安。但这并不意味着立即重新开战。荷兰的商人宁肯在和平环境中进行贸易，德意志的王公们像英格兰的查理二世一样都被巴黎的资助拴住了，而奥地利哈布斯堡则在全力以赴地对付土耳其人。因此，当 1683 年西班牙竭力保卫其卢森堡领土免遭法国强占时，它只能孤军作战，因而难免一败。

然而，从 1685 年起，情况的变化开始不利于法国。法国镇压胡格诺派震惊了新教徒遍地的欧洲。在以后两年之内，土耳其人被打得落花流水，逃出维也纳。此时的神圣罗马帝国皇帝利奥波德一世随着声望的提高和军力的强盛，终于可以把他的部分注意力转到西方。至 1688 年 9 月，焦躁不安的法国国王决定进攻德国，终将这场欧洲的“冷战”变为“热战”。法国的举动不仅激起大陆上的对手向它宣战，而且还使奥伦治的威廉趁机溜过英吉利海峡，取代声誉扫地的詹姆斯二世，登上了英国王位。

因此，到 1689 年度，法国孤军同尼德兰联邦、德意志、英格兰、奥地利哈布斯堡、西班牙、萨伏依以及主要的德意志国家作战。这个联盟并不像它看上去那样令人不安。大同盟的核心实际是由英荷联军和德意志国家组成的。尽管在某些方面这是一个铤而走险的集团，但它们拥有足够的决心、财源、陆军和战舰同太阳王的法国抗衡。10 年之前，路易十四或许能够取胜，但在柯尔贝尔死后，法国的财政和贸易已不尽如人意，而且不论是陆军还是海军，虽然在数量上占有压倒优势，但其装备都不足以进行一场持久和远距离的战争。迅速打败一个主要同盟国家也许会打破僵局，但突破口又该选在哪儿呢？路易十四有没有破釜沉舟的勇气呢？在 3 年时间里，他都举棋不定。1692 年，当他终于聚集一支 2.4 万人的入侵大军横渡英吉利海峡时，“海上大国”已经非常强大了，它们在巴夫勒尔—拉豪格一举粉碎了法国战舰和驳船。

自 1692 年起，海上冲突对双方而言都变成了一场针对贸易的、折磨人的破坏性战争。法国政府采取了一种袭扰贸易的战略，鼓励其私掠船掠夺英国和荷兰的商船，同时它自己减少了用于制造战舰的拨款。同盟国海军方面则竭力对法国的贸易进行封锁，增加对法国的经济压力，这样就使荷兰人放弃了同敌国贸易的习惯做法。双方的措施都未能使对方屈服，却都增加了战争的经济负担，致使这场战争在商人和已连遭几年歉收的农民中间十分不得人心。陆上战役同样耗费巨大，争夺要塞和渡河的战斗进展缓慢：沃邦设计的要塞使法国实际上固若金汤，同样的障碍也使法国难以轻而易举地挺进荷兰或普法尔茨。由于双方在战场上都保持着一支超过 25 万人的大军，即使对富裕国家来说，其开销也是可观的。虽然在欧洲以外也进行了战斗（西印度群岛、纽芬兰、阿卡迪亚、印度的本地治里），但这些战斗的意义都不足以扭转欧洲大陆及海上的基本均势。这样，到 1696 年，托利党的乡绅们和阿姆斯特丹的市民都对苛捐杂税怨声载道，而法国则受饥荒的困扰。这样，威廉和路易都有充分的理由达成妥协。

结果，《赖斯韦克条约》（1697 年）虽然允许路易保留早先夺取的一些边境领土，但总的来说恢复了原状。虽然如此，1689~1697 年的“九年战争”的结果并非像当代批评家所说的那样无足轻重。法国的野心显然在大陆上受挫，其海上实力也被削弱了。1688 年光荣革命的成果得到了巩固，英格兰确保了它在爱尔兰的侧翼，强化了它的财政制度，重建了陆军和海军。同时，英国、荷兰和德意志不让法国进入弗兰德斯和莱茵兰的传统形成了。这一切的代价尽管巨大，但欧洲的多极政治体系再次被肯定下来。

在厌战情绪笼罩着欧洲大多数首都的情况下，重新燃起战火几乎是不太可能的。但是，当 1700 年西班牙王位继承权给了路易十四的孙子时，太阳王把这看成是加强法国实力的理想机会。他不与潜在的敌人妥协，而以他孙子的名义迅速占领了南尼德兰，并在西半球西班牙的广大帝国内为法国商人争得了贸易专卖特许权。路易十四的种种挑衅行为，使英国和荷兰极为震惊，促使它们为扼制路易的野心于 1701 年同奥地利一起进行了另一场同盟战争，这就是西班牙王位继承战争。

同上次战争一样，在这场战争中两大集团的军事力量和财政资源大致势均力敌，这再一次说明：一方可以重创另一方，但无法制服对方。从某些方面看，与 1689~1697 年战争相比，路易在这场战争中的地位要稳固一些。西班牙人欣然同意做路易十四的孙子——他们的菲利浦五世的臣民。这样一来，两个“波旁国家”就可以在许多战场上携手合作了。从西班牙进口白银肯定使法国财政受益匪浅。此外，法国还全力加强它的战争机器，有一个时期，它的军队达 50 万人之多。而减轻了巴尔干侧翼忧患的奥地利人，在这次战争中发挥了比上次战争中大得多的作用。最重要的是，果断的英国政府将大量国民资源投入这场战争。它以大量金钱资助德意志同盟国，保持着一支压倒敌人的舰队，还非同寻常地派遣了一支在天才统帅莫尔伯勒公爵率领下的庞大的陆军远征军。这支远征军由 4 万到 7 万英国人和雇佣兵组成，联合超过 10 万人且英勇善战的荷兰军队及同等规模的奥地利哈布斯堡大军，以挫败路易十四将其意志强加给欧洲的企图。

然而，这并不等于说大同盟可以使法国或西班牙俯首帖耳。在这两个王国疆域之外，战局的确有利于盟国。莫尔伯勒公爵在布伦海姆的大捷（1704 年）

重创了法国—巴伐利亚联军，使奥地利摆脱了法国入侵的威胁。稍后的拉米伊战役（1706 年）使英荷联军占领了南尼德兰的大部，而在奥德纳尔德之役（1708 年）中，英荷联军则无情地制止了法军收复南尼德兰的努力。

在海上，自从非决定性的马拉加之役（1704 年）之后，皇家海军和日趋衰落的荷兰海军已经找不到可与之作战的敌主力舰队了。它们充分显示了优势海军力量的机动性。新的盟国葡萄牙从海上得到了支援。同时，里斯本又为英荷舰队提供了一个海军基地，而巴西则提供了黄金。盟国可以派遣军队远征西半球，进攻法国在西印度群岛和北美的领地，海军的突击分舰队则可以追捕西班牙运送金银的船队。占领直布罗陀，不仅使皇家海军占据了控制地中海到大西洋出海口的基地，还分割了西班牙—法国的舰队和海军基地。英国舰队确保了对梅诺卡岛和撒丁岛的强占，保护了萨伏依和意大利海岸免遭法国的袭击。当盟国转入进攻时，英国舰队则为入侵西班牙的大军提供保护和支援，并为进攻土伦提供支持。

可是，盟国海军的这种总体优势并不能阻止法国重新进行商业袭扰。1708 年皇家海军被迫建立护航制度，以减少商船损失。正像英国的护卫舰无法阻止法国私掠船偷偷进出敦刻尔克和吉伦特一样，它们也无法建立有效的贸易封锁，因为那将意味着对整个法国和西班牙海岸线进行巡逻。尽管在 1709 年那个可怕的冬天，英国海军在法国港口外捕获了大量法国运粮船，但也未能使路易十四基本上自给自足的帝国屈服。

反法同盟这支只能伤敌不能毙敌的联合力量的弱点，在同法国和西班牙的陆军作战时，暴露得更加明显。到 1709 年时，同盟国的入侵大军面对西班牙越来越猛烈的进攻，已无法守住所占领土，只得在短暂地占领马德里之后撤退。在法国北部，英国和荷兰联军再也无法取得像布伦海姆战役那样的大捷，而且到 1701 年，英国执政的托利党内阁希望和谈，以确保英国的海上利益，并减少军费开支。最后，反法同盟所支持的西班牙王位候选人——查理大公，突然继任神圣罗马帝国皇帝，因而使他的合作者丧失了让他同时控制西班牙的热情。于是英国在1712年初开始单方面消极履行战争义务，后来荷兰效仿英国，乃至渴望进而统治西班牙的查理在这一年毫无所获的战役后，也承认需要和平。

结束西班牙王位继承战争的和约条款载入了《乌得勒支和约》（1713年）和《拉施塔特和约》（1714年）。总体来看，和约中的最大受益人毫无疑问是英国。尽管英国取得了直布罗陀、梅诺卡、新斯科舍、纽芬兰、哈得孙湾以及西属新大陆的贸易特许权，但它并未忽视在欧洲的均势。实际上，由11个单独条约体系组成的1713~1714年的和解办法，令人满意而又巧妙地巩固了欧洲的均势。法兰西与西班牙王国永久分裂，而英国新教徒的王位继承权得到正式承认。在西班牙遭受失败的奥地利哈布斯堡得到南尼德兰和米兰（这样一来便加强了对法国的遏制），外加那不勒斯和撒丁。荷兰保住了独立地位，但尼德兰联邦再也不是一个强大的海军和贸易大国了，它被迫投入大部分力量守卫其南部边境。最重要的是，路易十四扩展其王朝和疆土的野心最终被彻底遏制。法兰西民族也因可怕的战争消耗而受到惩罚，其结果之一是，政府债务总额增长了7倍。在欧洲大陆，和约保证了大国之间的实力均势，而在海上，英国获得了主宰权。1714年，乔治登基后，重新掌权的辉格党人便急于维护《乌得勒支和约》，第二年，在不共戴天的敌人路易十四死后，居然愿意同法国结盟，这一切都是毫不奇怪的。

在这场半个世纪的战争中发生的西欧列国中实力的再分配，没有东部发生的变化那样富有戏剧性。东欧国家的边界比西方更加变化不定。大量的领土不是控制在一个开明君主的正规军手里，而是掌握在边境贵族、克罗地亚的非正规军以及哥萨克军队手中。当东欧的民族国家彼此交战的时候，它们常常是在很远的距离作战，并且为了实行某种重大战略打击的需要，它们还使用非正规军、轻骑兵等。与在低地国家进行的战争不一样，这里战争的胜败会造成土地所有权的大规模转移，这一点更加剧了列强中一些国家的崛起和另一些国家的衰亡。例如，仅在这几十年中，土耳其人曾最后一次给维也纳造成大规模的军事威胁，但随即他们再次遭受失败并衰落下去。奥地利、德意志和波兰军队最新的强有力的反击，不仅于1683年从土耳其围城军队手中拯救了这座帝国城市，而且也导致扩大的神圣同盟进行范围更大的战斗。在莫哈奇附近的大战（1687年）之后，土耳其在匈牙利平原的力量被彻底摧毁了。如果德意志和哈布斯堡的军队因为在1689~1697年多次应召对法国作战而使战线巩固下来了的话，那么以后在斯兰卡曼（1691年）和森塔（1697年）再败土耳其人，更巩固了这种趋势。只要奥地利能够将其全部力量集中于巴尔干战线并有欧根亲王那样能干的将领，奥地利哈布斯堡就可以稳固地抵挡土耳其人。虽然哈布斯堡王室还不能像西欧的君主那样有效地治理其多民族的国家，然而它作为未来欧洲大国之一的地位已经确立。

用这种标准来衡量，瑞典就不那么幸运了。年轻的查理十二世在1697年刚一登上瑞典王位，邻国的掠夺本性便抬起头来。丹麦、波兰和俄国都对它们面前这个波罗的海帝国——瑞典的某些部分垂涎三尺。它们于1699年秋天商定，联合起来共同反对瑞典。然而，战争一开始，瑞典的强大军队、国王的军事才能以及英荷海军的支援，弥补了它力量方面的明显不足。这3个因素合起来曾使查理一度给哥本哈根造成威胁，并于1700年8月迫使丹麦人退出战争。随后，他把军队运过波罗的海，在3个月之后取得纳尔瓦大捷，大败俄国人。查理在体验了令人陶醉的战斗与征服的喜悦后，把随后的几年用于征服波兰，并向撒克逊推进。

善于回顾过去的历史学家认定查理十二世将其注意力集中到波兰和撒克逊是不明智的，因为这使他的注意力离开了彼得大帝纳尔瓦战败后在俄国强制推行的改革。在众多的外国顾问辅助下，彼得大帝极力广泛借鉴西方的军事技术，他以其在泥沼中修建圣彼得堡的同样魄力，组建了一支庞大的陆军和海军。当查理于1708年统率一支4万人的大军掉过头来对付彼得的时候，也许已经为时太晚。虽然总的说来瑞典士兵在战斗中打得很出色，但瑞典军队仍旧损失惨重，永远也无法摧毁俄国的陆军主力，而且落后的后勤保障还绊住了它的手脚。当查理挥师南进乌克兰并在那里度过1708~1709年的严冬时，这种困难就更加严重了。1709年7月，当大战役在波尔塔瓦爆发的时候，俄国军队在人员数量和所处的防守阵地上都占了很大优势。这场大战不仅使瑞典军队全军覆没，而且当查理只身逃至土耳其并在那里长期流亡时，瑞典家门口的敌人获得了千载难逢的良机。1715年12月，当查理最后回到瑞典时，他在波罗的海沿岸的领土已丧失殆尽，芬兰的一部分已落到俄国手中。

又经过数年征战（查理十二世在1718年同丹麦人的一场战争中阵亡），瑞典筋疲力尽，孤立无援，只好在1721年签订《尼斯塔德条约》承认失去其在波罗的海的大部分省份。这时的瑞典已降为二流国家，而俄国则上升为一流大国。彼得为纪念1721年对瑞典的胜利而自称皇帝，这是非常自然的事。尽管沙皇的舰队在以后衰落了，而且国家也极端落后，但它明确地显示出，它像法国和英国一样，“有能力在不依靠外援的情况下，作为一个大国独立地发挥作用”。用德约的话来说，在欧洲的东部和在西部一样，现在出现了一个“同欧洲心脏的集中力量相抗衡的力量”。

1715年后英法之间持续了近20年的缓和关系保证了欧洲政治、军事和经济力量的这种总体均势。在一场使其对外贸易大伤元气并使国债大为增长（仅支付债款利息的数额就相当于国家的常年收入）的战争以后，法国特别需要喘息一下。此外，伦敦和巴黎的君主政体在其王位继承问题上忧心忡忡，它们对任何改变现状的企图都极其不悦，并且发现在许多问题上两国携手合作对双方都是有利的。例如，1719年两国共同动用武力阻止西班牙在意大利推进扩张政策。然而，到18世纪30年代，国际关系的模式再次发生了变化。在这一阶段，法国人对同英国人的联系已不再那么热情，相反，他们试图恢复其昔日欧洲主要大国的地位。如今，法国的王位继承问题已得到解决，和平岁月促进了法国的繁荣，并使其海外贸易大为发展，从而向海上强国发出挑战。当法国在其首席大臣弗勒里领导下迅速改善同西班牙的关系并将外交活动扩展到东欧的时候，英国却在谨慎的孤立主义者沃波尔的领导下，竭力置身于欧洲大陆的事务之外。甚至当法国1733年进攻奥属洛林和米兰，进入莱茵兰时，英国都没有做出任何反应。由于得不到奉行孤立政策的沃波尔和惊慌失措的荷兰人的任何援助，维也纳被迫与巴黎谈判，并于1738年同巴黎签订妥协性的和平条约。有了在西欧取得的军事和外交胜利，有法西联盟的支持，加上尼德兰联邦对法国心存畏惧，以及瑞典甚至奥地利对法国言听计从，法国的声望达到了路易十四早期以来的顶点。次年，当法国外交当局通过谈判促成第四次俄土战争（1735~1739年）的结束，从而使这两个东方君主国将夺取的领土归还土耳其的时候，法国的声望更是如日中天。

在沃波尔领导下的英国政府无视发生在欧洲的这些事件，但商业利益集团和政治上的反对派，则越来越关心英国在西半球利润丰厚的殖民地贸易和互相冲突的殖民者的扩张，为一场争端提供了丰富的材料。1739年10月，沃波尔内阁勉强同意和西班牙开战，作为结果而发生的英西战争，如果没有法国决定给予西班牙各种形式的援助，特别是在加勒比海“界线以外”的援助，可能将仅仅是英国和西班牙之间在18世纪进行的一系列地区性战争之一。同1702~1713年西班牙王位继承战争相比，波旁政权同英国在海上竞争的地位得到了极大的改善，特别是由于英国的陆军和海军装备很不完备，不能像国内许多权威人士期望的那样，去征服西班牙殖民地。

神圣罗马帝国皇帝查理六世死后，玛丽亚·特蕾莎继承了王位。腓特烈大帝利用这个时机于1740~1741年冬天夺取西里西亚，这一连串的事件使欧洲局势发生了很大改变，使英国的注意力重新回到欧洲大陆。法国国内的反奥地利集团在这种情况下，抑制不住其反奥情绪，全力支持普鲁士和巴伐利亚攫取哈布斯堡王朝的遗产。但这必然导致英奥重新结盟，给四面楚歌的玛丽亚·特蕾莎带来了巨大资助，英国政府通过向奥地利人提供援助，通过调停使普鲁士和撒克逊暂时退出战争，通过1743年在代延根的军事行动，为奥地利解了围，保护了汉诺威，消除了法国在德意志的影响。到1744年，英法的对抗演变为正式的战争，冲突更加激烈。法国大军挥师北上，穿过奥属尼德兰的边境要塞，直奔吓得六神无主的荷兰。在海上，皇家海军由于没有遇到波旁王朝舰队的严重挑战，对法国的贸易实行了越来越严厉的封锁。在海外，在西印度群岛，上溯圣劳伦斯河，在马得拉斯周围，沿着通向黎凡特的商路，进攻和反攻连续不断。1743 年，普鲁士重新对奥开战，但两年后，又被英国说服，再次退出了战争。英国的钱财资助可以用于维护奥地利的秩序，用于收买雇佣军来保卫汉诺威，甚至还可用于雇佣一支俄国军队来守卫尼德兰。用 18 世纪的标准来衡量，这样打仗花费太大，许多英国人对日益增长的赋税和增加了两倍的国债抱怨不已。但是逐渐地，战争迫使比英国还要精疲力竭的法国寻求一种妥协性的和平。

上面曾讨论过的两个关键因素——地理因素和财政因素，终于迫使英国和法国政府签订了《亚琛和约》（1748 年），以解决他们之间的分歧。到此时，荷兰已处在法国大军控制之下，但这能补偿法国被英国日益加紧控制的海外贸易吗？能补偿法国主要殖民地的丧失吗？相反，如果法国征服了低地国家，英国占领圣劳伦斯河上的路易斯堡，以及在安松和霍克取得的海战胜利又有什么益处呢？结果，外交谈判使得原状全面恢复，仅以腓特烈征服西里西亚为一个重要的例外。不论在当时还是在今天看，《亚琛和约》实质上仅是一个停战协定，而不是一个持久的和平条约。它使玛丽亚·特蕾莎急于报复普鲁士，使法国考虑如何在陆上取胜的同时也在海上取胜，并使英国处心积虑地要在下一场战争中不仅将它的劲敌在海上和殖民地战争中彻底打败，也要在大陆战争中把它彻底打败。

在北美殖民地，英国和法国的移民（每一方都有印第安人和当地一些驻军的援助）在 18 世纪 50 年代初，一再发生冲突。“停战”一词简直是有名无实。这种棘手的军事对抗对两国政府来说几乎是无法控制的，更何况每一个国家本土都有一个“爱国者集团”，他们向政府施加压力，使其支持本国殖民者，并助长这样一种看法，即一场关系到你死我活的重大斗争正在进行中——这场斗争不仅是为了争夺俄亥俄和密西西比流域地区，而且是为了加拿大、加勒比海、印度，不，是为了除欧洲以外的整个世界！到了1755年，在双方都派出更多的援军并使各自的海军处于战备状态的情况下，其他国家为适应即将到来的又一场英法战争而开始调整各自的战略。对于当时已沦为二流国家的西班牙和尼德兰联邦来说，它们极为担心自己的国家会葬身在这两个西方大国的冲突中。因此，唯一的出路就是保持中立，虽然这对像荷兰人那样的商人来说是极为困难的。

然而，对于东部君主国奥地利、普鲁士和俄国来说，在18世纪50年代中期避开一场英法战争是不可能的。第一个原因是，尽管某些法国人鼓吹应该把仗打到海上和殖民地去，但是巴黎自然倾向于通过进攻汉诺威来打击英国，这是岛国人战略上的阿喀琉斯[7]之踵。虽然这样一来，法国不仅会使德意志各国发生惊慌，还会迫使英国人去寻找一个可以用金钱资助的盟国在大陆上扼制法国。第二个更为重要的原因是，奥地利横下一条心，要从普鲁士手中收复西里西亚，而女皇伊丽莎白统治下的俄国也在寻机惩罚桀骜不驯、野心勃勃的腓特烈。这些大国各自都建立了一支庞大的军队（普鲁士超过15万人，奥地利近20万人，俄国大约33万人），并且都在筹划出击的时机，但是它们都得从西方争取金钱资助以维持其军队的规模。最后，如果这些东部对手的任何一方在巴黎或伦敦找到“搭档”，那么其他各方就会被迫加入对方阵营，这也是情理之中的事了。

这样看来，1756年著名的“外交革命”，从战略上讲似乎仅仅只是重洗一遍牌而已。法国摒弃同哈布斯堡王朝的前嫌，加入到奥地利和俄国阵营对普鲁士作战，而柏林则取代维也纳，成了伦敦在大陆上的盟国。乍看起来，法—奥—俄同盟似乎占了上风。从军事角度上讲，它比对手拥有决定性的优势，而到1757年，腓特烈失去了他早先夺取的所有领土，坎伯兰公爵指挥的英德联军已缴械投降，这使汉诺威以及普鲁士本身都处于前途险恶的境地。梅诺卡岛已落入法军之手，在更遥远的战场上，法国及其当地盟友也取得了节节胜利。撕毁《乌得勒支和约》，对奥地利来说是撕毁《亚琛和约》，看来是唾手可得了。

这种情况没有发生的原因，在于英—普联盟在3个重要方面占了优势：领导才能，财政支撑能力，以及陆军、海军的战略战术。腓特烈的治国才能和军事才能是毋庸置疑的，他成功地把普鲁士举国上下的力量全部集中于夺取军事上的胜利这一目标，他在战场上充分发挥了他的军事指挥才能。然而功劳或许应该主要归于英国的老皮特，他不是独裁君主，仅仅是政治家中的一员，他不得不同那些敏感的、嫉妒他的同僚们，同变化不定的公众和一个新登基的国王巧妙周旋，与此同时，他还要贯彻、实行一种有效的大战略意图。他所取得的成就无法简单地用英国夺取的几个产糖的岛屿或颠覆法国支持的几个印度土邦王来衡量，因为如果英国的敌人占领汉诺威和消灭了普鲁士，所有这些都只能是暂时的。皮特逐渐意识到，通向最后胜利的成功之路，在于用一项“大陆”战略来弥补大家所热心的“海上”战略之不足，其条件是向腓特烈的军队提供大规模的资助，并向在德意志的一支规模可观的“警戒大军”付款，以保护汉诺威并扼制法国。

但是这样一种政策必然依赖于国家充足的资金来度过年复一年耗竭人力和资源的战争。腓特烈和他的税收官们使尽浑身解数在普鲁士募集资金，但是如果同英国相比，普鲁士的实力就黯然失色了。英国在大战高潮时，拥有一支超过120艘主力舰的舰队，军需花名册上有一支超过20万人的军队（包括德意志雇佣军），同时还为普鲁士提供资助。实际上，七年战争花费了财政大约1.6亿英镑，其中6 000万英镑（37%）是在金融市场上募集的。虽然国债的进一步增长引起了老皮特同僚们的不安并导致他于1761年10月下台，但该国海外贸易却在增长，使得关税收入增加并促进了全国的繁荣。这是利润转化为实力、英国的海军力量被用来（例如在西印度群岛）保障国家利润增长的一个极好例证。正如英国驻普鲁士大使曾被告知的那样，“我们在做士兵之前必须先做商人……贸易和海军力量互相依赖，而且……本国的真正资源财富仰仗于它的贸易”。相反，所有其他交战国的经济都在这场战争中遭受严重损失，即使在法国国内，法国总理舒瓦瑟尔公爵也悲哀地承认：

> 在目前情况下的欧洲，决定大陆均势的是殖民地贸易及海军力量。像所有其他没有贸易大国津贴就不能打仗的国家一样，奥地利王室、俄国王室和普鲁士国王不过是二流君主而已。

英普联盟所显示的陆军和海军军事艺术，至少是在初期的挫折之后，从几方面体现出来。在海上，安松麾下庞大的皇家海军逐步建立了对法国大西洋各港口的封锁，并且还有余力在土伦港外筑起一道屏障，同时重新夺回在地中海的优势地位。当舰队在拉各斯附近、卡塔赫纳真的进行交锋的时候，霍克率领举世无双的舰队在狂风暴雨中对孔夫朗的舰队穷追不舍，把它直逼进基伯龙海港。在这些战斗中，英国海军一再显示出高超的航海技术。不仅如此，有全面后勤供应系统的英国海军分舰队，对法国进行了全天候的封锁。英国的封锁政策不仅扼制了法国大部分海上贸易，因而保护了英国的商业及其领土的安全，而且还阻止了法国向西印度群岛、加拿大和印度派遣足够的增援部队。1759 年是充满奇迹的一年，法国在世界各地的殖民地先后落入英国之手，这极大地鼓舞了英德联军在明登击溃法国两支大军取得大捷。当西班牙在 1762 年愚蠢地参战时，同样的命运也落到了它在加勒比海和菲律宾的殖民地头上。

与此同时，勃兰登堡王室也已经看到它自己的一个“奇迹”。在罗斯巴赫和洛伊腾两场大战中，腓特烈不仅分别摧毁了一支法国大军和一支奥地利大军，而且还挫败了这两个国家逼近北德意志的企图。1760 年腓特烈在利格尼茨和托尔高再次击败奥地利人后，维也纳几乎到了穷途末路。然而，单单这些战役的代价，就在慢慢地拖垮普鲁士的大军（仅在 1759 年就损失 6 万士兵），而劲敌俄国却已被证明要强大得多，部分是因为伊丽莎白对腓特烈的刻骨仇恨，但主要是因为同俄国大军的每一次遭遇都尸横遍野，血流成河。不过其他各交战国都有同感，法国急于同现在也准备讲和的英国达成妥协，但这时普鲁士发现它还有足够力量阻止奥地利人和俄国人前进，直到 1762 年伊丽莎白去世拯救了他们。伊丽莎白死后，新沙皇彼得迅速退出战争，这样一来，不论奥地利还是法国，除了在恢复战前欧洲态势的基础上和解以外，不可能期望任何更好的结果。恢复欧洲战前态势实际上意味着那些要摧毁普鲁士的国家的失败。

在 1762~1763 年和解中获利的显然又是英国。即使把夺取的各地、领土交还给法国和西班牙以后，英国仍然在西印度群岛和西非取得了长足的进展。它基本上肃清了法国在印度的势力影响，最重要的是英国已成为北美大陆大部分地区的主宰。这样，英国就占有了比洛林、西里西亚及大陆国家激烈争夺的其他更辽阔、富饶的土地。此外，英国在欧洲范围内扼制了法国外交和军事上的野心，从而确保了总的均势。相比之下，法国不仅在海外损失惨重，而且与 1748 年不同，它在欧洲本土也失败了。事实上，法国陆军在战争中毫无生机的表现，预示着欧洲的重心已经从西欧转移到了东欧。1772 年第一次瓜分波兰时，法国的意愿受到普遍的忽视就证实了这一点。所有这一切正合英国各界的口味，他们对自己在欧洲以外的霸主地位心满意足，因而不希望被卷进欧洲大陆去承担义务。

赢得战争

（1763~1815）

在英法下一阶段的斗争到来之前，有一段十几年的“喘息时期”，这段时期对英国命运即将发生的翻天覆地的变化提供了些许暗示。七年战争使列强可征税的财力和社会结构紧张到了极点，以致大多数领导人都不敢推行咄咄逼人的外交政策。当时各国都在进行反省和改革。腓特烈被这场战争给普鲁士带来的损失（50 万人死亡，包括 18 万士兵）所震惊，他宁肯过一种稍微平静些的生活。奥地利哈布斯堡的军队虽然在战争中损失了 30 万人，但它本身在战场上的表现并不太坏，可是，整个政府系统明显需要变革，这些变革无疑会引起地方上的不满（特别是在匈牙利人中间），并要耗费玛丽亚·特蕾莎的大臣的精力。在俄国，叶卡捷琳娜二世要处理立法机构和行政机构的改革，还要镇压普加乔夫的起义（1773~1775 年）。虽然这并没有阻止俄国继续向南扩张，也没有阻止它吞并波兰的种种阴谋活动，但这些仍然可以算做是地区性争端，不可与七年战争中各国疲于应付的全欧大联盟同日而语。东方君主们不再那么重视他们同西方各君主政体之间的联系了。

在英国和法国，国内事务也占据了中心地位。两国国债可怕地增长，使它们都努力寻求开辟新的财源，并进行行政机构改革。这些努力造成的争论为英国国王乔治三世同反对派之间已经紧张的关系火上加油，使法国国王同最高法院之间的矛盾更加恶化。英国政府忙于这些紧急事务，不可避免地对欧洲的外交政策比老皮特时期更加没有计划性，更注意反省，英国同美国在税收和实施贸易法令及航海法令的问题上日渐尖锐的争执，加强了这一趋势。但在法国一方，外交政策事务并没有完全被对国内事务的关注所压倒，实际上，舒瓦瑟尔公爵及其继任者们对 1763 年法国的惨败痛定思痛，正在为加强法国未来的地位而采取措施。虽然国家急需开源节流，法国政府仍然逐步建立起一支海军，同西班牙的“家族联系”也进一步加强了。的确，路易十五对舒瓦瑟尔公爵在 1770 年围绕福克兰群岛的冲突中大力支持西班牙同英国打仗不以为然，因为在该处一场大国之间的战争只会造成财政上的灾难。但是，法国仍然旗帜鲜明地反对英国并竭力从英国在海外所遇到的任何一点麻烦中获取好处。

所有这一切意味着，当伦敦同北美殖民者之间的争吵变为公开的武装冲突时，英国所处的地位在许多方面都比 1739 年或 1756 年虚弱。造成这种结果的很大一部分原因要归结为个人素质。不论诺斯、谢尔本伯爵，还是其他任何一位政治家，都不能提供全国性的领导，也提不出一项首尾一致的大战略。由于乔治三世的干预，由于围绕北美殖民者事件的激烈争辩，政治派别的纷争越发加剧，国家也因此而分裂了。此外，英国实力的两大支柱——经济和海军——这些年也遭削弱。在七年战争中蓬勃发展的对外出口，随着战争的结束而停滞了，在整个18世纪80年代，由于殖民地的抵制及同法国、西班牙和尼德兰的冲突日益加剧，英国的对外出口实际上下降了。在15年的和平时期，皇家海军全面削弱，它的某些海军将领同建造军舰的原木一样没有经过什么风雨。当法国于1778年参战时，英国决定放弃对法国的严密封锁战略。这虽然能减少英军战舰的损失，但实际上英国却拱手交出了制海权，向直布罗陀、西印度群岛和北美沿岸派遣援军并不能代替有效地控制法国海岸的“西方出入通道”。控制这些通道可以在任何情况下阻止敌人派遣舰队到那些遥远的战场去。等到1782年罗德尼取得桑特大捷以及解除直布罗陀之围以后，皇家海军便重振军威，再次确定了它的制海权。此时北美洲的战争基本上已接近尾声。

但是，即使皇家海军装备精良，英国的政治家们运筹得当，1776~1783年的战争还是包含了英国在18世纪进行的任何一次战争所未曾遇到过的两个战略问题。第一个问题是，北美的起义一旦蔓延开来，英国军队要进行镇压，就得在离本土基地3 000英里以外的地方进行大规模的“陆上”作战。同伦敦早先的愿望相反，仅靠海上的优势并不能使基本上自给自足的殖民地人民屈膝投降（尽管它可以明显地阻碍殖民地从欧洲输入武装弹药和补充兵员）。征服并防守整个美国的东部疆域对拿破仑的大军来说尚且是一个困难的任务，更不用说18世纪70年代英国人率领的部队了。遥远的距离及其造成的交通上的迟缓，不仅阻碍了从伦敦甚至从纽约进行的战略指挥，也加重了后勤保障的困难：“英国部队在北美所需要的每一块饼干、每一个士兵、每一粒子弹，都要经过3 000英里的大洋运来。”虽然英国陆军部作了重大改进，但运输船只的缺乏和物资征购的困难仍然十分严重。此外，殖民地是一个政治、军事分散的社会，因而占领一两座城镇并不能说明多大问题。只有当英国的正规军占领了出事的地区时，英国政权才能胜利。而军队一旦撤出，起义者们就重新压制忠于英国的那些人。如果在20年前征服法属加拿大尚需5万英国士兵和殖民地的大规模支援的话，那么现在要重新恢复帝国的统治又需要多少英国士兵呢？15万？25万？一位历史学家曾断言：“恢复英国在美国的权力，是用军事手段无法解决的问题，无论军事力量运用得多么得当。”

英国大战略中第二个前所未有的困难是，这一次英国是孤军作战，没有一个愿意牵制法国的欧洲伙伴帮助它。当然，在很大程度上这与其说是一个军事上的问题，不如说是一个外交上的问题。英国在1762年后同普鲁士断绝关系，对西班牙盛气凌人，对像丹麦和尼德兰联邦这样的中立国的航运业采取高压手段，此外，它还未能取得俄国的支持，因此，英国正为上述所作所为付出代价。于是，英国发现它自己不仅在欧洲是孤家寡人，而且到了1780年，还要面对一个可疑的武装中立联盟（俄国、丹麦、葡萄牙）以及一个充满敌意的尼德兰联邦。而这时，英国在对付北美的暴动和法国—西班牙联合舰队方面已经是力不从心、疲于奔命了。然而，英国外交上的无能还远不只此。如上所述，在18世纪60年代和70年代，东部各君主国已同西方分道扬镳了。它们全神贯注于波兰的前途、巴伐利亚的王位继承问题以及同土耳其人的关系。如果法国像在路易十四时代那样，一心要成为“欧洲仲裁者”的话，这种分道扬镳就不可能发生。但是法国的军队在“七年战争”之后已相对衰落，而且它在政治上也没有插手东欧的事务。这就使伦敦对1779年以后法国动向的密切关注在它以前的盟国那里找不到市场。叶卡捷琳娜二世统治下的俄国人对英国大概是最同情的了，但是如果没有迹象表明英国将被彻底消灭，它也不会从中干涉。

最后，还有这样一个重要事实，那就是法国曾一度采纳舒瓦瑟尔公爵过去的论点，它顶住了进攻汉诺威或恐吓荷兰人的诱惑。同英国的战争只能在海外进行。这样一来，就使英国传统战略的“海军”力量同“大陆”力量脱节了。法国人破天荒地头一次将它全部的力量集中在海战和殖民地战争上。

其结果是重大的，它还有力地驳斥了英国孤立主义分子的论点，他们认为英国最适合于打一场没有大陆盟国和大陆战斗拖累的海上战争。在“七年战争”中，法国海军一年仅得到3 000万里弗尔的财政拨款，这是给法国陆军拨款的1/5。从18世纪70年代中期开始，法国海军的军费预算稳步上升，到1780年它的总额达到大约1.5亿里弗尔，到1782年则达到了2亿里弗尔。当法国参战时，它拥有52艘主力舰，其中许多比同级的英国军舰吨位要大。这一数字很快就增加到66艘。此外，还可以加上有58艘主力舰的西班牙舰队。到了1780年，又有一支由不到20艘可以作战的战舰组成的荷兰舰队。虽然英国皇家海军仍然比它任何一个单独的对手都要强大（1778年它有66艘主力舰，1779年有90艘），但它发现自己常常是寡不敌众。1779年，英国皇家海军竟然失去了对英吉利海峡的控制权。一场法国、西班牙的入侵看来完全可能发生。1781年格雷夫斯率领的英国舰队同德·格拉斯率领的法国舰队在切萨皮克外进行了一场遭遇战，法国舰队数量上的优势使英国舰队处于困境，从而导致了康沃利斯侯爵在约克镇兵败投降，有效地结束了美国战役。即使在英国皇家海军的规模扩大、敌人舰队的规模缩小的时候（1782年英军拥有95艘主力舰，法国73艘，西班牙54艘，尼德兰联邦19艘），英国海军所占的优势仍然太小，不足以完成以下任务：保护北大西洋上的商船队，定期接济直布罗陀，守卫波罗的海出海口，向印度洋派遣分遣舰队，以及为加勒比海的军事行动提供支援。英国的海军力量不再像以前的战争中那样天下无敌了，它的制海权只是暂时的，局限于某些地区。英国人的不幸处境在很大程度上同法国陆军不在欧洲作战这一事实有关。

事实上，到了1782年，为维持如此庞大的一支海军而造成的财政压力，已经损害了法国经济并迫使法国做某些收缩。法国难以弄到船用物资，更严重的是缺乏水手。此外，一些法国大臣担心这场战争使法国过度地将精力和资源分散到欧洲以外，因而使它不能在欧洲大陆发挥任何作用。政治上的这种考虑，加上同时害怕英国人和美国人很快会消除他们之间的分歧，促使巴黎希望及早结束战斗。经济上，法国人的荷兰和西班牙盟友也同样情况不妙。但是，虽然英国财政上的忍耐力要强一些，1782年以后出口显著上升，皇家海军的境况在逐渐改善，但这一切都不可能力挽狂澜，转败为胜，也不可能在眼见北美殖民地就要丢失的情况下，说服国内的各个政治派别支持这场战争。尽管在1783年《凡尔赛和约》中英国做出了让步（梅诺卡岛、佛罗里达和多巴哥），但这未必就是1763年英国取得的巨大利益的逆转，法国可以说对一个独立合众国的建立及英国在世界上的地位所遭受的打击应该感到心满意足了，从巴黎的角度来看，虽然代价很大，但是在七年战争中被打破的战略平衡如今已明显恢复。

相比之下，1763年以后，几十年间，三大君主国的策略计谋并未严重改变东欧地区的战略均势。这主要是因为它们之间关系的三足鼎立的性质，不论柏林、维也纳，还是更为踌躇满志的圣彼得堡，都不想挑动另外两个国家组成反对自己的联盟，也不想卷入一场像七年战争那种规模的大战。在巴伐利亚王位继承战争（1778~1779年）时，普鲁士对企图扩张的奥地利进行了针锋相对的抵抗。这场战争短暂而极其谨慎的交锋，仅仅证实了它们普遍希望避免为一场大国争斗而付出高昂的代价。因此要进一步获取领土只能是各国进行外交“交易”，这种交易是靠牺牲弱小国家特别是波兰的利益来实现的。波兰在1772~1773年、1793年和1795年相继三次被瓜分。在以后的几个阶段，波兰的命运越来越受法国大革命的影响，受叶卡捷琳娜二世镇压华沙“雅各宾党人”的决心以及普鲁士和奥地利为在西方反法战争失败而在东方获得补偿的企图的影响。然而，这三个国家对法国大革命这种新的关注，也没有从根本上改变三国相互对抗以及这些年间三个东欧国家彼此寻求勉强妥协的政策。

在这种三角关系的地理和外交范围内，俄国的地位与奥地利和普鲁士相比，继续得到改善，这是毫不奇怪的。俄国尽管落后，但受到攻击的威胁却比它的两个西方邻国小，普鲁士和奥地利两国都极力与令人畏惧的叶卡捷琳娜和解。瓜分波兰时，这种情况以及俄国历来加在波兰身上的影响，使圣彼得堡取得了这个倒霉国家的最大一部分领土。此外，俄国在南方有一条开放的、支离破碎的边界，它借此在18世纪70年代初夺得了土耳其的大片领土。1783年，俄国正式吞并了克里米亚；1792年，又夺取了黑海北海岸的一系列领土。所有这一切都证实了奥斯曼帝国战斗力的衰弱，同时也使奥地利和普鲁士暗地里忧心忡忡。另外一些国家（1788 年时的瑞典，1791 年小皮特领导下的英国）对俄国也同样不放心。它们想尽办法来挫败俄国的扩张主义。但是，由于维也纳和柏林急于逢迎圣彼得堡，西方大国又心有旁骛，无法在东欧发挥持久有效的作用，使沙皇帝国的国运得以日益兴盛。

在这种局势下，1792 年前的约 10 年中，国际关系的格局几乎没有显示出正在迫近的大变动迹象。这主要是因为大国间偶尔发生的争端仅仅是互无联系的地区性事务，似乎并不存在对总体均势的威胁。如果说东欧大国在忙于确定波兰和奥斯曼帝国的未来，那么历来围绕低地国家的命运和“竞争着的商业帝国”所进行的你争我夺，则占据了西欧列强的注意力。英国和西班牙围绕努特夫海峡的一场冲突（1790 年），把两国推向了战争边缘，直到后来西班牙勉强屈服才算了结。英法两国 1783 年以后各自都精疲力竭，它们之间的关系有所缓和，但是两国的贸易竞争仍在继续。在 1787~1788 年尼德兰国内危机时期，武断专横的小皮特鼓动普鲁士趁机率军将尼德兰的亲法“爱国”派赶下台，这时，英法之间的相互疑忌便很快表露无遗。

小皮特内阁十分活跃的外交活动不仅反映了小皮特本人的个性，也体现了自 1783 年受挫后，英国在大国中的地位已得到很大的恢复。美国殖民地的丢失并没有影响英国在大西洋的贸易。实际上，对美国的出口还在日益增长。英国在北美和印度的市场比法国拥有的份额更大。在 1782~1788 年的 6 年中，英国的商船队在数量上增加了一倍还多。英国的工业革命正在发展，它受到本国和海外消费需求的刺激并得到大量新发明的推动。而且农业生产率与日益增长的人口对粮食的需求同步增加。小皮特的财政改革改善了英国的财政状况，恢复了它的信誉。而且海军总是得到大量拨款。此时的皇家海军战舰如云，指挥有方。有了这些坚强的后盾，英国政府深信，一旦国家利益需要，英国就可以在海外发挥更积极的作用。然而，总的来说，白厅和威斯敏斯特的政治领袖们并未预料到欧洲即将发生一场大国间的战争。

但是，为什么欧洲没有被一场全面冲突所震撼呢？最明显的一个原因似乎在于法国日益恶化的处境。1783 年胜利以后的几年中，法国的外交地位似乎空前巩固，国内经济以及它同西印度群岛和黎凡特的海外贸易也正迅速增长。然而，1778~1783 年战争的绝对损失总额超过了法国在前三场战争中损失的总和，加之国家财政制度改革的失败，与日益严重的政治不满、经济萧条和社会混乱互相影响，使得法国旧制度信誉扫地。1787 年以后，随着国内危机加深，法国愈加无法在国际事务中发挥决定性作用。法国在尼德兰的外交失败，主要是因为法国政府意识到，在财政上它承担不起对英国和普鲁士的大战，而法国议会对路易十六的宣战权提出异议，则是法国在努特卡海峡争议中撤回对西班牙支持的原因。总之，所有这一切都不能说明法国很快就会图谋推翻欧洲的整个“旧秩序”。

于是，在 20 多年中耗费大多数欧洲大陆国家精力的冲突，缓慢而又时起时伏地展开了。在巴士底狱陷落后的一段时期里，法国人还只是关注国内斗争。尽管法国政治变得越来越激进，使得某些外国政府非常担心。但是随之发生在巴黎和外省的动乱则表明，法国在欧洲强权政治体系中已变得无足轻重了。基于这个原因，直至 1792 年 2 月，小皮特已在谋求削减英国军事开支。而在东欧，三大君主国更热衷于瓜分波兰。仅仅因为关于亡命者阴谋恢复波旁王朝的谣言日益增多，以及法国革命党人在边境地区推行更富侵略性的政策，外部事变和内部事变才逐步升级为战争。反法联军在越过法国边境时行动迟缓，举棋不定。反映出它们对这场战争的准备是多么不充分。这种情况使革命党人在瓦尔米的意外遭遇战中（1792 年 9 月）大获全胜。只是到了第二年，当法军的胜利威胁到莱茵兰、低地国家和意大利，以及处死路易十六充分显示了巴黎新制度的极端共和主义倾向时，战争才在战略和意识形态上全面展开。除普鲁士和奥地利哈布斯堡这两个最初的交战国外，现在，以英国和俄国为首的一系列国家，包括法国的所有邻国，都加入到反法战争中来了。

现在回过头来看第一次反法同盟（1793~1795 年）惨败的原因是十分清楚的，但在当时，这一结果却令人吃惊和沮丧，这场战争中双方力量的悬殊毕竟比以往所有战争都大。在这一事件中，法国革命本身的原动力导致采取孤注一掷的措施——全民皆兵，并动员一切可以动员的力量来同法国那人数众多的敌人战斗。此外，还如许多作者指出的那样，1789年前的20年或30年间，是法国军队进行改革非常重要的时期，诸如组织指挥、参谋计划、炮兵的运用以及作战战术等都进行了改革。战争爆发后，法国大革命所做的，就是扫除贵族对新思想的阻碍，使改革家获得把自己的观念付诸实施的机会（和人员）。在国内采用“总体战”方法和在战场上应用新战术，是法国人新释放出来的能力的反应，正像反法联军军事行动的谨小慎微和犹豫不决是旧体制习惯的表征一样。法国以受热情激励并冒长途跋涉和进攻策略风险的近65万法国大军，很快就占领了邻国领土，这意味着从此以后，维持这样一支庞大军队的大部分负担将落在法国边境以外人民的身上，这必然会使法国经济得到一定程度的缓解。

因此，任何国家要想阻挡法国猛烈的扩张主义，就必须找到一条可行的途径来对付这种打破常规的新作战形式。这并不是不可能完成的任务。法军在其早期将领杜穆里埃将军指挥下的作战行动，甚至在拿破仑指挥下的规模大得多、更加精心策划的战役，都暴露出在部队组织、训练以及后勤保障和交通联络方面的弱点。一支训练有素的敌军完全可以有效地利用这些弱点，但是这样训练有素的对手又在哪里呢？反法联军年迈的将领们以及行动迟缓、受辎重拖累的部队，在坚不可摧的法军军阵和蜂拥而上的士兵面前，战术上极不得当。然而，真正的问题还在于法国的对手们缺少必要的政治协调和明确的战略。很显然，旧制度不能以卓越的政治信念激励它们的士兵和民众。事实上，他们中的许多人都被令人陶醉的革命思想所吸引。只是在很久以后，当拿破仑的军队由“解放”转为征服和掠夺的时候，他们才得以靠爱国主义来挫败法国的霸权野心。

此外，在开始阶段，同盟中没有几个国家认真对待法国的威胁，同盟各成员之间对其作战目的和战略缺乏总的协调。各成员国在向英国要求日益增多的财政资助时，同盟合作上的不稳固状况便暴露无遗。革命战争的前几年恰逢波兰的灭亡，并被其冲淡了影响。叶卡捷琳娜二世虽然恶毒地咒骂法国大革命，但她更关心的是消灭波兰的独立，而不是出兵莱茵兰。这使得已从早期西部战役中清醒过来的焦急不安的普鲁士政府，把越来越多的军队从莱茵河调至维斯图拉河。普鲁士的这一举动又迫使奥地利在其北部边境驻扎一支 6 万人的大军，以防俄国和普鲁士向仅存的波兰领土推进。1795 年波兰第三次也是最后一次被瓜分，可见，波兰作为法国的盟友在灭亡时所起的作用比它作为一个现实而能动的国家更大。此时，普鲁士已向法国求和，并将莱茵河左岸地区拱手交给了法国。这样，就使德国处于左右为难的中立地位，从而让法国能够将其注意力转移到其他地方。多数弱小的德意志国家都仿效普鲁士的这种做法。尼德兰被打败，变成巴达维亚共和国。西班牙脱离反法同盟，重新回到了以前同法国结成的反对英国的联盟中。

现在就只剩下撒丁王国，它在 1796 年初被拿破仑打败；时运不济的奥地利哈布斯堡在被赶出意大利大部以后，被迫签订《坎波福尔米多和约》（1797 年 10 月）；此外就是英国。尽管小皮特有心仿效其父阻止法国的扩张，但是英国政府也未能以必要的决心和明确的战略来进行这场战争。英国在 1793~1795 年派往弗兰德斯和荷兰的远征军，在约克公爵的指挥下，既缺乏足够的力量，又没有高人一筹的作战经验来对付法国的军队，最终只能是大败而归，其残部经不来梅撤回英国本土。此外就像在这前后经常发生的那样，英国的大臣们（如邓达斯和小皮特）宁愿采取“英国的作战方式”——殖民战争、海上封锁、袭击敌人的海岸线，而不情愿在大陆上进行任何大规模的战斗。在英国皇家海军占有绝对优势，而其对手法国海军兵力分散的情况下，这看来是一种颇有吸引力的简单易行的选择。但英军在 1793~1796 年西印度群岛的战斗中由于疾病流行而大量减员，这说明伦敦为其兵分多路的战略付出了昂贵的代价——4 万人死亡，4 万人丧失战斗力，这一数字超过了英军在西班牙半岛战争中的伤亡总数，这些战役还至少耗费了 1 600 万英镑。英国对欧洲以外战区控制权的逐步加强或它对敦刻尔克和土伦采取的外围作战行动，能否抵消法国势力在欧洲的日益增长，颇值得怀疑。最后，普鲁士和奥地利为维持其战场上的军队，要求英国提供的援助数额惊人地增长，因此英国人不可能如数提供。换句话说，英国的战略既无效果，又颇费钱财。而在1797年，英格兰银行停止支付现金，英国海军在斯皮特黑德和诺尔两地发生哗变，这两个事件动摇了——至少暂时动摇了英国整个战略体系的根基。在这个动荡不安的年代里，精疲力竭的奥地利人终于向法国求和，并同其他国家一道接受了法国在西欧的主宰地位。

如果说英国无法在陆上打败法国，那么反过来法国的革命政府也不可能削弱英国的海上霸权。由于当地驻军守卫森严以及气候恶劣，法国早先几次入侵爱尔兰、袭击英格兰西海岸的企图都无功而返。尽管英格兰银行在1797年停止支付现金造成了一时的恐慌，但英国的信贷系统仍很坚挺。西班牙和荷兰加入法国一方作战以后，英国在圣文森特角海面摧毁了西班牙舰队（1797年2月），并在坎珀当给予荷兰军队沉重打击（1797年10月）。法国的新盟国还逐渐丧失了它们在东印度和西印度群岛、科伦坡、马六甲和好望角的殖民地。而这些殖民地又为英国的贸易提供了市场，为海军分遣舰队提供了新的基地。小皮特及其大臣们不愿按照法国提出的苛刻条件议和，他们决心同法国继续打下去。随着法国沿英吉利海峡集结部队，对英国人来说，这场战争既是为了帝国的安全，也是为了民族的生存。为了支付这场战争，英国政府开征了所得税，并筹借了新的贷款。

在当时当地的条件下，法国和英国在以后20年的战争中，都面临着重大的战略抉择。法国和英国就像一头大象和一头鲸鱼，它们各自在自己的领域里都是庞然大物。但是英国靠扼制海上航路并不能独自打破法国在欧洲的霸权，而拿破仑虽然在军事上独霸欧洲，却也不能使英国的居民投降。此外，只要英国依旧傲然独立，只要它能向其他国家提供资助、供应军火，甚至可能派兵干涉，巴黎政府就没有把握让其他的大陆国家永远接受法国的统治，因为法国抢占邻国领土以及政治上对邻国的欺凌激起后者极大的不满。这显然也是拿破仑的看法，他在1797年说："让我们集中全力建造一支自己的舰队并摧毁英格兰。一旦我们实现了这一点，整个欧洲就会匍匐在我们的脚下。"由于大陆上取得的军事胜利还不足以制服英国，所以法国就只有通过同英国打一场胜利的海上战争和一场贸易战才能实现其目标。反过来也是这样，既然英国皇家海军的海上霸权也不足以使拿破仑低头，它就需要直接出兵干涉，争取同盟国，向拿破仑在陆上的统治地位发起挑战。只要交战一方控制着大陆，另一方霸占着海洋，双方就都会感到坐立不安。要想打破这个平衡，双方都必须采用新的方法，寻求新的盟国。

拿破仑改变均势的企图非常大胆，也十分冒险。他利用1789年夏季英国在地中海的虚弱地位，统率3.1万人张帆渡海，入侵埃及。这样一来，他就把自己置于可以扼制黎凡特、奥斯曼帝国和通往印度航路的位置。几乎与此同时，另一支远征爱尔兰的法国军队牵制了英国。如果大获全胜的话，法国的每一次行动都会给英国已经摇摇欲坠的地位以沉重的打击。但是入侵爱尔兰的战斗行动规模太小，而且为时已晚，因而在9月初法国的入侵就被击退了。此时，整个欧洲都知道了纳尔逊在阿布基尔击溃法国舰队和拿破仑随后在埃及"被扣"的消息。法国当初的担心一点儿也没错，法国遭受的这一挫折立刻鼓舞了所有憎恨法国统治的国家放弃中立并加入第二次反法同盟（1798~1800年）。现在除了较小的葡萄牙和那不勒斯以外，俄国、奥地利和土耳其也站到英国一边。它们一边集结军队，一边为争取更多的援助而讨价还价。法国在丢失了梅诺卡岛和马耳他岛以后，法军在瑞士和意大利为俄奥联军所败，拿破仑自己在地中海东部各国又一筹莫展，不能获胜，法国看上去已岌岌可危了。

然而，第二次反法同盟像第一次一样，是建立在不牢固的政治和战略基础之上的。值得注意的是普鲁士没有参加这次同盟，因而反法联军不可能在德意志北部开辟一条战线。那不勒斯国王过早发动的一次战役遭到惨败。准备不足的英俄联军对荷兰的远征因未能唤起当地居民反对法国统治，也不得不撤退。从这些失败中，英国政府非但没有得出在大陆上应扩大军事行动规模的结论，反而又退回到对敌人海岸线实施“袭击”的传统政策上去了。英国政府采取这种做法，是由于它清醒地认识到，征集一支大军到大陆上作战将在财政上和政治上引起困难。但是，英国对贝勒岛、费罗尔、加的斯和其他地区的小规模进攻，对实现战略目的都没有多大益处。更糟糕的是，奥地利和俄国在保卫瑞士的时候缺乏精诚合作的精神，因而俄军被法军赶过了东部山区。在这种情况下，沙皇对同盟国不再抱幻想，这种情绪进而转化为对英国政策的怀疑。沙皇甚至情愿同刚刚从埃及溜回法国的拿破仑休战言和。俄军一撤退，法军的雷霆万钧之势就全部冲向奥地利人。法军在马伦戈和赫希施塔特（两个战役都在1800年6月）以及6个月以后在霍恩林登大败奥军，再一次迫使维也纳求和。到1801年，由于普鲁士和荷兰浑水摸鱼，趁机征服了汉诺威，而西班牙则向葡萄牙发起进攻，英国人就像他们在3年前一样，几乎又是孤家寡人了。在北欧，俄国、丹麦、瑞典和普鲁士又聚到一起，组成了一个新的武装中立联盟。

另一方面，在海战和欧洲以外地区的战役中，英国人又打得很不错。英军从法国人手里夺回了马耳他岛，为皇家海军提供了一个极其重要的战略基地。丹麦舰队是新的武装中立联盟计划将英国人赶出波罗的海的主力舰队，它被皇家海军在哥本哈根外打垮（尽管沙皇保罗在此之前几天遇刺身亡已经意味着武装中立联盟的末日顷刻就会来临）。在1801年3月这一个月里，英军取得了辉煌的战果：一支英国远征军在埃及的亚历山大打败法军，这使法军随后全部撤出；在东部，英军在印度消灭了由法国人支持的迈索尔的蒂普苏丹，并乘胜在印度北部继续扩大战果；法国、荷兰、丹麦和瑞典在西印度群岛的属地也全都落入英国人之手。

但由于到1801年英国在大陆上没有一个坚定不移的盟国，同时它也看不到同法国的战争即刻会有什么结果，这使英国的许多政治家考虑同法国人握手言和的问题。英国国内厌战言和的情绪，得到了商界的鼎力支持，因为英国商人在地中海损失巨大，在波罗的海也遭到损失——虽然损失的程度轻一些。小皮特因解放天主教徒问题辞职，加速了英国走向和谈的步伐。根据拿破仑的盘算，一段时期的和平对法国不会有什么损失：法国对其卫星国的影响将进一步加强；而英国肯定将不再被允许在这些地区享有以前的贸易和外交特权；散布在各个港口的法国海军可以集中起来，进行重建；法国的经济可以在下一轮战争到来之前休养生息。有鉴于此，英国国内舆论对英国政府签订《亚眠和约》（1802 年 3 月）并没有进行过多批评，但当舆论注意到法国仍在用其他方式同英国明争暗斗时，舆论的方向就逐渐转变了。英国商业被拒于欧洲许多地区之外。伦敦受到法国毫不含糊的警告，叫它不要插手荷兰、瑞士和意大利的事务。从马斯喀特到西印度群岛，从土耳其到皮德蒙特，到处都传来法国人大搞阴谋诡计和法军入侵的消息。这些信息，加上法国计划大规模建造军舰的事实，导致阿丁顿领导下的英国政府拒绝将马耳他归还给法国，并终于在 1803 年 5 月把一场同法国的冷战变为热战。

1689~1815 年进行的 7 场英法大战的最后一轮战争持续了 12 年，这是所有英法战争中对双方考验最严峻的一次。如同以往一样，交战双方各有长处与弱点。尽管英国舰队有所裁减，但当战争再度开始时，皇家海军的地位仍很牢固。在英国强大的分遣舰队封锁法国海岸的同时，皇家海军有计划地重新夺占法国海外帝国属地及其卫星国。在特拉法尔加海战以前，英军占领了法属圣皮埃尔岛和密克隆岛、圣卢西亚、多巴哥以及荷属几内亚，在印度取得了新的进展；1806 年夺取了好望角；1807 年占领了法属库拉索岛和丹麦的西印度群岛；1808 年占领了马鲁古群岛的几个岛屿；1809 年占领了法属圭亚那的卡宴、圣多明各、塞内加尔以及马提尼克岛；1810 年攻占了法属瓜德罗普岛、毛里求斯、安波那和班达；1811 年攻占了爪哇。同以往一样，这些事件对欧洲均势并没有产生直接的影响，但它加强了英国对海外殖民地的统治，为过去一贯被拒绝输入安特卫普和来亨的英国出口产品提供了新的“销路”。在开战初期，它还促使拿破仑比以前任何时候都更认真地考虑入侵英格兰南部的问题。当法国陆军在布洛涅集结，果敢坚强的小皮特于 1804 年重返内阁。此时，英法双方都准备着一场最后的决战。

事实上，1805~1808 年的海上战役和陆上战役虽然有几次有名的会战，但双方在这些战争中的战略局限性再一次显露出来。法军数量上至少比英国多两倍，而且作战经验也比英军丰富。但要想稳妥可靠地在英格兰登陆，法军还必须掌握制海权。从数量上讲，法国海军也有相当规模（大约 70 艘主力舰），这显示了拿破仑可以调动的力量。1804 年末西班牙参战时，西班牙海军的加入（超过 20 艘主力舰）使法国海军得到加强。但是，法西联合舰队分散在多个港口，若要彼此会合起来，就要冒同具有更丰富作战经验的英国皇家海军遭遇的危险。1805 年 10 月，法西联合舰队在特拉法尔加海战中惨败，这无情地证实了两个海上对手之间的“质量差别”。然而，这场辉煌的胜利虽说保证了英国的安全，但并未动摇拿破仑在欧洲的地位。正由于这个原因，小皮特费尽心思要将俄国和奥地利拉入第三次反法同盟。为此，小皮特答应向俄奥两国可投入对法战斗的人员提供每 10 万人 175 万英镑的资助。但是拿破仑在特拉法尔加海战之前就已经把部队从布洛涅调至多瑙河上游，在乌尔姆全歼了奥地利人，然后继续挥师东进，于 12 月在奥斯特里茨击败了 8.5 万人的俄奥联军。在维也纳方面无心恋战，第三次请求讲和的情况下，法国人可以再一次确立他们在意大利半岛的控制权，并迫使俄奥联军从那里仓皇撤退。

是否是这些失败给了小皮特沉重的打击，致使他在 1806 年初去世另当别论，但这些事实再一次证明，要打败像拿破仑那样的军事天才是多么困难。在随后的几年中，法国在欧洲的统治的确达到了顶峰。前一次反法同盟由于普鲁士未参加而受到削弱。而这次，普鲁士在 1806 年 10 月冒冒失失地向法国宣战，在一个月内就被打败了。俄国顽强的庞大军队则是另外一回事。不过在数场血战后，俄军在弗里德兰（1807 年 6 月）也遭到重创。根据该年签订的《提尔西特和约》的规定，普鲁士实际上沦为法国的卫星国，而侥幸逃脱这一命运的俄国则同意停止与英国通商，并保证最终加入法国联盟。随着德意志南部和西部的大部分已并入“莱茵联邦”，西部波兰成了华沙公国，西班牙、意大利和低地国家对法国俯首称臣，神圣罗马帝国土崩瓦解，于是，从葡萄牙到瑞典，欧洲大陆上再也没有独立的国家了，也没有英国的盟国了。这必然给拿破仑造成绝妙的机会以最有效的方法来摧毁这个“小店主的国家”：禁止英国向欧洲大陆的出口和打击英国的经济，禁止向英国皇家海军提供原木、桅杆以及其他造船材料，与此同时，法国为了自己的目的则聚集这些原材料。这样，在法国发动下一次直接进攻之前，英国就被间接地削弱了。由于英国的出口工业严重依赖欧洲市场，英国的舰队全都依赖波罗的海生产的桅杆和达尔马提亚的橡树，所以这种威胁是颇为严重的。而且出口收入下降，会使伦敦没有足够的资金向盟国提供援助和为自己的远征军购买物资。

因此，在这场战争中，经济因素比以往任何时候都更紧密地与一国的战略联系在一起。自拿破仑在柏林、米兰颁布《大陆封锁令》（1806~1807 年），到 1812 年法军从莫斯科溃退，英法对统治权的争夺处于白热化时期。在此期间，这两个对立系统的相对得失很值得进一步分析。在双方都想从经济上摧毁对方的情况下，任何重大弱点迟早都会显露出来，并带来强权政治的可怕后果。

毫无疑问，由于英国在那时极度依赖海外贸易，因而它在拿破仑强制推行贸易禁令的“大陆体系”面前显得非常脆弱。在 1808 年和 1811~1812 年，由法国和顺应它的卫星国（如丹麦）发动的贸易战，给英国的出口贸易造成了危机，积压在仓库里的货物堆积如山，伦敦码头堆满了来自殖民地的产品。城市中存在的失业大军以及乡村的骚乱，增加了商人们的恐慌，促使许多经济学家大声疾呼和平。国家扶摇直上的债务更是雪上加霜。1811 年后，英国同美国关系恶化，对这个重要市场的出口急剧下降。此时，英国看来已承受不住经济上的压力了。

然而事实上，英国还是挺住了，这主要是因为这些经济压力没有长期和持久地发挥影响和作用。西班牙反对法国统治的革命缓解了英国 1808 年的经济危机，而俄国同拿破仑的破裂则使英国货物涌入波罗的海和北欧国家，减轻了 1811~1812 年的经济萧条。此外，在整个大陆封锁时期，大量英国制成品和殖民地的转口货物在被收买的当地官员的默许下，走私到大陆。大陆走私给英国商人带来巨额利润。从德国的黑尔戈兰岛至希腊的萨洛尼卡，违禁商品通过曲折途径被运送到急切的买主手中，就像后来在1812年英美战争期间这些货物在加拿大和新西兰之间往返运输一样。最后，英国的出口经济还可以靠英国同那些未受“大陆体系”或美国的“不来往”政策影响的地区大量增长的贸易来维持。这些地区包括亚洲、非洲、西印度群岛、拉丁美洲（尽管当地的西班牙总督极力禁止）以及近东。由于上述原因，尽管英国贸易在一个时期的某些市场被严重切断了，但总的趋势却很清楚：英国产品出口总额从2 170万英镑（1794~1799年），增长至3 750万英镑（1804~1806年）及4 440万英镑（1814~1816年）。

英国经济在外界压力面前没有崩溃的另一个原因，是由于此时英国已经开始了工业革命，这对拿破仑来说是不幸的。很清楚，以上两个主要历史事件以许多特殊的方式相互作用：政府采购军火刺激了铁、钢、煤和木材行业，国家的巨额开支（估计占国民生产总值的29%）影响着金融业，而新出口市场的开辟则促进了某些工厂的生产，正像法国的“反封锁”使其发生萧条一样。法国革命和拿破仑战争究竟在多大程度上影响了整个英国经济的增长，这是一个复杂而又有争议的问题，历史学家至今仍在对此进行研究。其中许多历史学家认为，以前有关英国工业化在那几十年发展迅猛的概念是夸大其词的。当然，有些事实还是明摆着的，在那一时期英国的经济一直都在发展。生铁产量在1788年仅有6.8万吨，到1806年猛增到24.4万吨，而且在1811年进一步增至32.5万吨。战前还几乎是新行业的棉纺织工业，在以后20年中增长很快，越来越多地使用机器、蒸汽动力、煤和工人。至1815年，棉纺织产品成为英国最主要的出口货物。一系列新建的沿海和内陆码头、新开凿的运河、新修的道路和铁路改善了交通条件，进一步刺激了生产。如果不同法国打仗，这种经济的迅速增长是否会更快一些呢？不管怎样，事实仍然是，英国的生产率和财富依然在迅速增长，因而有助于承担小皮特及其后继者为支付战争费用而造成的重负。例如，关税和消费税收入从1 350万英镑（1793年）猛增至4 480万英镑（1815 年），而新征收的所得税和财产税的收入，则从 1799 年的 167 万英镑[8]增加到战争最后一年的 1 460 万英镑。实际上，英国政府在 1793~1815 年，从直接和间接税中获得了高达 12.17 亿英镑的收入，而且它还在保持其良好信誉的情况下，从金融市场继续筹集了 4.4 亿英镑的贷款。这使财政上非常保守的拿破仑极为惊诧。在战争最后的关键几年里，英国政府每年借款超过 2 500 万英镑，使英国在资金上占有决定性的优势。诚然，英国人被课征的捐税超过了 18 世纪官僚们可以想象的极限，而且国债几乎增长了一倍，然而，新创造的财富能够承担得起这些负担，尽管英国版图较小，人口较少，但它比拿破仑帝国更能承受战争的消耗。

对于历史学家来说，1789~1815 年法国的经济状况，及其支撑一场大规模战争的能力，更是一个难以解释的问题。旧王朝的崩溃以及随之而来的动乱，无疑在一段时期内削弱了法国的经济活力。另一方面，法国人民倾注于大革命的热情以及为迎战国外敌人而对国民资源进行的动员，使大炮、轻武器和其他军事装备的产量惊人地上升。军火工业的增长反过来又刺激了钢铁和纺织工业的增长。此外，旧制度下阻碍经济发展的一些障碍，如国内的关卡税被完全废止。而拿破仑的司法和行政改革，为法国经济向现代化迈进又助了一臂之力。人口的增长、国家支出的刺激、关税保护的加强和某些新技术的应用，刺激了法国经济的稳步发展。即使督政府和帝国时期恢复了君主制度的许多特点（例如，对私人银行家的依赖），也没有阻止法国经济的增长势头。

但是，比起英国来，法国经济的发展速度毫无疑问要慢得多。其最根本的原因是，法国经济中最大的一个部门——农业没有多少改进：封建领主被农民所取代这件事本身并不是一场农业革命；而政府大肆宣扬的农业政策，如大力生产甜菜（用以取代英国殖民地的蔗糖），其效果极其有限。落后的交通意味着农民仍被束缚于地方市场，而且缺乏重大革新的刺激因素。这些思想上守旧的条条框框还存在于新兴工业部门。在那里，例如在制铁方面，机器的使用和大企业的建立还只是个别例外，而不是普遍现象。法国经济在某些方面固然取得了重大进展，但这些进展是畸形的，是在战争和英国海上封锁的影响下取得的。例如，棉纺织工业的发展在很大程度上受惠于“大陆体系”，它使法国免遭占有优势的英国棉纺织工业的竞争（更不用说那些被法国的高关税拒之门外的中立国和卫星国的竞争了）。同时，它还得益于国内市场的扩大，这是因为拿破仑对邻国的征服，将“法国人”的数量从1789年的2 500万人，增加到1810年的4 400万人。但是，这些因素被原棉的匮乏和高昂的价格，以及从英格兰引进新技术的步伐放慢等因素所抵消。总的来说，由于“大陆体系”的保护而避免了同国外竞争的法国工业，在战争结束时明显处于缺乏竞争力的状态。

英国的海上封锁加剧了法国经济向内向型转变。法国经济中的大西洋贸易，是18世纪增长最快的部分（和英国的情况一样），也是法国工业化的关键催化剂，现在却越来越受限于皇家海军的封锁。特别是圣多明各的丢失，对法国大西洋贸易是一个沉重打击。法国的其他海外殖民地和海外投资也相继丧失。1806年后，就连通过中立国船只进行的贸易也被切断了。波尔多港受到沉重打击。南特港一本万利的奴隶贸易几乎完全停止。即使是在内地和意大利北部拥有替代贸易伙伴的马赛，也眼看着它的工业产量到1813年降到1789年的1/4。相反，法国北部和东部的一些地区，如阿尔萨斯的陆上贸易却比较有保证。但是，即使这些地区以及该地区的居民，如种植葡萄的农民和棉纺工人，从受保护的环境中获益匪浅，但对因经济造成的总体影响还是不那么令人满意。大西洋上的贸易被“非工业化”了，同海外的联系大部分被切断，法国经济只好朝内面向农民，面向小城镇的贸易，转向地方化的、没有竞争力的、规模相对说来较小的工业。

在经济保守、有时是明显停滞的状况下，法国的财力居然能支撑它打几十年的大国战争，这种能力更显得了不起了。虽然18世纪90年代初期到中期的全民动员是一个明显的原因，但这还无法对拿破仑时代的情况作恰当解释，当时法国需要供给一支超过50万人的长期服役的军队（每年可能需要招募15万新兵）。1807 年军事开支至少达 4.62 亿法郎，1813 年猛增至 8.17 亿法郎。毫不奇怪，正常的收入绝对无法对付如此庞大的支出。直接税在国内是不得人心的，因而不能大幅度征收，这是拿破仑恢复旧王朝对烟草、食盐和其他商品征收间接税的主要原因。但是，不论是直接税、间接税，还是各种印花税和关税，都无法消除每年数亿法郎的财政赤字。的确，法兰西银行的建立，连同一系列其他金融设施和机构，使法国得以推行一项隐蔽的纸币政策，从而保住法国的财政信誉，尽管皇帝宣称他对借贷深恶痛绝。即使这样，财政仍不敷支出，其差额只能靠别的来源弥补。

实际上，拿破仑帝国在很大程度上是靠巧取豪夺来维持的，虽然掠夺的数额无法计算。在国内，开始没收并拍卖被宣布为“革命的敌人”的财产。当保卫革命的战斗将法国军队推进到邻国领土时，似乎外国人就自然该出钱供养法国军队了。简言之，法国是在以战养战，靠没收战败国王室和封建贵族的财产，靠直接掠夺敌人的军队、要塞、博物馆和资源宝藏，靠向敌人索取以金钱或实物支付的战争赔款，靠在卫星国领土上驻扎法国部队并要它们为其部队提供给养等，拿破仑不仅满足了巨大的军事开支，而且实际上，他还为法国以及他自己取得了相当大的利益。在法国鼎盛时期，拿破仑在这些特殊领地的行政长官们聚敛的财富数额相当可观，在某些方面甚至超过了纳粹德国在第二次世界大战中对其卫星国和被征服国家的掠夺。例如，耶拿战役后，普鲁士不得不向法国支付 3.11 亿法郎的赔款，这个数额相当于法国政府年收入的一半。每一次战败后，哈布斯堡王室都被迫割让领土，并支付大笔战争赔款。1805 年至 1812 年的意大利将约1/2 的税收拱手送给了法国。所有这些给法国带来两方面好处：将大部分法国军队驻扎在本土以外；同时使法国本土的纳税人免于承担战争的全部费用。只要法国军队在其英明领袖的领导下攻无不克，战无不胜，这一体系似乎就坚不可摧。因此，毫不奇怪，皇帝经常自诩道：

> 我的权力仰赖于我的荣耀，而我取得的胜利则给我带来了荣耀。一旦

我不再以新的荣耀和新的胜利来滋养我的权力，我的权力就会丧失。征服造就了我本人，也只有征服才能使我保住自己的地位。

那么，拿破仑是怎样被打垮的呢？不列颠陆军人员不足，完成不了这一大业。而法国在大陆上的任何一个对手，如果单独向法国发动进攻，都注定要失败。普鲁士 1806 年不合时宜地参战证明了这一点，虽然它没有能阻止气急败坏的奥地利于 1809 年初重启战端。尽管奥地利在埃克缪尔和阿斯佩恩之役中顽强奋战，但它在瓦格拉姆一役中遭受了更大的损失，被迫再次求和，给法国及其盟国割让更多的领土。法军在战胜了奥地利之后，旋即挥戈进入西班牙，镇压那里的叛乱。似乎哪里一出现对皇帝意志的反抗，很快就会被镇压下去。尽管不列颠在海上对其敌人也同样残酷无情（不论是眼前的敌人还是潜在的），例如哥本哈根之战（1807 年 8 月）。但是英国人仍然倾向于在小规模的袭扰中白白浪费掉它宝贵的战争资源，如英国对意大利南部的进攻，对布宜诺斯艾利斯不合时宜的进攻，和 1809 年夏季使英军损失惨重的瓦尔赫伦战役。

然而，恰恰在拿破仑的体系看来无懈可击的时候，法兰西帝国的大厦开始出现第一个严重的裂缝。虽然法军在战场上取得了接二连三的胜利，但法军在这些战役中的伤亡也是巨大的——在埃劳战役损失 1.5 万人，在弗里德兰战役损失 1.2 万人，在拜伦有 2.3 万人阵亡或投降，在阿斯佩恩的伤亡人数高达 4.4 万，另外在瓦格拉姆还有 3 万人伤亡。久经沙场的部队越来越少，至少在皇帝的近卫军团以外的部队中是这样。例如，1809 年拥有 14.8 万人的日耳曼军团（不包括近卫军）中有 4.7 万人是不够年龄的。虽然像希特勒的军队一样，拿破仑的军队中也有许多人来自被征服领土和卫星国，但是法国的人力资源在减少。而神秘莫测的沙皇仍然拥有巨大的人力储备。甚至顽固而心存怨恨的奥地利人在瓦格拉姆战败之后，仍然掌握着一支数量可观的“死里逃生的军队”。

此外，1808 年冬拿破仑率兵进入西班牙并没有像他想象的那样“解决”那场战役。当他击溃西班牙正规军的时候，无意间促使当地人民同法军展开游击战。这种打法更难于对付，并且加重了法国后勤供应的困难。由于当地人民拒绝供应粮食，法军更严重地依赖它自己很不可靠的补给线。此外，在开辟西班牙战场特别是葡萄牙战场的时候，拿破仑无意间选择了谨小慎微的英国人可以直接同法军作战的少数几个地区之一。英国人在初期只是试探性地派出少量军队同法军作战，但随后当他们看到威灵顿如何有效地利用当地人民的同情，利用半岛的地形和英国的制海权，以及最后运用人数日益增加的职业军队遏制并削弱法军的势头时，他们的信心增强了。1810~1811 年，马塞纳的大军在向里斯本枉费心机的进军中，伤亡 2.5 万人，表明这颗“西班牙毒瘤”是没法割除的，即使后来法国向比利牛斯山脉以南派出了 30 万人的军队，也无济于事。

除去削弱法国，西班牙事件同时还从商业上及战略上缓解了英国身上的负担。在英法战争前的大部分时间里，西班牙毕竟是站在法国一方作战的，这不仅从陆上威胁着直布罗陀，从海上威胁着英国海军霸权地位（以法国—西班牙联合舰队的方式），而且还影响到英国在伊比利亚半岛、拉丁美洲以及整个地中海地区的出口市场。一个友好而不敌对的西班牙表明所有这些压力已一去不复返。当兰开夏和米德兰的产品重新回到它们过去的市场的时候，大陆体系给英国贸易造成的损失就极大地减轻了。到 1810 年，英国出口总额猛增到创纪录的 4 800 万英镑（1808 年是 3 700 万镑）。尽管这种缓解只是暂时的，而且日渐被法国封闭波罗的海，以及英美两国关于英国强制美籍水手参加英国海军和封锁大陆的争端所造成的损失抵消，但它的作用已经足够了。在欧洲正要奋起反抗拿破仑的时候，西班牙支持了拿破仑大陆以外的大敌。

实际上，拿破仑在欧洲的体系，是建立在一个矛盾体之上的。不论大革命在法国国内的是非曲直如何，一个宣称自由、博爱、平等的国家，现在正在其皇帝的领导下，征服非法兰西民族，在他们的领土上驻军，没收他们的货物，损害他们的贸易，向他们索取巨额赔款，征收重税，并且还征召他们的青年入伍。因为受害于拿破仑对英国展开经济战的不仅仅是波尔多和南特，还有阿姆斯特丹、汉堡和的里亚斯特，所以各地的人民都对大陆体系下日益加强的控制怨声载道。虽然很少有人敢于像西班牙人那样拿起武器公开反抗，或者像俄国人在 1810 年 10 月那样断然退出给他们带来极大损害的大陆体系。然而一旦拿破仑的大军在莫斯科战役惨遭失败，一旦法国的西班牙军团被赶回比利牛斯山脉以北，挣脱法国霸权枷锁的机会就要到来了。到了这种时候，普鲁士人、俄国人、瑞典人、奥地利人和其他民族所需要的就是步枪、皮靴和制服，当然还有金钱，这些都是英国已经在向他们的葡萄牙和西班牙盟友提供的东西。这样，一方面是英国的安全和它的相对繁荣，另一方面是法国统治战线过长及其日益贪婪的性质，两个因素相互作用，终于开始推翻拿破仑帝国。

这种对经济和地理因素的概略分析，不可避免地要低估历史人物在这段历史中发挥的作用，就拿破仑而言，他日益严重的怠倦心理、自欺欺人的幻觉就起了某种作用。直到战争的最后一年，军事平衡在本质上都是极不稳定的，上述分析可能对这一点强调得不够。因为只要法国坚持不懈，它到最后一年还拥有可以建造一支庞大海军的资源。英国的出口经济也只是到 1812 年才受到最严峻的考验。而且直到莱比锡战役（1813 年 10 月），还出现过拿破仑粉碎东方敌国之一、从而拆散反对他的联盟的良好前景。

但是，法国人的战线太长，这也反映出拿破仑过于自信，到这时法国的力量已经到了极限，因而任何一次大的挫折都必然会影响到这一体系中的其他各地区——因为要修补崩溃的防线，其他地区的军队就要抽调一空。到 1811 年，法军在西班牙有大约 35.3 万人。但是，正如威灵顿所看到的那样，在他们自己所在的地方以外，法军没有权威，无法作为。法军为保卫其交通线耗掉了大部分的精力，使它在英—葡—西联军的进攻面前处于被动挨打的地位。因而次年当拿破仑决定消灭俄国时，法国只能从西班牙战线抽调 2.7 万人参加向莫斯科的进军。在入侵俄国的 60 万以上的大军中，只有 27 万人是法国人，这一数字等于滞留在伊比利亚半岛上的法军人数。此外，由于“地道的”法国人现在包括已合并领土的比利时人、荷兰人和许多意大利人，因此，在俄国战役期间，从1789年以前的法国疆界内召集的士兵只占绝对少数。这一点在战争初期，即胜利的年代里也许无足轻重，但是在大溃退的时候，当士兵们拼命逃离严酷的气候，从劫掠成性的哥萨克骑兵的马刀下逃生，逃回到他们家乡的时候，就变得非常重要了。

法国大军在俄国战役中的伤亡是巨大的：大约27万人阵亡，20万人被俘，并损失了约1 000门大炮和20万匹战马。与其他所有因素相比较，东方战线更严重地削弱了法军的实力。然而重要的是，还要理解东欧和伊比利亚半岛上的战役是如何从1813年起互相作用，最终造成了帝国的崩溃。因为到了那时，俄国军队几乎已经没有能力（它的许多将军也毫无热情）跨过德国追击法国人了。而英国人则在一定程度上受其在美国的战争的牵制。1813年初夏，拿破仑又重新征集了一支14.5万人的军队，这使拿破仑能够守住撒克逊的防线，并可以通过谈判签订一个停战协定。虽然普鲁士已经谨慎地倒向俄国一边，梅特涅又威胁要派一支25万人的奥地利军队进行干涉，但是东欧各国仍然处于分裂状态，并犹豫不决。因此，威灵顿在维多利亚打垮了约瑟夫·波拿巴的军队（1813年6月），并将其赶回比利牛斯山脉以北的消息起了重要作用。它鼓励奥地利人向法国宣战，并且为了将法国人赶出德意志而同俄国、瑞典和普鲁士的军队进行联合。紧接着，10月份在莱比锡爆发了一场英军前所未遇的大规模激战，在持续了4天的战斗中，19.5万人的法国军队被36.5万人的盟军部队击溃。在这场战斗中，反法同盟的军队在经济上得到了英国大量的金钱资助，英国向他们提供了12.5万支燧发枪、218门大炮以及从岛国来的其他大量军事装备。

反过来，法军在莱比锡的失败也促使在伊比利亚半岛北部的威灵顿向巴约讷和图卢兹挺进。1814年初，当普鲁士和奥地利的军队涌过莱茵河、哥萨克骑兵侵入荷兰的时候，拿破仑运用成功的战略战术，出色地保卫了法国东北部。但是他的军队精疲力竭，而且新兵太多。此外，当战争推进到法国本土时，法国的平民百姓（正如威灵顿预言的那样）对战争已毫无热情可言了。英国极力说服各同盟国政府，一定要让法国回到它原来的疆界，并在3月9日的《肖蒙条约》中向各国政府保证再提供500万英镑的援助。在这种情况下，同盟国各国一鼓作气，紧追拿破仑不舍。到1814年3月30日，甚至连拿破仑的元帅们也不愿再打下去了。一星期以后，法兰西皇帝宣告退位。

英美1812~1814年的战争，同这些划时代的事件相比，不过是战略上的一种陪衬而已。但是如果这场战争不是与法国大陆体系崩溃的时间相吻合，如果不是在很大程度上依赖英美贸易的新英格兰各州在战争中仍然表现冷淡的话（经常持中立态度），这场战争本来会给英国的经济造成更严重的损失。美国军队宣称的“向加拿大进军”很快就烟消云散了。不论是在海上还是在陆上，虽然有对约克城（多伦多）和华盛顿的袭击，有一些单枪匹马的护卫舰进行过令人瞩目的战斗，但双方都显露出，它们只能给对方造成损失，而不能打败对方。特别是对英国人来说，这场战争证明英国与美国的贸易是十分重要的。这场战争还暴露出，当欧洲战场急需军队的时候，英国要在海外维持一支庞大的陆军和海军，是非常困难的。如同印度的情况一样，英国在大洋彼岸的殖民地和贸易既加强了英国的实力和地位，同时又对它造成了一种战略上的牵制。

虽然对这场欧洲大战来说，拿破仑在1815年3月至6月进行的最后一次战役不能说是一个可以忽略的插曲，但充其量也不过是战略上的回光返照而已。拿破仑从流放中突然重返法国，打断了胜利者们围绕波兰、撒克逊及其他领土的前途问题进行的争吵。但是拿破仑并没有能够动摇反法同盟。即使匆忙集结起来的法国军队没有在滑铁卢被威灵顿和布吕歇尔打败，人们也很难看出它如何能抵挡住已经在向比利时推进的其他同盟国军队，更难看出法国的经济如何能够维持这以后的一场长期大战。但拿破仑最后一次潜逃的政治意义却十分重大，它加强了英国在欧洲的地位，并加强了英国人这样一种论点，即法国在未来需要用一系列强大的“缓冲国家”把它四面围困起来。它还显示出，耶拿战役之后，普鲁士军队已经恢复元气，这就使东欧的均势部分地作了重新调整。而且它还迫使所有大国在维也纳把剩下来的所有分歧埋葬掉，以便取得一种奉行大国均势原则的和平。经过了20年烽火连天的战争，和一个多世纪大国之间的紧张关系与冲突，欧洲各国的格局终于按照基本保持均势的原则确定下来。

1815年在维也纳讨论出的最后解决办法，并没有像普鲁士一度建议过的那样，瓜分法国。但是和约确实用许多国家把路易十八的法国包围起来：北面是荷兰王国，东南方是扩大了的撒丁王国，还有在莱茵兰的普鲁士。西班牙虽然重新回到了波旁王朝的统治之下，但是它的领土完整得到了大国的保证。胜利者们经过激烈的争吵达成妥协，均势思想在法国的东方也得到贯彻。由于奥地利的反对，普鲁士吞并撒克逊的企图未能如愿，作为代替办法，它接受了在波森和莱茵兰等地的补偿。由于奥地利在战争结束时仅保存了波兰的加利西亚地区，它在意大利和德意志的东南部得到补偿。俄国占据大部分波兰领土的要求虽然最终取得了列强的让步，但是它主宰撒克逊未来命运的野心却遭到了列强有力的抵制。1815年初，英、法、奥三国为了反对俄国吞并撒克逊，险些结成三国同盟，这使俄国大为震动，很快就从对抗中退缩回去。看来，现在任何一个国家都不会被允许再像拿破仑那样把其意志强加到欧洲其余部分的头上了。虽然1793~1815年的事件并没有消除欧洲各国自私自利的观念，但是“遏制与相互补偿”的双重原则意味着，任何国家想单方面独霸欧洲都不大可能。即使是小范围的领土调整，也要得到欧洲协调制多数成员国的赞同。

然而，在谈到欧洲“五角政治”的时候，应该牢记这五大国之间的关系已经不同于1750年甚至1789年时的关系了。虽然俄国迅速崛起，但可以说拿破仑垮台后欧洲大陆仍然存在着基本上的均势。另一方面，在海洋上却无均势可言，英国近乎享有海军实力的垄断权。与此同时，英国取得的超越其所有竞争对手的领先地位，又加强并巩固了它的海上霸权。在许多地方（如印度），英国经济的领先地位是它逐步进行军事扩张和掠夺的结果。到18世纪末，英国的战争政策和牟取暴利的活动互相推动，终于把印度次大陆纳入了纯英国轨道。与此相似，法国大革命前，圣多明各的贸易量在法国殖民地贸易中占3/4，英国对圣多明各的占领到18世纪90年代为英国的货物提供了一个重要市场，并为英国的转口贸易提供了重要来源。此外，北美、西印度群岛、拉丁美洲、印度和东方的海外市场不仅比欧洲的贸易市场增长迅速，而且同这些地区的长途贸易给航运、商品交易、海事保险、票据结算和银行活动带来了丰厚的利润，并刺激了这些行业的发展。伦敦也因此而提高了自己的地位，成为世界上新的金融中心。虽然有些文章对18世纪英国经济的增长速度和对外贸易在英国经济增长中的作用提出了疑问，但事实仍然是，海外扩张的确为英国攫取巨额新财富打开了可靠的通路，这是其他竞争者所享受不到的。到1815年，英国控制了欧洲绝大部分的海外殖民地，控制着海上航路和利润丰厚的转口贸易，在工业化进程中遥遥领先于其他国家。在人均收入方面，英国当时是欧洲最富裕的国家。读者在下一章中将会看到，在下半个世纪里，当英国在世界贸易格局中发展成为“超级优势经济”时，英国人将变得更加富有。虽然小皮特和卡斯尔雷子爵大肆鼓吹均势原则，但他们只在欧洲大陆领土的安排上运用这一原则，而不把这一原则用于殖民地和贸易领域。

这一点并没有使19世纪早期聪明的观察家们吃惊。尽管拿破仑自视甚高，但有时候也被英国搅得心神不宁，被它坚不可摧的地位、海上霸权、银行和信贷系统所困扰，并渴望亲眼看到大英帝国土崩瓦解。毫无疑问，西班牙人、荷兰人和其他目睹英国独霸外部世界的人们，对英国都普遍怀有这种又妒忌又憎恨的感情。法国大军在1812年刚刚被赶出俄国，库图佐夫将军就想让他的大军停止西进。他曾说过，“取拿破仑而代之的不会是俄国或任何一个大陆国家，而将是已经控制了海洋的大国。这个大国的支配地位将令人不能容忍”。库图佐夫的这番话，不仅仅是说给他自己听的，因为他怀疑彻底打垮拿破仑的做法是否明智。但是，战争的结束不可避免地带来了这一结果：拿破仑的自高自大、拒绝妥协，不仅注定了他的垮台，也注定了他的头号敌人将从中取得最大的胜利。正如另一位具有远见卓识的将军——格奈森瑙在他得出的苦涩结论中所说的：

大不列颠从这个暴徒（拿破仑）那里得到的好处，要比它从其他地方得到的多得多。因为正是拿破仑的所作所为，使英国变得更强大，更繁荣，更富有。英国是海洋的主人。不论在这一领域还是在世界贸易领域里，现在都无人能望其项背。

注：

1. 例如，1860 年后蒸汽机驱动战舰的出现，使英国（英国有大量的煤）占了法国（法国只有少许的煤）的上风。

2. 到奥地利王位继承战争（1739~1749 年）时，英国政府能够以 3% 或 4% 的利率，也就是莫尔伯勒公爵时期通行利率的一半，借到大批贷款。

3. 对比之下，在路易十四当政的早期，法国能以比斯图亚特王朝甚至威廉三世时还低的利率借到贷款。

4. 例如，在 1689~1697 年和 1702~1714 年战争期间，法国用于海军的拨款还不足其总支出的 10%，而用于陆军的拨款则占 57%~65%（英国的相应数字是 35% 用于海军，40% 用于陆军）。1760 年，法国海军得到的钱只及陆军经费的 1/4。即使有了钱，法国的地理位置也意味着它在战争时期常常难以从波罗的海搞到维持其舰队作战能力的军需品。

5. 这里原文是“1779”，但北美独立战争应为 1776~1783 年。——审校者注

6. 这里且不说皇家海军和商船赖以生存的波罗的海的造船用品的战略重要性。这种依赖性反映在英国舰队经常受命前往波罗的海去维持该地的均势，并保障木材和桅杆的自由输出。

7. 阿喀琉斯，希腊神话中的英雄，传说他除脚踵外，全身刀枪不入。西方人多以“阿喀琉斯之踵”形容一个人或国家的致命弱点。——审校者注

8. 原文为“1.67 镑”，但从前后文看，显然是漏排了“million”（百万）一词。故译为“167 万镑”。——审校者注

第二篇

工业时代

THE RISE AND FALL OF
THE GREAT POWERS

第四章　工业化与力量对比（1815~1885）

国际力量对比逐渐变得不利于旧有的一流强国，而有利于那些既有资源，又善于组织利用新生产工具和新技术的国家。

拿破仑垮台以后半个多世纪发展起来的国际体制，具有一整套不寻常的特点，这些特点有的不过是暂时性的，而另一些则成了近代的长期特征。

第一个特点是，一个整体的全球经济先是稳定地，然后（19世纪40年代）是引人注目地发展，这一发展吸引了比以往更多的区域加入以西欧——特别是以英国——为中心的跨洋、跨大陆的贸易和金融网络。在英国取得经济霸权的几十年中，同时出现了交通运输的大规模改善，工业技术从一个区域向另一个区域日益加速转移，产品产量骤然激增（这又反过来推动了对农业土地和原料新产地的开发）。关税壁垒的削弱和其他重商主义的措施，再加上关于自由贸易和国际和谐的种种思想的广泛传播，说明一种新的国际秩序已经出现，这种秩序与18世纪再三出现大国冲突的世界迥然不同。1793~1815年战争——在19世纪以“大战争”著称——的动乱和付出的代价，促使保守主义者和自由主义者同样尽可能去选择和平与稳定，这种形势由于有了欧洲协调制或签订自由贸易条约等措施而得到了巩固。这些情况自然鼓励了长期的工商业投资，从而促进了全球经济的发展。

第二个特点是，旷日持久的大国战争的消失并不意味着一切国与国之间的冲突就此结束。如果还有冲突的话，那就是欧洲和北美对较不发达的民族的征服战争加剧了，这些战争在许多方面是向海外经济渗透和制造业产量份额锐减的军事伴随物。此外，在欧洲大国中仍存在区域的和个别国家间的冲突，特别是民族问题和领土边界问题方面的冲突。但是，后面将要谈到，像1859年的法奥战争或19世纪60年代德意志统一战争那样的公开冲突，不论在持续的时间方面，还是在地区方面，都受到了限制，甚至克里米亚战争也很难说是一场大冲突，只有美国的南北战争可以说是个例外，应该作为大冲突来加以考察。

第三个特点是，产生于工业革命的技术，开始对军事和海战产生影响。但是，变化要比常人有时所描述的缓慢得多，只是到了那个世纪的下半叶，铁路、电报、速射武器、蒸汽动力、装甲战舰，才真正成为军事力量的决定性的标志。虽然新技术加强了列强在海外享有的火力和机动性方面的领先地位，但经过好几十年陆海军将领才修正了他们如何打一场欧洲战争的思想。可是，技术变化和产业革命的双重力量正在陆地和海上稳步地产生影响，同时还在影响着列强相对的力量。

虽然现在还难以做出概括，但由不平衡的工业和技术变化类型引起的大国均势的转移，可能比财政和信贷更影响着19世纪中期几场战争的结局。这部分地区是因为19世纪国家的和国际的银行业务以及政府官僚和机构（国库、稽查员和税吏）使得大部分政权能够更方便地从货币市场筹措经费，除非它们的信用等级特别低劣，或者它们在国际银行体制中存在暂时的偿付危机。均势转移主要是由于以下的事实：发生的战争相对来说是短暂的，所以各方都注意利用现有的军事力量在战场上迅速取得胜利，而不是长期地动员国家资源和筹措新的收入。例如，不论有多少新取得的资金，都不能使奥地利逃过1859年和1866年战场上的失败，也不能在法国的军队于1870年的战争中被击溃后把富裕的法国拯救出来。的确，在南北战争中，占优势的财政使北方战胜了南方，英国和法国比濒于破产的俄国更有财力进行克里米亚战争，但这反映的是它们经济上总的优势，而不是在信用和财政这一方面胜过俄国。因此，关于19世纪的战时财政的作用，就不像前一时期那样值得一谈。

这种种因素——国际经济的成长、工业革命激发的生产力、欧洲的相对稳定、在此期间军制和海军战法的现代化、仅仅爆发局部的和短期的战争的事实——对某些大国当然比对其他国家更加有利。尤其是对英国，它得益于1815年以后经济和地缘政治的总趋势是如此之多，以致它成了不同于其他国家的另一个类型的强国。其他国家在其相对力量方面往往严重地受到影响。可是到了19世纪60年代，工业化的进一步扩大又一次开始改变世界的力量对比。

这一时期的又一个特征值得一提。从19世纪初期起，历史的统计材料（特别是表示经济的数字）有助于探究力量对比的转化和更精确地衡量这个制度的动力。但是，了解以下的事实很重要：许多数据是很不精确的，特别是那些缺乏有效的官僚机构的国家的数据更是如此；某些计算（例如世界产品产量的份额）不过是多年后统计学者做出的估计数；最重要的一点说明是，经济财富并不直接或经常转化为军事力量。统计学者所能做到的，是提供表示一个国家物质潜力的大致的材料，以及它在领先国家的各个方面相对排列的地位。

大部分经济史学者竭力强调，“工业革命”并不是一夜之间出现的。与1776年、1789年和1917年的几次政治“革命”相比，它是一个逐步的、缓慢进行的过程；它只影响某些制造业和某些生产资料；它一个区域一个区域地发生，而不席卷全国。可是，这一切说明不能回避一个事实，即人类经济环境的一个十分重要的转变在1780年前后开始出现。有权威人士认为，其重要性不亚于野蛮的旧石器猎人向驯化的务农者的转变（这当然要缓慢得多）。工业化（特别是蒸汽机）所做的是以无生命的动力源代替有生命的动力源；通过利用机器——“迅速、有规律、精确、不知疲劳”的机器——变热为功，人类就能利用大量新能源。引用这种新机器的结果简直是惊人的：到19世纪20年代，操纵动力织机的人，其产量20倍于一个手工工人，而一台动力驱动的“骡”（即纺纱机）具有200台手纺车的能力。一个火车头能运输需要数百匹马才能运输的货物，而且速度要快得多。的确，产业革命还有其他许多重要的方面——例如工厂制度，或分工。但是，本文讨论的要点是生产力的急剧增长，特别是在纺织业方面，这又转过来促进了对更多的机器、原料（尤其是棉花）、铁、航运和更优质的交通等方面的需求。

此外，正如兰德斯教授已经注意到的那样，人类生产力的这种空前的提高是自给的：

> 在以往，生活条件（进而是生存条件）改善和经济机会增加以后总是紧跟着人口的增长，这样最后就把取得的收益消耗殆尽；现在，这些地方的经济和知识第一次在历史上迅速成长，其速度足以不断地产生投资和技术更新，这种情况把马尔萨斯明确控制的上限提高到任何可见的限度之上。

上述的最后一句话非常重要。从18世纪起，世界人口的增长开始加快：欧洲的人口从1750年的1.4亿增加到1.87亿（1800年），又增加到2.66亿（1850年）；亚洲的人口从1750年的4亿多，猛增到一个世纪以后的7亿左右。不论原因——较好的气候条件、生育力的提高、疾病减少——是什么，这样规模的增长是惊人的；虽然18世纪欧洲和亚洲的农业产量也增加了，并且实际上是人口增长的另一个总的原因，但这个新增人口（和需要吃粮的肚子）的纯数字，在此期间有使农业产量增长的一切好处化为乌有的危险。在18世纪后期，贫瘠土地承受的压力、农村的失业、大批家庭向已经拥挤不堪的欧洲城市流动等情况，不过是这种人口猛增浪潮的几个征兆而已。

英国产业革命所做的（用很不成熟的宏观经济术语说）是持续地提高生产力，这样在国家财富和人口购买力方面随之发生的增长，都不断地超过了人口增加数。当这个国家的人口从1801年的1 050万增加到1911年的4 180万——年增长率为1.26%时，它的国民产值的增长要快得多，在19世纪也许是14倍。国民生产总值的年平均增长率在2%和2.25%之间，这要取决于统计数字所包括的地区。[1]仅在维多利亚女王统治时期，人均产量就增加了1倍半。

与1945年以后许多国家达到的增长率相比，这些并不是了不起的数字。正像社会史学家提醒我们的，产业革命的确使新的无产阶级付出了可怕的代价，他们在厂矿劳动，居住在有碍于健康的、拥挤的、草率建成的城市中。可是基本的事实依然是，机器时代生产力的持续增长，给这个时期带来了广泛的利益：1815至1850年英国的平均实际工资增加了15%到25%，在以后半个世纪增加到引人注目的80%。艾什顿提醒那些认为工业化是一场灾难的批评者："这个时代的中心问题是，怎样给人数远远超过以往任何时候的几代儿童提供粮食，给他们衣服穿，和如何去雇用他们。"新机器不但越来越多地雇用了增长的人口中的大部分，而且提高了国民总的人均收入，一场蒸汽推动的交通工具的革命，很快满足了城市工人对食品和必需品日益增长的需求，铁路和轮船运送新大陆的剩余农产品，来满足旧大陆的需要。

通过利用兰德斯教授的各种计算，我们可以以另一种方式来领会这一要点。他指出，在1870年，联合王国使用1亿吨煤，这"相当于800万亿大卡的能，它足以供养8.5亿成年男人达一年之久（当时的实际人口约3 100万）"。另一方面，英国在1870年的蒸汽机的能力约为400万马力，这相当于4 000万个男人所能产生的力。但"这样多的人一年会吃掉3.2亿蒲式耳的小麦，这是1867~1871年整个联合王国年产量的3倍多"。无生命的动力源的使用，能容许从事工业的人突破生物学的限制，并且惊人地提高生产力和增加财富，而用不着屈服于迅速增长的人口压力。对比之下，艾什顿却清醒地注意到（晚至1947年）：

> 今天，在印度和中国土地上的男女们受着瘟疫和饥馑的折磨，他们的生活在外表上只比白天同劳动、晚上同睡一地的牲畜稍好一些。这种亚细亚的标准，这种无机械装备的恐惧，就是那些只增加其人数而没有经历一场产业革命的人的命运。

欧洲之外

在讨论产业革命对大国体制的种种影响之前，我们也不妨了解一下它对远方，特别是对中国、印度和其他非欧洲社会的影响。它们蒙受的损失是双重的，既是相对的，又是绝对的。情况并不像人们一度想象的那样，即在西方人的冲击以前，亚洲、非洲和拉丁美洲各民族过着一种幸福和理想的生活。“基本的真相必须强调，即在经历产业革命和现代化以前的这些国家的特点就是贫困……低生产力、人均产量低下、处于传统农业状态、农业作为其国民收入主要组成部分的任何经济，都不能生产超过直接消费需要的很多剩余……”但在另一方面，鉴于农业生产在1800年形成了欧洲社会和非欧洲社会的基础这一事实，还鉴于诸如印度和中国等国家也存在许多商人、纺织品生产者和手工业者的事实，人均收入的差别并不很大。例如，一个印度手织机织工可能挣到工业化以前欧洲织工收入的一半。这又意味着，由于亚洲农民和手工业者的净人数较多，在蒸汽机和动力织机改变世界的均势之前，亚洲比人口少得多的欧洲在世界制造业的产量中[2]占有更为巨大的份额。

在贝罗克的两个有独创性的计算（见表6和表7）中可以看出，由于欧洲的工业化和扩张的缘故，力量对比的转变是多么鲜明。

表6　世界制造业产量的相对份额（1750~1900年）

	1750年	1800年	1830年	1860年	1880年	1900年
（整个欧洲）	23.2	28.1	34.2	53.2	61.3	62.0
英国	1.9	4.3	9.5	19.9	22.9	18.5
奥地利哈布斯堡	2.9	3.2	3.2	4.2	4.4	4.7
法国	4.0	4.2	5.2	7.9	7.8	6.8
德意志诸邦/德意志	2.9	3.5	3.5	4.9	8.5	13.2
意大利诸邦/意大利	2.4	2.5	2.3	2.5	2.5	2.5
俄国	5.0	5.6	5.6	7.0	7.6	8.8

（续）

	1750 年	1800 年	1830 年	1860 年	1880 年	1900 年
美国	0.1	0.8	2.4	7.2	14.7	23.6
日本	3.8	3.5	2.8	2.6	2.4	2.4
第三世界	73.0	67.7	60.5	36.6	20.9	11.0
中国	32.8	33.3	29.8	19.7	12.5	6.2
印度/巴基斯坦	24.5	19.7	17.6	8.6	2.8	1.7

表 7　按人口计算的工业化水平（1750~1900 年）

（以 1900 年的英国为 100）

	1750 年	1800 年	1830 年	1860 年	1880 年	1900 年
（整个欧洲）	8	8	11	16	24	35
英国	10	16	25	64	87	[100]
奥地利哈布斯堡	7	7	8	11	15	23
法国	9	9	12	20	28	39
德意志诸邦/德意志	8	8	9	15	25	52
意大利诸邦/意大利	8	8	8	10	12	17
俄国	6	6	7	8	10	15
美国	4	9	14	21	38	69
日本	7	7	7	7	9	12
第三世界	7	6	6	4	3	2
中国	8	6	6	4	4	3
印度	7	6	6	3	2	1

很明显，这些变化的根本原因，在于产业革命迸发出来的生产力的惊人提高。比如说，在 18 世纪 50 年代至 19 世纪 30 年代期间，英国纺纱业的机械化，使单位生产力提高了 300 至 400 倍，所以英国在总的世界制造业中所占的份额激增就不足为奇了——随着它使自己成为“第一工业国”，其份额继续增加。当其他欧洲国家和美国也走上工业化的道路时，它们的份额也稳步增长，

就像它们按人口计算的工业化水平及其国家财富一样。但是中国和印度的情况就迥然不同了。它们在总的世界制造业中的份额在相对减少（这完全是因为西方产量的迅速增长），而且在有些情况下，它们的经济在绝对意义上衰退了，也就是说，由于兰开夏纺织厂的更为价廉物美的产品对它们的传统市场的渗透，它们非工业化了。1813 年以后（当时东印度公司的贸易垄断结束了），印度进口的棉织品激增，从 100 万码（1814 年）增至 5 100 万码（1830 年），进而又增加到 9.95 亿码（1870 年），在这一过程中，许多传统的国内生产者受到了挤压。最后一点又回到了艾什顿关于“那些只增加其人数而没有经历一场产业革命的人”遭受折磨人的贫困这一论点上来。中国、印度和其他第三世界国家人口的大量增加，很可能一代一代地减少了它们总的按人口计算的收入。由此，贝罗克提出了一个值得注意——也令人震惊——的见解：在 1750 年，欧洲和第三世界按人口计算的工业化水平相差还不太远，可是到了 1900 年，后者只是前者的1/18（2%：35%），只是英国的 1/50（2%：100%）。

“西方人的冲击”从各方面说，是 19 世纪世界强国力量所在的最值得注意的表现之一。它不但在各种各样的经济关系方面——从沿海商人、航运者和领事等“非正规的影响”，直到种植园主、铁路建设者、采矿公司的更直接的控制——表现自己，而且也在探险者、冒险家和传教士的渗透，在西方疾病的传入、西方信仰的传播等方面表现自己。它既在各个大陆的腹地——从密苏里往西，从咸海往南——出现，也发生在非洲各河流的河口和太平洋群岛沿岸的周围。如果说“西方人的冲击”（譬如说）于英国人在印度建造的道路、铁路网、电报、港口和非军事建筑中留下了引人注目的遗迹，那么，它的更可怕的一面，却是与这个时期那么多殖民战争同时出现的流血、掠夺和抢劫。的确，从科蒂兹[3]时代起，这种武力和征服的特点已经存在了，但这时其步伐正在加快。1800 年，欧洲人占领和控制了世界土地面积的 35%；到 1878 年，这个数字上升到 67%；到 1914 年，达到 84%以上。

先进的蒸汽机技术和机制工具，使欧洲拥有决定性的经济和军事优势。滑膛枪炮（雷管、膛线等）的改进是十分不祥的；大大增加发射速度的后膛炮的发明甚至是更大的进步；格林机枪、马克沁机枪、轻型野战炮给一场新的“火力革命”作了最后几笔润色，这场革命在很大程度上消除了依靠陈旧武器的土著民族在抵抗中取胜的机会。此外，蒸汽推动的炮舰意味着已经称霸公海的欧洲海上强国，能够通过像尼日尔河、印度河和长江等大河道向内地扩张。这样，在1841~1842年鸦片战争的几次战役中，装甲舰“复仇女神号”的机动性和火力对中国的守军来说是一个灾难，他们轻易地被一扫而光。当然，险要的地形（例如阿富汗）的确可以减弱西方军事帝国主义的锐气，在那些采用新武器和新战术的非欧洲军队中——如19世纪40年代的锡克教徒和阿尔及利亚人——抵抗力量也的确强大得多。但是一旦战斗在西方能部署机枪和重武器的开阔地展开时，其结果从来没有人怀疑过。也许在19世纪末可以看到最大的差距：在1898年的恩图曼战役中，基钦纳[4]军队的马克沁机枪和恩菲尔德步枪在半个上午消灭了1.1万名伊斯兰教托钵僧，而自己的部队只损失了48人。结果，火力的差距，像工业生产力上已经出现的差距那样，意味着领先的国家拥有的资源，为最落后的国家的50倍或100倍，从达 · 伽马时代起尚不明显的西方的全球统治，这时几乎没有限界了。

英国充当霸主？

在19世纪初期的这次扩张中，如果说旁遮普人、安南人、苏族人[5]和班图人是“输家”（用埃里克 · 霍布斯鲍姆的话来说），那么英国人无疑是“赢家”。在前一章已经指出，到1815年他们已经引人注目地取得了全球的突出地位，这是由于他们把制海权、财政信用、商业才能和结盟外交巧妙地结合了起来。产业革命所做的，就是加强一个国家在18世纪产业革命前的重商主义斗争中已经取得的十分成功的地位，然后把它转变成另一种强国。如果说（再重复一遍）变化的步伐是渐进的，而不是革命性的，那么其结果却是非常引人注目的。在 1760~1830 年，英国占“欧洲工业产量增长的 2/3”，它在世界制造业生产中的份额从 1.9% 一跃而为 9.5%；在以后的 30 年中，英国工业的扩大又使这个数字上升到 19.9%，尽管新技术扩散到了其他西方国家。在 1860 年前后，相对地说，英国可能达到了极盛时期，它生产了全世界铁的 53%、煤和褐煤的 50%，并且差一点儿消费了全球原棉产量的一半。“联合王国的人口占全世界人口的 2%，占欧洲人口的 10%，却似乎具有相当于全世界潜力 40%~60% 的现代工业能力。”在 1860 年，它消费的现代能源（煤、褐煤、石油）是美国或普鲁士/德意志的 5 倍，法国的 6 倍，俄国的 155 倍。它单独占有全世界商业的 1/5，但是却占有制成品贸易的 2/5。全世界 1/3 以上的商船飘扬着英国国旗，而且所占的比率正在日益增加。所以，维多利亚时代中期的英国人为他们无可匹敌的地位扬扬得意，（按照经济学家杰文斯 1865 年的说法）它这时是世界的贸易中心：

> 北美和俄国的平原是我们的玉米地，芝加哥和敖德萨是我们的粮仓，加拿大和波罗的海是我们的林场，澳大利亚、西亚有我们的牧羊地，阿根廷和北美的西部草原有我们的牛群，秘鲁运来它的白银，南非和澳大利亚的黄金则流到伦敦，印度人和中国人为我们种植茶叶，而我们的咖啡、甘蔗和香料种植园则遍及东西印度群岛。西班牙和法国是我们的葡萄园；地中海是我们的果园；长期以来早就生长在美国南部的我们的棉花地，现在正在向地球所有的温暖区域扩展。

由于这种自信的表现和成为这种表现基础的工商业统计数字，似乎说明了英国无可匹敌的支配地位。从其他几个角度来论述这个问题，使之更加全面，这样做应该说是公平合理的。首先，虽然这样说有点迂腐，但在 1815 年以后的几十年，这个国家的国民生产总值不可能一直是世界上最大的。由于中国（和后来的俄国）的纯人口数字，以及农业的生产和分配构成了世界各地（甚至 1850 年前的英国）国民财富的基础这一明显的事实，英国的国民生产总值从来没有像它的人均产量和它的工业化程度那样令人瞩目。再说，“国民生产总值的量本身并无重要意义”，数亿农民的物质产量可以使 500 万工厂工人的产量相形失色，但由于他们生产的大部分都很快被消费了，所以远不可能形成剩余财富或决定性的军事打击力量。英国在 1850 年是强大的，它的确没有遇到挑战，它强就强在拥有现代的、创造财富的工业和由此产生的一切利益。

其次（这第二点可不是迂腐的），英国日益增长的工业力量，在 1815 年以后的几十年里并没有组织起来以使国家迅速取得军事装备和人力上的升级，比如，像 17 世纪 30 年代华伦斯坦[6]做过的或纳粹经济将要做的那样。相反，与这一早期工业化同时盛行的放任主义政治经济思想，却宣扬长期和平、低政府开支（特别是防务）和减少国家对经济和个人的控制等目标。亚当 · 斯密在《国富论》（1776 年）中承认，容许保持一支陆军和一支海军，以便保护英国社会“不受其他独立社会的暴力扰乱和入侵”，这可能是必要的；但是由于武装力量本身是“非生产性的”，不能像工厂和农场那样给国民财富增值，它们应该减少到与国家安全相称的尽可能低的水平。亚当 · 斯密的弟子们，尤其是理查德 · 科布登的弟子们假设（或者至少是希望）战争是最后采取的手段，在将来越发不可能发生，所以对组织国家准备战争的思想会感到吃惊。结果，英国的工业和交通出现了“现代化”，但军队的改进却没有跟上，军队（除了一些例外）在 1815 年以后的几十年停滞不前。

因此，在维多利亚时代中期，不管英国经济地位是多么突出，它却比早期斯图亚特王朝的任何时候都更少地为冲突而进行“动员”。强调把国家安全与国民财富联系起来的各种重商主义措施，被坚定地排除了：保护性关税被取消，先进技术（例如纺织机械）出口的禁令被解除，保持一大批英国商船和海员以备战争的航海法被废除，王室的各种“优惠待遇”到此结束。对比之下，防务费用保持在绝对的最低水平上，19 世纪 40 年代平均一年约为 1 500 万英镑，在较为多事的 60 年代，也不超过 2 700 万英镑；可是在后一个时期，英国的国民生产总值共约 10 亿英镑。的确，1815 年以后 50 多年，武装力量只花费了英国国民生产总值的2%~3%，整个中央政府的费用远不足10%。这个比率，比18世纪或20世纪的比率要小得多。这些数字对一个具有适度手段和野心的国家来说也是很低的。对一个设法“统治四海”并声称其巨大利益在于保持欧洲均势的国家来说，这些数字真是值得注意的。

因此，英国在世界经济中的规模，并不反映这个国家的战斗力，就20世纪20年代的美国一样；它的放任主义的体制，连同一个日益脱离贸易和工业的很不重要的官僚机器，也不可能动员英国的资源去打一场全力以赴的战争而不引起大动乱。下面将会看到，即使是规模更有限的克里米亚战争，也严重地动摇着它的制度，可是，那种暴露出来的现象所引起的担心很快消失了。不但维多利亚时代中期的人对干涉欧洲的军事行动表现得比以往更不热心，因为这种干涉总是代价高昂的，也是不道德的；而且他们认为，1815年以后的60年，在欧洲大陆大国之间总的来说占上风的平衡，使英国不必去全面地承担义务。虽然它通过外交和调动海军舰队，的确在力求影响欧洲边缘要地（葡萄牙、比利时和达达尼尔海峡）的政治事件，但它倾向于避开对其他地方的干涉。到了19世纪50年代后期和60年代初期，甚至克里米亚之战也普遍被视为一个错误。由于英国如此缺乏意愿和实力，在危急的1859年，它对皮埃蒙特的命运并不起重要作用，它不同意巴麦尊勋爵和拉塞尔“插手”1864年石勒苏益格–荷尔斯泰因事件；当普鲁士在1866年打败奥地利，4年以后又打败法国时，它也袖手旁观。所以，看到英国的军事实力反映于这个时期它的陆军比较有节制地控制兵员（见表8）这一事实，就不会感到惊奇了。无论如何，它没有多少军队可以动员到欧洲战场上去。

表8　大国的兵员（1816~1880年）

	1816年	1830年	1860年	1880年
英国	255 000	140 000	347 000	248 000
法国	132 000	259 000	608 000	544 000
俄国	800 000	826 000	862 000	909 000

（续）

	1816 年	1830 年	1860 年	1880 年
普鲁士/德意志	130 000	130 000	201 000	430 000
奥地利哈布斯堡	220 000	273 000	306 000	273 000
美国	16 000	11 000	26 000	36 000

甚至在欧洲以外英国优先部署其部队的地方（像印度等地）的军政官员，由于他们控制了广袤的领土，也几乎一直抱怨他们指挥的兵力不足。不管这个帝国在世界地图上给人以多么深刻的印象，地方的官员却深知它是在惨淡经营。但这一切不过说明，到 19 世纪初期和中期，英国是另一种大国，它的影响不能用军事霸权的传统标准去衡量。它的强大，表现在其他某些领域，英国人认为这远比一支庞大而又花钱的常备陆军更有价值。

其中第一个是海军领域。当然，在 1815 年以前的一个多世纪中，一般地说皇家海军已经是世界上最大的海军力量。但是那种制海权常常要争夺，特别是要与波旁家族诸强争夺。特拉法尔加之战后的 80 年，突出的特征是，再也没有任何国家或联合起来的几个国家，能够严重地对英国的海上控制进行挑战了。不错，偶尔还有“恐法病”，海军部也密切地注意着俄国的造船计划和美国建造大型快速帆船的活动。但每一个这种可以觉察到的挑战都很快就消失了，只留下英国的海上力量发挥“比在以往诸海上帝国史中可以看到的更加广泛的影响”（劳埃德教授之言）。尽管皇家海军的数量在 1815 年以后稳步减少，但它的实际战斗力有时很可能与仅次于它的 3 支或 4 支海军的战斗力之和一样强大。它的主要舰队，至少在欧洲的边缘，是欧洲政治的一个因素。为了保护葡萄牙君主国免遭国内外的危险，舰队停泊在塔古斯河；它决定性地在地中海使用海军（在 1816 年对付阿尔及尔的海盗，1827 年在纳瓦里诺击溃土耳其舰队，1840 年在阿克里遏制穆罕默德 · 阿里）；每当“东方问题尖锐化”时，它就老谋深算地派舰队停泊在达达尼尔海峡前。凡此种种都展示了英国的海上力量，这种力量虽然在地理上受到限制，但在欧洲各国政府的心中仍占有分量。

在欧洲以外，较小的皇家海军舰队，甚或个别的战舰进行所有的活动：镇压海盗，拦截贩奴船只，运送陆战队登陆，威慑从广州到桑给巴尔的地方当权者。在那些地方，其影响甚至更是决定性的。

英国势力的第二个重要的领域，表现在它的日益扩大的殖民地帝国上。在这方面，总的形势又远不像前两个世纪那样具有竞争性，那时英国不得不一再为其帝国而同西班牙、法国及其他欧洲国家交战。这时，除了对法国在太平洋的移动或俄国在土耳其斯坦的蚕食行动感到惊慌外，并没有需要认真对待的对手。因此，1815~1880 年，英国经常存在于一种实力—政治的真空中，这很难说是夸张之词，这也是殖民军队能够保持在比较低的水平上的原因。不错，英国帝国主义有局限性和一些问题，还有西半球的扩张中的美利坚合众国及东半球的法国和俄国。但是，长期以来在热带的许多地方，除土著民族外，英国的利益集团（商人、种植园主、探险者和传教士）几乎碰不到其他外国人。

这种相对缺乏外界压力的情况，加上国内放任的自由主义的兴起，使许多评论家坚决认为没有必要去攫取殖民地，此举不过是挂在负担过重的英国纳税者脖子上的一套"磨石"。可是，不管英国国内反帝国主义的言论是多么动听，事实是帝国在继续发展，1815~1865 年，年平均扩张速度约为 10 万平方英里。有些地方是为战略和商业而攫取的，像新加坡、亚丁、福克兰群岛、香港和拉各斯；其他地方则是白人殖民者对土地贪得无厌的结果，他们穿越南非的草原、加拿大的草原和澳大利亚人烟稀少的内地。他们的扩张通常激起当地人的反抗，以致英国或英属印度常常不得不派军队去镇压。即使为日益增加的新责任所苦的本国政府反对正式吞并，但从乌拉圭到黎凡特，从刚果到长江，人们仍能感觉到一个扩张中的英国社会的"非正式的影响"。与法国的时断时续的殖民活动及美国人和俄国人更局部性的内部殖民相比，在 19 世纪的大部分时期内，英国人作为帝国主义者来说，是自成一类的。

显示英国与众不同和国力的第三个方面，表现在财政领域上。诚然，这个因素是不可能脱离国家总的工商业进步的；必须用金钱给产业革命加油，而产业革命则以投资收益的形式转过来又创造更多的金钱。前一章已经谈到，英国政府早就知道怎样利用它的银行信贷和股票市场。但是到了19世纪中叶，财政领域的发展，不论在质的方面，还是在量的方面，都与以前的发展不同。乍一看来，量的差别引人注目。长期的和平以及在英国国内容易取得资本的事实，再加上全国金融体制的改进，从来没有如此刺激英国人向国外投资：在滑铁卢之战后的10年中，每年约输出600万英镑；到19世纪中叶已上升到一年3 000万英镑以上；在1870~1875年，上升到惊人的7 500万英镑。结果，英国从这类利息和红利中取得的收入，在19世纪30年代后期每年能不费劲地达到800万英镑，到19世纪70年代，每年超过5 000万英镑。但大部分收入很快再向海外投资，呈上升的螺旋状，这样不但使英国越来越富，而且不断地推动全球的贸易和交通。

大量输出资本的后果是多方面的，也是重要的。首先，海外投资的收益大大地缩小了英国一直承受的可见商品贸易的缺口。在这一方面，投资收入增加了来自航运、保险、银行业务、商品交易等方面已经相当可观的无形收益。这些收益合在一起，不但确保英国绝不会发生收支平衡的危机，而且英国在国内外变得越来越富了。其次，英国的经济起着一个巨大的风箱的作用，吞进大量原料和食品，吐出大量的纺织品、铁制品和其他制成品；与这类有形的贸易相媲美并补充其不足的是航运网络、保险机制和银行联系纽带。在19世纪，这些业务从伦敦（尤为突出）、利物浦、格拉斯哥和其他许多城市向外扩大。

由于英国国内市场的开放性和伦敦愿意把海外收入向从佐治亚直到昆士兰的新的铁路、港口、公用事业和农业企业进行再投资，在可见的贸易交流和投资类型之间存在着一种总的互补性[7]。除此之外，还有对金本位的日益接受和以向伦敦兑取的票据为基础的国际交换和支付机制的发展，所以以下情况不足为奇：维多利亚时代中期的人们相信，通过采用古典政治经济学的原理，他们已发现了既保证欣欣向荣又保证称霸世界的秘密。虽然有许多人——托利党的保护主义者、东方的专制君主——似乎仍过于迟钝而不承认这个真理，但经过这段时期，每个人肯定都会认识到放任主义经济学和政府功利主义准则的基本有效性。

虽然这一切从短期来看使英国人比以往更富有，但从长期看，这是否也包含了战略上的危险因素？通过明智的回顾，人们至少能发现这些结构经济变化的两个后果，在以后将影响英国在世界上的力量对比。第一个是这个国家正在为其他国家的长期扩展做出贡献——既通过不断地投入资金以建立和发展外国的工农业，又通过建造铁路、港口和轮船而使海外生产者能在以后的几十年与自己的产品进行竞争。

在这一方面值得指出的是，虽然蒸汽动力、制造业、铁路及后来的电力的来临，能使英国克服自然的和物质的障碍，从而提高生产力，增加了国家的财富和力量，但这些发明也帮助了美国、俄国，尤其是中欧，因为对内陆的发展而言，潜在的自然的和物质的障碍要大得多。用浅显的话来说，工业化所做的，就是使各国利用其本地资源的机会均等，从而扩展了迄今由那些较小的边缘国家所享受的海军兼商业的优势，而把这些优势转给了以陆地为基础的大国。

另一个潜在的战略性弱点在于英国的经济日益依赖国际贸易，尤其是国际金融。到了 19 世纪中叶的几十年，各项出口构成了多达 1/5 的国家总收入，这个比率远比沃波尔时代和小皮特时代高；特别是对庞大的棉纺织业来说，海外市场是必不可少的。但是随着英国从主要是农业的社会转向主要是城市—工业的社会，国外的进口，不论是原料还是（日益增加的）食品，都变得极其重要。在发展最快的部门——银行、保险、商品交易和海外投资等“无形”的服务业中，对世界市场的依赖尤为关键。世界是伦敦城的囊中物，在和平时期一切顺利；但如果发生另一场大国战争，局势又会怎么样呢？英国的出口市场是否会受到甚至比 1809 年和 1811~1812 年更为严重的影响？它的整个经济和国内的人口是否会变得过于依赖在冲突时期容易被切断或停止供应的进口商品？在另一次世界大战的冲击中，由于市场关闭，保险停止，国际资本的转移受阻，信贷业务被破坏，以伦敦为基地的全球银行和金融体制是否会崩溃？具有讽刺意义的是，在这些情况下，先进的英国经济可能比一个不那么“成熟”但也较少依赖国际贸易和金融的国家，更会受到严重的伤害。

由于自由主义者提出的关于国际和谐和持续地欣欣向荣的主张，以上这些似乎是杞人忧天。他们认为英国最需要的是，政治家们理智行事，避免去干预其他民族争吵的蠢事。主张放任主义的自由主义者甚至争辩说，英国的工商业越是被纳入全球经济并依赖它，对采用可能会导致冲突的政策的抑制力就越大。同样，金融部门的发展会受到欢迎，因为它不但为19世纪中期的“繁荣”添加燃料，而且也显示出英国已变得多么先进和进步；即使其他国家仿效它，并且的确工业化了，它也能把它的力量转到为这种发展进行服务方面，由此甚至能获取更多的利润。用伯纳德·波特的话来说，它是第一个长出腿的青蛙卵，第一个变成青蛙的蝌蚪，第一个跳出池塘的青蛙。它在经济上与众不同，但这只是因为它遥遥领先于其他国家。由于这些繁荣昌盛的形势，对战略性弱点的担心似乎是没有根据的。就像1851年在水晶宫举办万国博览会期间噙着骄傲的泪水高呼的金斯利一样，大部分维多利亚时代中期的人们宁愿相信，一切可以顺应天命：

> 珍妮纺纱机及铁路、康纳德的轮船和电报对我来说……在某些方面，至少是我们与宇宙和谐相处的迹象；就像有一个威力无比的神……安排一切、创造一切的上帝在我们中间显示着征兆。

因此，与在幸福之舟上的其他文明一样，英国人可以相信，他们的地位既是“天然”的，又命中注定会保持下去。也正像其他一切文明一样，他们准备承受突然的冲击。但这是相当长时期以后的事，在巴麦尊和麦考莱[8]时期，通常英国明显地表现出来的是它的力量，而不是它的弱点。

“中等强国”

在1815年以后约半个世纪里，经济和技术变化对欧洲大陆大国的相对地位的影响，远非那样引人注目。这主要是因为真正发生的工业化是在远低于英国的基础上开始的。人们越往东走，当地经济就越具有封建和农业的性质。1790年以前，西欧在商业和技术发展的许多方面已经接近英国，但即使在那里，20年的战争也留下了深刻的创伤：人口的损失、改变了的关税壁垒、提高的税赋、大西洋部分的“田园化”、海外市场和原料的丧失、取得英国最新发明的困难。这些都是全面经济增长的障碍，即使（出于特殊原因）在拿破仑战争期间某些商业和地区已经繁荣起来时也是如此。可以说和平的来临意味着正常贸易的恢复，并且让大陆的企业家看到他们已经比大不列颠落后多么远，并且已经不能产生一次突然迸发的现代化浪潮。简单地说，没有足以产生一次变化的资本、本地的需要或官方的热情；许多欧洲的商人、手工业者和手织机织布者强烈地反对采用英国技术，因为他们（很正确地）看到这些技术是对他们旧生活方式的一种威胁。结果，虽然蒸汽机、动力织机和铁路使欧洲大陆取得一定的发展，但在1815~1848年，经济的传统特征依然是突出的：农业生产的地位高于工业生产的地位，缺乏廉价和迅速的运输工具，消费品优先于重工业。

前面的表7显示，在1750年以后的一个世纪，按人口计算的工业化水平的相对增长给人们的印象并不深刻，只是在19世纪的50年代和60年代，情况才开始发生变化。

“复原的欧洲”占主导地位的政治和外交形势相互结合，把国际现状冻结起来，充其量也只容许现存的秩序做小规模的变动。这恰恰是因为法国大革命对欧洲内部的社会调整和传统的国家制度，都提出了一种令人生畏的挑战，梅特涅及其保守的同僚这时以怀疑的目光看待任何新的发展。一个冒全面战争风险的冒险主义外交活动，就像一个争取民族自决或争取修正宪法的运动那样令人讨厌。总的说来，政治领袖们感到，仅仅对付国内动乱、各部门利益集团的不安（许多利益集团甚至在新机器刚出现时就已感到了威胁）、城市化的成长和对行会、手工业以及前工业社会的保护性规章的初次挑战，手头的事情就已经够多的了。一位历史学家曾经描述的“一场产生1830年起义大爆发的地方性内战以及一批直接引起的叛乱”的情况，意味着政治家们一般既无精力也无愿望去进行可能会削弱自己政权的国外冲突。

与此有关的是，确实发生了许多军事行动，其起因正是为了保护现存的社会政治秩序，使其免遭革命的威胁。例如，1823年奥地利军队在皮埃蒙特粉碎了反抗；同年法国的军事力量进入西班牙，以恢复斐迪南国王原来的权力；最值得注意的一件事是在1848年使用俄国军队镇压匈牙利的革命。如果这些措施在英国舆论中越来越不受欢迎，那么这个国家的岛国特性意味着它也不会为了解救自由力量使之不受镇压而进行干预。至于欧洲内部的领土变动，它也只有在大国“欧洲协调”一致同意以后才能做出，其中有的可能需要用这种或那种方式来补偿。因此，在1815~1865年，大部分微妙的政治问题（比利时、希腊）国际化了，大家也讨厌单方面的行动，这不同于这个时期以前的拿破仑时代，也不同于以后的俾斯麦时代。这一切给当时的国家制度提供了一种基本的即使是靠不住的稳定。

在1815年以后的几十年，普鲁士的国际地位显然受了这些总的政治和社会形势的影响。虽然因取得了莱茵兰而大大地扩大了领土，但这个霍亨索伦王朝的国家这时似乎远不如腓特烈大帝时期那样引人注目。只是在19世纪50和60年代，在普鲁士的国土上终于出现了比欧洲任何地方都要迅猛的经济发展。对比之下，这个国家在19世纪前半叶似乎是一个工业方面的侏儒。它每年5万吨的铁产量，不但被英、法、俄3国超过，而且也少于奥地利哈布斯堡。此外，莱茵兰的取得，不但在地理上分裂了普鲁士，并且在较“自由的”西部诸省与较“封建的”东部诸省之间加剧了政治分裂。在此时期的大部分时间里，国内的紧张形势在政治中最为突出。虽然反动势力通常占了上风，但它们对

1810~1819 年的改革趋势感到震惊，也被 1848~1849 年的革命弄得惊慌失措。甚至当军方重新把一个非常粗俗的政权强加给人民时，对国内不安定的担心使普鲁士的上层不愿去考虑对外政策方面的冒险活动；相反，保守分子感到，他们需要尽量紧密地与欧洲其他地方（特别是俄国，甚至还有奥地利）的稳定势力合为一体。

普鲁士国内的政治争端因关于“德意志问题”的争论（即关于 39 个德意志邦最终联合的可能性以及达到这一目标的手段的争论）而更加复杂化了。因为这个争论的问题，不但可以预料会把普鲁士具有自由和民族主义思想的资产阶级从大部分保守分子中分离出来，而且它还涉及与德意志中部和南部诸邦微妙的谈判，而最重要的是，它又恢复了与奥地利哈布斯堡从 1814 年就撒克逊问题的激烈争吵以来的敌对行动。虽然普鲁士是从 19 世纪 30 年代起发展起来的日益重要的德意志关税同盟无可争辩的领袖（奥地利因受本国工业家的保护主义压力，未参加该同盟），但在这几十年中，政治优势一般掌握在维也纳手中。首先，腓特烈 · 威廉三世（1797~1840 年在位）和腓特烈 · 威廉四世（1840~1861 年在位）对与奥地利哈布斯堡冲突后果的担心，更甚于梅特涅及其继任者施瓦岑堡对与其北方邻国冲突的后果的担心。其次，奥地利主持了法兰克福的德意志邦联会议，它获得了许多较小的德意志邦的同情，更不用说普鲁士的旧保守分子的同情了；它看来是一个无可争辩的欧洲大国，而普鲁士不过是一个德意志大国。维也纳具有更大影响的最值得注意的迹象，体现在 1850 年的《奥尔米茨协定》上，它暂时结束了它们对德意志问题优势的争夺，当时普鲁士同意遣散其军队并放弃它自己的统一计划。腓特烈 · 威廉四世认为，外交上的屈辱比一场在 1848 年革命以后不久的冒风险的战争更为可取，甚至一些像俾斯麦那样的民族主义者，虽然对在奥地利的要求面前后退深感刺痛，但也感到在“争霸德意志的斗争”最终解决之前，不妨少有作为。

使腓特烈 · 威廉在奥尔米茨屈服的一个很重要的因素是，他知道俄国的沙皇支持奥地利在“德意志问题”上的方案。从 1812 年直至 1871 年的整个时期，柏林尽力避免激怒这个东方军事巨人。思想意识和力量上的原因当然有助于为这种奉承的态度进行辩解，但却不能完全掩盖普鲁士继续存在的自卑感。俄国在1814年维也纳会议上获得了大部分波兰，更加深了普鲁士的这种自卑感。圣彼得堡对普鲁士的任何自由化行动表现出不赞成的态度。沙皇尼古拉一世认为，德意志统一是一个愚蠢的空想（特别是像1848年的企图那样，由一个把皇冠送给普鲁士国王的激进的法兰克福议会来统一）。这个著名见解，以及俄国在奥尔米茨前对奥地利的支持，都显示了这种强大的国际影响。因此，在1854年克里米亚战争爆发时，人们看到普鲁士政府想方设法保持中立的情况就不会惊奇了，因为它害怕与俄国交战的后果，虽然它同时也担心会失去奥地利和西方列强的尊敬。根据普鲁士的处境，它的立场是合乎逻辑的；但是，由于英国人和奥地利人不喜欢柏林“动摇的政策”，普鲁士的外交人员没有获准与其他代表团一起参加1856年的巴黎会议，直到进行了一段会议议程后才介入。从象征意义上说，它当时仍被视为一个无关紧要的与会国。

在其他领域中，普鲁士也发现自己受制于别的大国，虽然为时较短。巴麦尊勋爵谴责普鲁士军队进入石勒苏益格–荷尔斯泰因之举是使普鲁士最为担心的事，而使人更为不安的是法国在1830年，又在1840年，最后在19世纪60年代，对莱茵兰的潜在威胁。所有这些紧张时期，不过是证实了与维也纳的争吵和从圣彼得堡偶尔发出的咆哮声给人的联想：在19世纪的上半叶，普鲁士在大国中是最差的，它在地理上处于不利地位，被强邻所超过，被国内的和德意志内部的问题所困扰，根本不可能在国际事务中起更大的作用。鉴于普鲁士在各个方面的力量，看来这个评价也许过于苛刻，因为它的教育制度——从教区学校直到大学——在欧洲是无与伦比的；它的行政制度相当有效率；它的军队和令人生畏的总参谋部，很早就在研究战术和战略的改革，特别是“铁路和来复枪”的军事含意的改革。但事实是，要到自由主义者和保守分子之间的内部政治危机得到克服，上层有一个坚定的领导来代替摇摆不定的腓特烈·威廉四世，以及普鲁士的工业基础得到发展以后，这种潜力才能被利用。因此，只有到 1860 年以后，这个霍亨索伦王朝的国家才能从近乎二流大国的地位脱颖而出。

与生活中的许多其他事物一样，战略上的弱点是相对的。与南面的奥地利哈布斯堡相比，普鲁士的问题也许不那么令人气馁。如果说在 1648~1815 年人们看到了奥地利哈布斯堡的“兴起”和“把自己树立起来”，但是这种扩张并没有消除维也纳在致力于发挥大国作用时努力要克服的困难。而 1815 年的解决办法把这些困难做了调和，至少从较长期的角度看是如此。例如，奥地利人常与拿破仑交战并取得胜利，这个事实意味着 1814~1815 年谈判期间进行的边界总调整中，他们需要“补偿”；虽然奥地利人明智地同意从荷兰南部、德意志西南部和波兰部分地区撤出，却在意大利的大规模扩张和在新建立的德意志邦联树立的领导作用中取得了补偿。

根据欧洲协调的总的理论，特别是根据英国评论家和梅特涅本人偏爱的那些理论形式，奥地利力量的重振是值得称道的。奥地利哈布斯堡横跨欧洲，从意大利北部平原直至加利西亚，它充当着平衡的中心支点，在西欧和意大利抑制了法国的野心，与“大德意志”民主主义者和普鲁士扩张主义者针锋相对而维持了德意志的现状，构成了阻止俄国对巴尔干半岛渗透的屏障。上述每一项任务的确得到了至少一个大国的支持（这要取决于各项任务的背景）；奥地利哈布斯堡在这盘复杂的、5 人下的围攻棋王的棋局中的作用是至关重要的，这是因为，它似乎是冻结 1815 年解决办法的最大获益国，而法国、普鲁士和俄国迟早会要求某些变动，英国人则在 19 世纪 20 年代以后越来越感到在战略上和思想意识上没有理由去支持梅特涅，最后就不大愿意援助奥地利维持现存秩序的一切努力了。在某些历史学家看来，1815 年以后几十年在欧洲出现的全面和平，的确主要是由于奥地利哈布斯堡的地位和作用的缘故。所以在 19 世纪 60 年代，当它不能再从其他大国取得军事支持去维持意大利和德意志的现状时，它就被赶出了那两个战场。1900 年以后，当它自己的生存都成问题时，一场继承的大战——对欧洲的平衡具有至关重要的意义——就不可避免了。

只要保守的欧洲大国在维持原状时联合起来反对法国的复苏，或者总的说来反对“革命”，奥地利哈布斯堡的这一弱点就可以得到掩盖。通过呼吁神圣同盟思想上的团结一致，梅特涅通常能得到俄国和普鲁士支持的保证，两国转而容许他放手安排对任何自由主义者骚乱的干涉——不论是通过派奥地利部队去镇压1821年的那不勒斯起义，还是容许法国在西班牙采取支持波旁政权的军事行动，或是通过特意的安排，把反动的卡尔斯巴德法令（1819年）硬塞给德意志邦联的成员。与上述情况十分相似，奥地利哈布斯堡与圣彼得堡和柏林的关系还得益于镇压波兰民族主义的共同的利益，对俄国政府来说，波兰民族主义是远比在希腊或海峡问题上的分歧更为重要的问题。在加利西亚对波兰叛乱的联合镇压，1846年得到俄国和普鲁士的同意，奥地利合并克拉科夫的行动，都说明从君主的团结中取得了利益。

但是从长期看，这个梅特涅式的战略有严重的缺陷。在19世纪的欧洲，一场激进的社会革命能相当容易地被抑制；每当革命发生时（1830年革命、1848年革命和1871年巴黎公社），惊慌失措的中产阶级就背叛它而倒向“法律和秩序”一边。但是，被这个世纪更早期的法国革命和形形色色的解放战争所激励的那些广为传播的赞成民族自决的思想和运动，却不能永远被压制；梅特涅瓦解独立运动的种种企图，不断地消耗着奥地利哈布斯堡的元气。由于坚决反对任何民族独立的骚乱，奥地利很快就失去了其老盟友——英国的同情。它在意大利再三使用武力的行动，激起了所有阶级对哈布斯堡“狱吏”的反抗，这转而对几十年以后的拿破仑三世有利，当时那个野心勃勃的君主能够帮助加富尔[9]把奥地利人赶出北意大利。同样，奥地利哈布斯堡出于经济原因不愿参加德意志关税同盟，而宪法和地理的限制又使它不可能成为“大德意志”的一部分，这些情况使许多德意志民族主义者灰心丧气，于是他们开始谋求普鲁士的领导。甚至连通常支持维也纳镇压革命的沙皇政权，偶尔也发现自己比奥地利更容易对付民族革命：在19世纪20年代，亚历山大一世与英国合作，不顾梅特涅的一切反对去支持希腊独立的政策便是证明。

事实是，在一个民族日益觉醒的时代，奥地利哈布斯堡表现得越发不合时宜了。有人已经指出：

> 在其他的大国中，大部分公民共操同一语言，共信同一宗教。至少90%的法国人讲法语，同样比率的法国人至少在名义上信仰天主教。10个普鲁士人中有8个以上是德意志人（其余大部分为波兰人），而在德意志人中，70%是新教徒。沙皇的7 000万臣民尽管包括了几个值得注意的少数民族（500万波兰人，350万芬兰人、埃斯特人、列特人和拉脱维亚人，300万混杂的高加索人），但仍有5 000万人既是俄罗斯人，又是东正教徒。英国的居民中90%操英语，70%为新教徒。像这样的国家是不需要花多大力量去捏合的，它们具有内在的凝聚力。对比之下，奥地利皇帝统治的是一个民族大杂烩，每想到这种情况，他就必定会呻吟不安。他与其800万臣民是德意志人，但比这多一倍的人是这种或那种斯拉夫人（捷克人、斯洛伐克人、波兰人、罗塞尼亚人、斯洛文尼亚人、克罗地亚人、塞尔维亚人），还有500万匈牙利人、500万意大利人和200万罗马尼亚人。这会成为一个什么样的国家？根本没有答案。

被视为帝国中“即使不是唯一且最重要的建制，也是最重要的建制之一的”哈布斯堡军队，也反映了这种民族的多样性。“在1865年（即为称霸德意志而与普鲁士进行一场决定性冲突的前一年），在其军队的花名册上有128 286名德意志人、96 300名捷克人和斯洛伐克人、52 700名意大利人、22 700名斯洛文尼亚人、20 700名罗马尼亚人、19 000名塞尔维亚人、50 100名罗塞尼亚人、37 700名波兰人、32 500名马扎尔人、27 600名克罗地亚人和5 100名其他民族。”虽然这样组成的军队几乎与印度王公下辖的英国—印度部队一样具有多种肤色和多样化，但它与同源性高得多的法国和普鲁士军队相比，无疑具有众多不利之处。

这种潜在的弱点又伴随着缺乏足够的资金这一问题，这部分是由于帝国内征税的困难，但主要是由它微不足道的工商业基础引起的。虽然现在历史学家谈论 1760~1914 年“奥地利哈布斯堡的经济振兴”，但实际情况是，在 19 世纪的上半叶，工业化只在某些西部区域——如波希米亚、阿尔卑斯山脉各地、维也纳周围——出现，而帝国的较大部分地区相比之下依然没有触动。因此奥地利本身进步了，但作为整体，帝国在按人口计算的工业化、钢铁生产和蒸汽动力能量等方面，却落后于英国、法国和普鲁士。

更有甚者，法国战争的费用“在财政上耗尽了帝国的元气，使奥地利背上了大量公债和贬值的纸币的包袱”，这实际上迫使政府把军费开支保持在最低水平上。1830 年，军队的拨款只相当于总岁入的 23%（1817 年为 50%），到 1848 年，其份额已下降到 20%。当危机出现时（如在 1848~1849 年、1854~1855 年、1859~1860 年和 1864 年），增拨的军费才得到批准，但其数量从来不足以使军队达到满员的程度，而当看到危机行将结束时，增拨款项很快就被削减，例如，1860 年的军事预算为 1.79 亿弗罗林，到 1863 年下降到 1.18 亿，在 1864 年与丹麦冲突时增至 1.55 亿，但在 1865 年被大幅度地削减到 9 600 万——这是与普鲁士交战的前一年。以上这些总数都跟不上法国、英国和俄国的军事预算，或者稍后的普鲁士军事预算。奥地利的军事行政即使用 19 世纪中期的标准来衡量，也是腐败无能的，由于这个缘故，所拨款项的使用不是很得当。总之，奥地利哈布斯堡的武装部队根本不能承担它应召去进行的战争。

这一切并不会使帝国提前衰亡，就如同许多历史学家所说，它的持久力是很不寻常的：在基督教改革运动、土耳其人和法国革命的冲击下生存下来后，它还能度过 1848~1849 年的事件和 1866 年的战败，直到其最后阶段，即在第一次世界大战的严峻形势下，才最终垮台。虽然它的弱点是明显的，但不能无视它的实力。这个君主国不但获得了德意志臣民的效忠，而且也得到过非德意志国土的许多贵族和“受庇护的”家族的忠诚。比如说，与俄国及普鲁士政府相比，它在波兰的统治是相当宽厚的。此外，帝国复杂的、多民族的特点，再加上大量的地方争端，使它能够从中央进行一定程度分而治之的统治，这可以从它谨慎地使用军队上看出：匈牙利部队主要驻扎在意大利和奥地利，意大利部队驻扎在匈牙利，一半的轻骑兵团驻扎于国外，等等。

最后，它具有一种其他大国——即使在与奥地利哈布斯堡交战时——不知道用什么来取代的消极优势。沙皇尼古拉一世可能对奥地利在巴尔干半岛的要求不满，但他十分愿意出兵帮助粉碎 1848 年的匈牙利革命；法国可能搞阴谋把哈布斯堡人赶出意大利，但拿破仑三世也知道维也纳可能是未来反对普鲁士或俄国的有用的盟友；而俾斯麦虽然决意在德意志排除奥地利的影响，可是一旦奥地利哈布斯堡在 1866 年投降，他就又热衷于把它保存下来了。只要某种状态依然存在，帝国就能幸存——当然是经过默许的。

尽管在拿破仑战争中失利，但在 1815 年以后的半个世纪里，法国的地位在许多方面大大优于普鲁士或奥地利哈布斯堡。它的国民收入要多得多，资本更容易取得；它的人口远远超过普鲁士，比奥地利哈布斯堡更具同质性；它能够不太费劲地供养一支庞大的陆军，还能维持一支相当大的海军。可是，它在这里被视为“中等大国”，完全是因为战略、外交和经济几方面的情况合在一起，使法国不能集中其资源以在任何领域中取得决定性的领导地位。

1814 和 1815 年在强权政治方面一个压倒一切的事实是，其他大国已决心阻止法国在欧洲维持霸权的种种企图。伦敦、维也纳、柏林和圣彼得堡不但愿意平息它们在其他纠纷（例如撒克逊问题）中的争吵，以便击败拿破仑的孤注一掷，而且它们还打算建立一个战后体制，以便在将来封锁法国进行扩张的传统路线。这样，当普鲁士充当莱茵兰的保护人时，奥地利加强了它在北意大利的地位；英国的势力在伊比利亚半岛得到了扩张；在这一切的背后则有一支庞大的俄国陆军。为了保卫 1815 年协议，俄国随时都会横越欧洲。结果是，各党各派的大部分法国人想力促采取一项“复兴”政策，但效果显然不可能很大。能取得的最佳结果是，一方面，法国作为欧洲协调中一个平起平坐的伙伴的地位得到承认；另一方面，可与现存的列强一起，在邻近区域恢复法国的政治势力。可是，即使法国人能够，比如说，在伊比利亚半岛取得与英国人平等的地位，并且重新在地中海东部发挥重要作用，他们也不得不提防激起另一个反对他们的联盟。在 19 世纪 20 和 30 年代，事情变得相当清楚，法国进入低地国家的任何行动，本能地会触发一种强大得难以抗衡的英普联盟。

巴黎另一张可以打出的牌是与大国之一建立亲密的关系，它可以被利用来达到法国的目的。由于其他国家之间潜在的对立，以及与法国结盟有巨大的利益（金钱、军队和武器），这似乎是一个合理的设想，可是它在三个方面有缺陷。首先，另一个强国完全可以利用法国更甚于法国利用它——如梅特涅在 19 世纪 30 年代中期的作为那样，当时他接受法国的建议，只是为了分化伦敦和巴黎。其次，这几十年法国政体的更替，不可避免地影响了在一个意识形态起很大作用的时期的对外关系。例如，随着 1830 年法国革命的来临，长期怀有的与俄国结盟的希望破灭了。最后，还存在一个不能解决的问题——虽然有其他几个强国在一定的时候愿与法国合作，但在这个时期它们谁也不希望改变现状，也就是说，它们只给法国外交友谊，而不给领土要求的承诺。直到克里米亚战争以后，在法国之外才广泛出现了要求重新划定 1815 年边界的情绪。

如果法国在对抗欧洲其余部分时能像路易十四在其鼎盛时期，或像拿破仑在其鼎盛时期那样强大，这些障碍也许会表现得不那么可怕。但事实是，法国在 1815 年以后并不是特别有实力的国家。多达 150 万的法国人死于 1792~1815 年的几次战争，而更重要的是，在整个 19 世纪，法国的人口增长比任何大国都要缓慢。不但长期的冲突以前面提到的各种方式使法国的经济失调，而且和平的来临使它遭受到强大的英国对手的商业挑战。“对 1815 年以后的大部分生产者来说，基本的事实是，存在着一个作为他们最近的邻国，而且作为在所有国外市场有时甚至在严加保护的国内市场占压倒优势的强大的工业生产者。”法国缺乏竞争性，国内存在着抑制现代化的因素（例如小规模的农业资产、不发达的交通、基本上是地区性的市场、缺乏廉价和容易取得的煤），它也丧失了来自海外市场的刺激，这些情况意味着在 1815~1850 年间，它的工业增长率比英国低得多。在19世纪初期，英国的制造业产量与法国持平；但1830年，它是法国的182.5%；到1860年，又拉大到251%。此外，甚至在19世纪后半期，当法国的铁路建设和总的工业化速度开始加快时，它吃惊地发现，德意志的发展比它更快。

而这个世纪法国的经济被人轻率地贬低为“落后”和“令人失望”的，这令现在的历史学家也弄不明白了。在许多方面，法国人走向民族繁荣的道路，完全与英国人所采取的另一条迥然不同的路线一样合乎逻辑。产业革命所产生的社会恐惧在法国不那么普遍；可是通过把力量集中在高质量的而不是大量生产的货物上，每个制造业按人口计算的产值大大地增加了。法国人总的说来没有在国内向大规模的工业企业投资，但这常常是计算得失的事，并不是贫困和停滞的迹象。事实上，法国国内有大量剩余资本，其中大部分在欧洲其他地方进行工业投资。法国政府不可能被资金短缺的问题所困扰，它在军火业和与武装部队有关的冶炼加工业中有投资。法国的发明家在佩克斯昂将军领导下生产了平射炮，他们进行了“拿破仑号”和“光荣号”的“划时代的造船设计”，还生产了米尼埃子弹和有膛线的步枪。

尽管如此，事实依然是，从经济角度以及其他方面看，法国的相对力量正在减弱。再重复一遍，虽然法国大于普鲁士或奥地利哈布斯堡，但它再也不能像一个世纪以前那样，在各领域中担任有决定意义的领导。它的陆军是庞大的，但数量少于俄国。它的不稳定地受法国历届政府支持的海军，一般地说仅次于英国皇家海军——但两者之间的差距是巨大的。从制成品产量和国民产值看，法国落在其有开创精神的邻国后面。“光荣号”的下水，很快因英国皇家军舰“勇士号”而黯然失色，就像它的野战炮落后于克虏伯新设计的大炮一样。它的确在欧洲以外发挥了作用，但它的领地和它的影响，远远没有英国广泛。

这一切说明了另一个难以衡量——也常常难以部署——法国的真正力量的尖锐问题。它依然是一个传统的、各种因素混杂的大国，常常在其欧洲的和非欧洲的利益之间进退维谷。这种情况转而影响了它已被意识形态和均势考虑弄得十分复杂的外交。阻止俄国向君士坦丁堡推进，比抑制英国在地中海东部地区的要求更重要吗？它应该设法把奥地利赶出意大利，还是在英吉利海峡去向皇家海军挑战？它应该鼓励还是反对统一德意志的早期行动？由于以上的每一项政策都有正反两方面的意见，所以看到以下的现象就不会惊奇了：人们常常发现法国人有矛盾心理，行动举棋不定，甚至在他们被视为欧洲协调不折不扣的成员之一时也是如此。

但在另一方面，不要忘记那些制约法国的总的形势，反过来也使它能起到遏制其他大国的作用。如果说在拿破仑三世时期尤其是这样，那么在19世纪20年代晚期情况就已开始如此。仅仅靠它的面积，法国的复兴在伊比利亚半岛和意大利半岛，在低地国家，在更远的地方都有影响。英国人和俄国人试图影响奥斯曼的事态发展时，都需要把法国考虑进去。在克里米亚战争时期，法国远比动摇的奥地利哈布斯堡，甚至比英国，更构成了遏制俄国的军事力量。法国破坏了奥地利在意大利的地位。使英帝国不能在非洲和中国沿海拥有完全垄断势力的国家也是法国，虽然在这方面较少引人注目。最后，当奥地利和普鲁士“争霸德意志的斗争”达到最高潮时，斗争双方对拿破仑三世可能做的和可能不做的事情，都表示出深切的关心。总之，随着1815年以后法国的复兴，它在随之而来的几十年中依然是一个值得重视的强国，它在外交上很活跃，在军事上相当强，与它为敌不如与它为友——虽然它的领袖意识到，它再也不像前两个世纪那样占有支配地位了。

克里米亚战争和俄国的衰落

俄国的相对力量在1815年以后国际和平和工业化的大部分时期趋向衰落，虽然直到克里米亚战争时（1854~1856年）才完全地表现出来。在1814年，欧洲曾经慑服于俄军的西进。当沙皇随哥萨克旅进城时，巴黎的群众曾经谨慎地高呼“亚历山大皇帝万岁”。和平解决本身主要基于保守主义的考虑，重点在于反对未来的领土和政治变动。这种解决得到了一支80万人的俄国军队的保证——在陆地上这支军队远远胜过其他任何对手，就像在海上英国皇家海军胜过其他舰队一样。奥地利和普鲁士都被这个东方巨人所压倒，甚至当它们与俄国宣布君主团结时，也害怕它的实力。当专制的尼古拉一世（1825~1855年在位）继承了以救世主自居的亚历山大一世时，俄国作为欧洲宪兵的作用——如果有的话——扩大了。尼古拉一世的地位因1848~1849年的革命事件而进一步加强，当时只有俄国和英国像巴麦尊勋爵指出的那样是“傲然挺立”的强国。奥地利当局要求援助去镇压匈牙利叛乱的紧急呼吁，得到了俄国派出三个军的回应。相比之下，普鲁士的腓特烈·威廉对国内改革运动的动摇，再加上要求改变德意志邦联的各种建议，激起了俄国持续的压力，直到柏林宫廷接受在国内实行反动政策和在奥尔米茨做出外交让步时为止。至于1848年以后的“变革势力”本身，所有的人（不论是被打败的波兰和匈牙利民族主义者，还是灰心丧气的资产阶级自由主义者，或是马克思主义者）都认为，反对欧洲进步的主要壁垒，长期以来一直是沙皇的帝国。

可是，在1815~1880年，俄国在经济和技术方面正在惊人地衰弱下去，至少在与其他强国相比时是如此。这并不是说它的经济没有增进，虽然在尼古拉一世时期，他的许多官员一直对市场力量或对任何现代化的迹象抱敌对态度。它的人口迅速增加（从1816年的5 100万，增至1860年的7 600万，又增至1880年的1亿人），而城镇的人口增长得最快。铁产量增加了，纺织业的规模成倍扩大。据称，在1804~1860年，工厂或工业企业从2 400个增至15 000个。蒸汽机和现代机械从西方输入。从19世纪30年代起，一个铁路网开始形成。历史学家曾就这几十年中俄国是否发生“工业革命”的问题争论不休，这件事本身就证明事物在发展之中。

但是，确凿的事实是，欧洲的其余部分发展得更快，俄国正在衰落。由于更为众多的人口，在19世纪初叶，它曾不费劲地拥有最大的国民生产值。两代人以后，情况再也不是这样，这从表 9 可以看出。

表 9 欧洲列强的国民生产总值（1830~1890 年）

（以 1960 年美元和物价的市场价格为标准；单位：10 亿美元）

	1830 年	1840 年	1850 年	1860 年	1870 年	1880 年	1890 年
俄国	10.5	11.2	12.7	14.4	22.9	23.2	21.1
法国	8.5	10.3	11.8	13.3	16.8	17.3	19.7
英国	8.2	10.4	12.5	16.0	19.6	23.5	29.4
德意志	7.2	8.3	10.3	12.7	16.6	19.9	26.4
奥地利哈布斯堡	7.2	8.3	9.1	9.9	11.3	12.2	15.3
意大利	5.5	5.9	6.6	7.4	8.2	8.7	9.4

但是，当研究了国民生产总值的人均产值，这些数字更令人吃惊（见表 10）。

表 10 欧洲列强国民生产总值的人均产值（1830~1890 年）

（以 1960 年美元和价格为标准；单位：美元）

	1830 年	1840 年	1850 年	1860 年	1870 年	1880 年	1890 年
英国	346	394	458	558	628	680	785
意大利	265	270	277	301	312	311	311
法国	264	302	333	365	437	464	515
德意志	245	267	308	354	426	443	537
奥地利哈布斯堡	250	266	283	288	305	315	361
俄国	170	170	175	178	250	224	182

数字表明，这些年俄国国民生产值总数增加的最大原因，是它人口的增长（不论是通过生育，还是通过在土耳其斯坦和其他地方的征服），而与产量（特别是工业产量）的实际增长无关。俄国的人均收入和国民产值一直落在西欧后面，这时差距甚至越来越大了，例如，1830 年是英国人均收入的一半，60 年以后只是英国的1/4。

同样，在 19 世纪初期，俄国铁的产量翻了一番，但这与英国 30 倍的增长率相比是微不足道的；在两代人的时间内，俄国已从最大的铁生产国和出口国，变成日益依赖进口西方制成品的国家。甚至铁路和轮船运输的进步也需加剖析。到 1850 年，俄国拥有略多于 500 英里的铁路，而美国则有 8 500 英里。在大河流或黑海和波罗的海进行的轮船贸易的大部分增长，则是为了运输国内大量增加的人口所需要的粮食和向英国运输小麦以偿付进口的制成品。出现的一切新发展往往掌握在外国商人和企业家手中（出口贸易肯定是这样），这使俄国越来越成为经济发达国家的原料供应国。经过对材料的周密考察就可以看出，大部分新“工厂”和“工业企业”雇用的人都不足 16 个，而且它们大概根本没有机械化。资本的普遍缺乏、消费者的低需求、弱小的中产阶级、遥远的距离和严酷的气候、专制和多疑国家的高压手段，使俄国工业“起飞”的前景实际上比欧洲任何地方都难以实现。

在很长时期，这些不祥的经济趋势并没有转变为显著的俄国军事弱点。相反，1815 年以后大国普遍表现出的对旧制度结构的偏爱，在它们军队的社会成分、武器和战术中看得更为清楚。各国政府仍处于法国革命的阴影之中，关心它们军队的政治和社会的可靠性更甚于军事改革。不再面临大战争考验的将军们自己很注意等级、服从和谨慎——这些特征更因尼古拉一世迷恋讲究形式的检阅和大行军而突出。由于这些总的情况，俄国军队单纯的规模和它大量征兵的稳定性，对国外的观察家来说，比诸如军事后勤和军官团教育水平等不显眼的事务更能给人以深刻的印象。更有甚者，俄国的军队过去是有战斗力的，常常在频繁的深入高加索和跨越土耳其的扩张战役中取胜，这些挺进已经开始使印度的英国人不安，并使 19 世纪的英俄关系比 18 世纪时的两国关系更加紧张。对外国人来说，同样引人注目的是俄国对 1848~1849 年匈牙利叛乱的镇压和沙皇的主张，即他随时准备派 40 万大军去平息同时代的巴黎叛乱。但那些观察家们却没有注意到一个较不显眼的事实：俄国的大部分军队总是受制于国内的驻防任务、在波兰和芬兰的“警察”行动，以及诸如边境巡逻和军事殖民等其他活动而不能动弹；所剩下的部队并不是特别有战斗力的，例如，在匈牙利之役遭受的伤亡中，除 1 000 人外，其余人的死亡全是由疾病引起的，因为军队的后勤和医药供应工作毫无效率可言。

1854~1855 年的克里米亚之战，非常惊人地证实了俄国的落后。沙皇的部队不能集结。联军在波罗的海的行动（虽然一直不很严重），再加上瑞典干涉的威胁，把多达 20 万人的俄军牵制在北方。在多瑙河诸公国的早期征战，以及奥地利将干涉的威胁转为现实这一极为严重的危险，对比萨拉比亚、西乌克兰和俄属波兰构成了威胁。在高加索与土耳其人的交战，就像防卫远东的俄国领土一样，对部队和供应体系提出了迫切的要求。当英法军队对克里米亚的攻击把战争转到俄国领土的高敏感区域时，沙皇的武装部队没有能力把这种入侵拒之门外。

在海上，俄国拥有一支由干练的海军将领指挥的相当规模的海军。1853 年 11 月，它能在锡诺普彻底摧毁较弱的土耳其舰队；但是一旦英法舰队参战，形势立刻逆转。许多俄国船只是用冷杉建造的，经不起风浪；它们的火力不足，船员未经充分的训练。联军拥有更为众多的蒸汽战舰，其中有的配备了榴霰弹和康格里夫火箭。尤其是，俄国的敌人有建造更新的船只（包括几十艘蒸汽炮舰）的工业能力，因此，随着战期的延长，他们的优势就变得更大了。

但是，俄国陆军的处境更糟。一般的步兵打得不错，在纳希莫夫海军上将和工程天才托德尔本上校的鼓舞人心的领导下，俄国在塞瓦斯托波尔的长期防御是一个了不起的业绩。但在其他方面，陆军可悲地不能胜任其任务。骑兵团不敢冒险，他们练兵场上的马匹不能投入艰苦的战斗（在这方面，非正规的哥萨克部队要更好一些）。更糟的是，俄国士兵的武器非常差。他们老式的燧发滑膛枪的射程为 200 码，而联军的步枪能够有效地射至 1 000 码；这样，俄国的伤亡人数要大得多。

最坏的是，甚至当知道了任务的艰巨时，俄国的体制作为一个整体，仍不能对它做出反应。陆军的领导很差，充满了个人倾轧，始终未能产生一个有凝聚力的宏伟战略——在这方面，完全反映了沙皇政府普遍的无能。受过训练和教育的中级军官很少，而普鲁士军队中却有大批这样的军官；主动性会遭白眼。令人惊讶的是，在全国性的紧急状态下，可以征召的后备军却很少，因为短期服役制的大规模采用，将会导致农奴制的垮台[10]。实行这个制度的一个后果是，俄国长期服役的军队包括许多超龄的士兵；另一个更加致命的后果是，约40万在战争开始时匆忙入伍的新兵完全没有受过训练（因为没有足够的军官担任这项工作），而且从农奴市场抽出那么多人，损害了俄国的经济。

最后，存在着后勤和经济方面的弱点。由于在莫斯科南部没有铁路，马拉的供应车不得不穿过数百英里的干草原，那里在春季解冻和秋季下雨时是一片泥泞的海洋。况且马匹本身也需要许多饲料（饲料又必须由驮马来运送），以致巨大的后勤努力所产生的效果小得不成比率。通过海路，联军在3个星期内可以把增援部队从法国和英格兰调到克里米亚，而来自莫斯科的俄国部队有时则要花3个月时间才能到达前线。更令人震惊的是俄军装备库存的枯竭。“在战争开始时贮存了100万件枪炮；到1855年末，只剩下了9万件。在1 656门野战炮中，只有253门可用……火药和子弹的库存情况甚至更糟。”战争的时间拖得越长，联军的优势变得越大，同时英国人的封锁阻止了俄国对新武器的进口。

但是，封锁的效果还不只此，它切断了俄国粮食和其他出口品的流通（除了从陆路把这些物品运往普鲁士），并使俄国政府不借巨额贷款就不能支付战争费用。甚至在和平时期就占这个国家岁入4/5的军费，从1853年的2.2亿卢布，增至1854年和1855年的5亿卢布左右。为了弥补惊人的亏空，俄国财政部在柏林和阿姆斯特丹借债，但那时卢布的国际币值下跌了；为了弥补剩余的不足数，它采用了印钞票的办法，这样就导致价格的猛烈上涨和日益增多的农民动乱。在此以前，财政部建立银本位卢布和取缔一切期票——它已在拿破仑战争和征讨波斯、土耳其和波兰造反者时破坏了“健全的财政”——的大胆的尝试，这时完全被克里米亚战争所破坏。1856年1月15日，国务会议被警告说，如果俄国坚持这场徒劳的斗争，国家将破产。与大国谈判是避免灾难的唯一出路。

这一切并不是说，联军认为克里米亚战争是容易打的；对它们来说，这场战争也产生了紧张和不愉快的冲击。十分有趣的是，法国受到的不利影响最小，因为它在这一次得益于它是多种因素混合的强国——在工业和经济方面不像俄国那样落后，而在“非军事化”程度上则不如英国。在圣-阿尔诺将军率领下东进的武装部队，由于在北非打过仗，所以装备精良，训练有素，并且具有相当的海外征战的经验；他们的后勤和医药供应制度，与19世纪中期的政府能够提供的这种制度一样有效率。法国军官有理由对那些与他们地位相当的经验不足的英国军官带着超重行李的现象感到迷惑不解。法国远征军毫无疑问是最大的，并且在战争的重大突破中所做的贡献也最多。所以，在一定程度上法国在这次战斗中恢复了拿破仑时代的遗风。

但是，到了战役的后面几个阶段，法国开始表现出一些紧张的迹象。虽然它是一个富国，但它的政府不得不与铁路建筑商等人向信用动产公司和其他银行家争夺现成的资金。黄金正在流向克里米亚和君士坦丁堡，造成了法国国内的物价上涨；歉收的粮食帮不了忙。虽然还不知道战争的全部损失（10万人），但法国人对这场冲突的早期热情很快就烟消云散。通货膨胀引起的民众骚乱，加剧了塞瓦斯托波尔陷落的消息传开后引起的争论，即正在延长的战争不过是迎合自私和有野心的英国的目的。到这个时候，拿破仑三世也急于要结束战斗：俄国已受到惩罚，法国的威信已经提高（在巴黎举行的一次重大的国际和平会议上还会进一步提高），而且重要的是，不能因为把黑海周围的冲突升级而过于分散对德意志和意大利事务的注意力。即使拿破仑三世不能在1856年对欧洲地图作重大的改变，他也肯定感到法国的前途比滑铁卢之战以来的任何时候都更加乐观。在旧欧洲协作体中，克里米亚战争后的分歧使这种幻想又继续了10年。

对比之下，英国人则远远不满足于克里米亚战争。尽管作了某些改革的努力，陆军仍是威灵顿式的，而且它的统帅拉格伦男爵在半岛战争中实际上当过威灵顿的军事秘书。骑兵是胜任的（就骑兵部队而言），但常常被误用（不只是在巴拉克拉瓦战役），而且几乎不能部署在塞瓦斯托波尔的攻城设施中。虽然英军士兵是作战勇猛的健壮的老兵，但是在克里米亚雨季和冬季时保温掩体却惊人得缺乏，陆军中对付大规模出现的痢疾和霍乱的医疗工作原始而无能，陆路运输的不足，造成了激怒英国全国的不必要的损失和挫折。更加为难的是，由于英国陆军像俄国陆军一样，是主要用于卫戍任务的长期服役的部队，所以它没有在战时可资抽调的受过训练的后备力量；但俄国人至少还能够强制征召数十万新兵，而主张放任主义的英国却不能这么办，这就使政府处于进退两难的境地。它必须大肆宣传，广招外国的雇佣军，以弥补在克里米亚部队的缺额。可是，当英国的陆军一直处于法国的小伙伴地位时，它的海军却没有真正的机会去取得纳尔逊式的对敌作战的胜利，因为敌人谨慎地将其舰队撤入加固的港口内。

伦敦《泰晤士报》公开揭露了英国军事上的无能和部队伤病员的痛苦，公众对此爆发的不满情绪，这里只能附带一提：它不但导致内阁的改组，而且也激起了一场关于“一个战争中的自由国家”内在困难的认真争论。此外，整个事件表明，英国貌似特别强大之处（低程度的行政管理、少量的帝国陆军、对海上力量的严重依赖、对个人自由和不受约束的新闻界的重视、议会和个别大臣的权力）在全国被号召去对主要敌人进行一场一年到头的广泛的军事行动时，就很容易转化成弱点。

英国对这一考验的反应（很像20世纪美国人对战争的反应）是：为了弥补过去的疏忽，拨给武装部队大量资金。交战国的未经分类的军费数字（见表11），对说明冲突的最后结果是大有帮助的。

表11　克里米亚战争中列强的军费

（单位：百万英镑）

	1852年	1853年	1854年	1855年	1856年
俄国	15.6	19.9	31.3	39.8	37.9
法国	17.2	17.5	30.3	43.8	36.3

（续）

	1852 年	1853 年	1854 年	1855 年	1856 年
英国	10.1	9.1	76.3	36.5	32.3
土耳其	2.8	?	?	3.0	?
撒丁	1.4	1.4	1.4	2.2	2.5

但甚至当英国自我激励时，它也不能迅速创造出足够的表现实力的物资。军费可能成倍增加，可能会订购数百艘蒸汽轮船，远征军到 1855 年可能会享受到过剩的帐篷、毛毯和弹药，好战的巴麦尊勋爵可能会强调打垮俄帝国的必要性。可是如果法国走向和平而奥地利保持中立（这正是塞瓦斯托波尔陷落后一个月内发生的事），英国的小型陆军是无所作为的。只有英国全国和它的政治经济变得更为“军事化”时，它才能郑重其事地坚持单独与俄国交战。但是，对一个已经因克里米亚之役造成的战略、宪法和经济方面的困难而感到不安的领导集团来说，可能代价实在太高了。因此，当感到受骗而不能取得应有的胜利时，英国人也愿意和解。这一切的结果使许多欧洲人（法国人、奥地利人还有俄国人）怀疑伦敦的目的和可靠性，正像它使英国公众越加讨厌卷入大陆的事务一样。当拿破仑的法国移向 1856 年的欧洲舞台中央时，英国则不断地靠边站——1857 年的印度兵变和英国国内的改革运动，只会加剧这种转移趋势。

如果说克里米亚战争冲击了英国人，那么这种冲击根本不能与俄国的实力和自尊心所受到的打击相比——更不必说 48 万人死亡所造成的损失了。康斯坦丁 · 尼古拉耶维奇大公直截了当地声称：“我们不能再欺骗自己了……我们比一流强国虚弱和贫穷，另外，我们不但在物质方面，而且在智力资源方面（尤其是管理方面）比它们贫乏。”这一醒悟推动了俄国的改革者进行了一系列激进的变革，最明显的是农奴制的废除。此外，在亚历山大二世时期，对铁路和工业化的鼓励远远大于他父亲统治的时期。煤和钢铁的产量、大规模的公用事业和规模大得多的工业企业，从 19 世纪 60 年代起更加引人注意了。俄国经济史提供的统计数字乍一看给人以很深刻的印象。

可是，像以往一样，现象的变化影响一个人的判断。这个现代化赶得上——且不说超过——贫困和无文化的农民人数每年的大量增长吗？在今后的20年中，它能与西方的英国中部、鲁尔、西里西亚和匹兹堡发生的钢铁和制成品生产的爆炸性增长相比吗？它能否赶上普鲁士即将向世界显示的、重视国家实力中质的因素超过重视量的因素的“军事革命”，甚至能否赶上经过现代化改造的普鲁士陆军？所有这些问题的答案将使一个俄国的民族主义者失望，他非常清楚，他的国家在欧洲的地位从1815年和1848年的突出位置大大地下降了。

内战与美国

前面已经提到，从德·托克维尔起的全球政治观察家都感到，俄帝国的崛起可与美国的崛起相比。的确，每个人都会承认两国的政治、文化和体制存在着根本的差别，但从世界大国的角度观察，它们的面积大小、“敞开的”和不断变动的边界、迅速增长的人口和几乎没有开发的资源，看上去却很相似。虽然以上大部分情况是事实，但在整个19世纪，美国与俄国依然存在着重要的经济差距，这些差距对两国实力的影响日益增加。第一个经济差距在总人口数方面，虽然在1816年（俄国5 120万，美国850万）到1860年（俄国7 600万，美国3 140万）差距大大地缩小了。更关键的是人口的素质：俄国人口的绝大部分是农奴，收入和生产力都低；而分得土地的，或住在迅速成长的城市中的美国人，与其他国家相比，则普遍地[11]享受、创造高标准的生活和国民产值。早在1800年，美国工资已高于西欧工资1/3，这种优势在整个19世纪即使没有扩大，也仍保持着。到19世纪50年代，尽管来了大量欧洲移民，但美国西部容易取得土地的情况，再加上持续的工业增长，造成了劳动力的相对缺乏和高工资，这两者转过来又促使制造商们投资于节省劳力的机器，从而进一步刺激了国民的生产力。这个年轻的合众国超然于欧洲的权力斗争之外，英国皇家海军（不是门罗主义）布置“防疫线”，以强行把旧世界同新世界分开，这些情况意味着对美国未来繁荣的威胁只能来自英国本身。可是，尽管有1776年和1812年的辛酸回忆及西北边境的争端，英美之间的战争是不可能发生的。英国资本和制成品流入美国，美国的原材料（特别是棉花）回流到英国，这种情况把两国的经济更紧密地拴在一起，并进一步促进了美国经济的成长。因此，战略上安全的美国不必把财政资源分散地用于国防支出，而可以集中自己的（和英国的）资金去开发其巨大的经济潜力。与印第安人的冲突和1846年与墨西哥的战争，都没有大量消耗这种生产性投资。

这一切造成的结果是，甚至在1861年4月内战爆发前，美国已经成为一个经济巨人，虽然它远离欧洲，注意力集中在国内发展（而不是对外贸易）和依然保持着自然粗犷风貌的农村，部分地掩盖了这个事实。1860年，它在世界工业产量中所占的份额远远落在英国后面，但却超过了德国和俄国，快要赶上法国。1860年人口只占俄国40%的美国，其城市人口却比俄国多一倍，生产83万吨铁（俄国只生产35万吨），消耗现代燃料的能源是俄国的15倍，铁路长度是俄国的30倍（甚至是英国的3倍）。相比之下，美国只有一支2.6万名士兵的正规军，而俄国庞大的兵力则高达86.2万人。两个远隔重洋的国家的经济指数和军事指数的差距，也许再没有比这个时候更为悬殊的了。

当然，在下一年中，内战开始改变美国人专门用于军事目的的国家资源的数量。这场冲突的根源和原因，这里不加论述，但是由于双方的领导已经决定把战斗进行到底，又都能号召数十万人，斗争就会延续下去。由于战斗席卷广大地区，情况更是如此。“战线”从弗吉尼亚沿岸直至密西西比，甚至往西更远至密苏里和阿肯色——大部分地区是森林、山脉和沼泽地。同样，北方的海军封锁了敌人的港口，它巡逻的海岸线同汉堡与热那亚之间的距离一样长。换句话说，尤其是对一个已把武装部队保持在最低水平而且没有大规模战争经验的民族来说，打垮南方将是一个困难的后勤和军事任务。

可是，虽然4年的冲突消耗元气且伤亡惨重（北方联邦政府约损失36万人，而南方邦联则损失25.8万人[12]），但它也体现了美国拥有的潜在国力。这场冲突（至少短期地）把美国改造成地球上最大的军事国家（1865年以后到大幅度减员之前）。双方的武装部队从一开始的外行转变成不断进行大量征兵的陆军，它们使用了有膛线的现代大炮和小型武器，在北弗吉尼亚的围城战中展开拉锯，大批兵员乘火车奔赴西部战场，双方的陆军司令部都采用电报通信，并且利用动员起来的战时经济资源；在海战中，出现了首先使用的铁甲舰、旋转炮塔、早期的鱼雷和水雷，以及用于劫掠商船的蒸汽快船。比起克里米亚战争或德意志统一战争，这场冲突更有资格号称第一次真正的工业化"总体战"，所以指出北方取胜的原因是非常有必要的。

假定双方的意志力保持不变，第一和最明显的原因是资源和人口的悬殊。以下的情况可能是事实：南方为自己生存而战，而且（通常地）在自己的土地上战斗，所以在斗志方面占了优势；它能征召更高比率的擅长骑射的白人男子；它拥有一批坚定和优秀的将领；在相当长一段时期内，它可以进口军火和其他供应，以弥补物资的亏缺。但这些都不能补偿北方和南方之间数字上的巨大差距。当北方拥有将近2 000万的白人人口时，南方邦联只有600万。此外，由于移民（1861~1865年来了80万）和1862年征募黑人部队的决定（完全可以预料，这是南方在战争最后几个月之前回避的事），联邦政府的人口总数不断增长。约200万人曾在联邦政府军中服役，1864~1865年它的实力达到了顶峰，约有100万士兵。只有约90万士兵曾经陆续为南方邦联军作战，它的最大兵力从没有超过464 500人——这是1863年晚些时候达到的"最高峰"，从此人数就逐渐地减少了。

但是，与常情一样，对战争来说，除单纯的数字外还有其他因素。南方即使达到了军队的规模，它还要冒从农业、矿业和铸造厂抽调过多的男人的风险，从而削弱了打一场长期战争时必须依靠的能力。事实上从一开始，南方邦联的支持者已经发现他们在经济上处于不利地位。在1860年，北方拥有11万个制造业设施，而南方只有1.8万个（其中许多还依靠北方的技术专业知识和技工）；邦联只生产3.67万吨生铁，而宾夕法尼亚一地的产量就达58万吨；纽约州几乎生产了价值3亿美元的货物——是弗吉尼亚、亚拉巴马、路易斯安那和密西西比产值总和的4倍以上。交战双方经济基础的惊人差距，不断地表现为战斗力的差距。

例如，南方仅能制造少量的步枪（主要是用从哈珀渡口缴获的机器制造的），并且严重地依靠进口；北方则大量在国内制造步枪，生产的步枪近170万支。北方的铁路系统（长度约2.2万英里，并从东部向西南扇形展开）在战时得以维护甚至发展；南方只有0.9万英里的路轨和供应不足的机车和车皮，而且在逐渐磨损。同样，虽然双方在冲突开始时基本上都没有海军，但南方因没有建造船舶发动机的机器车间而处于不利地位，而北方则有几十个这样的设施。虽然要经过一段时期，人们才能感到北方联邦政府的海上优势（在此期间，偷越封锁的船只把欧洲造的军火运给邦联军，使南方用于劫掠商船的武装快船给北方的商船造成了重大的损失），但封锁网缓慢而无情地在南方港口周围收紧了。到1864年12月，北方联邦政府的海军共有671艘战船，其中包括战争开始以来建造的236艘汽船。北方的海上力量在使其武装部队控制几条大内河——特别是在密西西比至田纳西地区——方面也发挥了重要作用；铁路和水路运输成功的结合使用，帮助了联邦政府在西部战场的进攻。

最后，南方邦联的支持者发现不可能负担战争的费用。他们在和平时期的主要收入来自棉花出口，当这项贸易萎缩且欧洲列强没有干涉这场争斗（这使南方感到失望）时，他们就无法弥补损失。南方的银行很少，也没有什么流动资本；当土地和奴隶的生产受到战争的严重打击时，土地税和奴隶税的收入就很少了。向外国借款收效不大，可是没有外国的通货或硬币，就难以支付主要的进口货。也许南方邦联的金库不可避免地要求助于印刷机，但是“过滥的钞票，加上几种商品的短缺，造成了不可收拾的通货膨胀”，这又转过来严重地打击了民众继续战斗的意志。对比之下，北方通过税收和借款，始终能筹措足够的资金去支付这场冲突的费用；它印发的“美钞”在一定程度上进一步刺激了工业和经济的增长。在战争期间，联邦政府的生产力，不但在军火、铁路建设和铁甲舰的建造方面，而且在农业产量方面，都增长迅猛。到战争结束时，北方军队的伙食和供应可能比历史上的任何军队都强。如果说正在出现一种特殊的进行军事冲突的美国方法（韦格利教授称之为“美国式的战争”），那么它首先在这里，即在联邦政府动员和利用其巨大的工业—技术潜力以打垮其敌人的行动中形成。

如果以上一切因素对解释一场拉锯将近 4 年的冲突的结果来说听起来过于像物质决定论，那么着重指出南方面临的基本战略问题也许是值得的。由于面积和人口的差距，南方无法赶上北方。充其量它只能做到削弱敌人的锐气和意志力，以致使他们放弃其高压政策和承认南方的权力（维持奴隶制，或者分治，或者两者兼而有之）。如果处于南北交界的州，如马里兰和肯塔基，有绝大部分人投票要求加入邦联，这个策略将得到很大的帮助，可是这种事根本没有发生；假如外国（像英国）干预，南方又会得到无法估量的帮助，但作这样的假设，是对 19 世纪 60 年代初叶英国政治的权衡与抉择的惊人的误解。排除了以上两种使全面军事优势转向南方的可能性，邦联的支持者只能采用抵抗联邦政府的压力和希望大部分北方佬厌战的战略了。但是，这样必然意味着一场旷日持久的冲突；而战争时间拖得越长，联邦政府就越能动员其更丰富的资源，提高其军火生产，兴建数百艘战舰并无情地压制南方——通过海军封锁、对弗吉尼亚北部施加持久的压力、在西部长期征战和谢尔曼破坏性地深入敌人领土来完成。像南方的经济一样，士气下降，前线的军队也衰弱了，到 1865 年初，它“应召”部队的总数降至 15.5 万人，投降是剩下的唯一现实的选择。

德国的统一

虽然美国内战被不少欧洲的军事观察家研究过，但它的特征（范围广大，在原野进行，以及内部冲突等性质)，使它不像19世纪60年代欧洲发生的武装斗争那样表现为衡量全面军事发展的指示器。在欧洲，克里米亚战争不但破坏了老式的协作体外交，而且使各“侧翼”强国感到可以更少地去干涉欧洲中部的事务：俄国需要多年才能从其屈辱的战败中恢复过来，而英国则宁愿把精力集中在帝国和国内的问题上。因此，欧洲事务被法国所左右，虽然这种局面被证明是人为的。在克里米亚战争期间，普鲁士在腓特烈·威廉四世统治下处在表面上不光彩的地位，这时的它因腓特烈的继承者威廉一世与普鲁士议会之间关于宪法问题的争吵，特别是在陆军改革问题上的分歧，而正在备受折磨。就奥地利哈布斯堡而言，它仍在国家的相互关系问题上玩弄花招，即保持它在意大利的利益以反对皮埃蒙特，保持它在德意志的利益以反对普鲁士，同时又在国内大力遏制匈牙利的不满分子。

对比之下，在拿破仑三世的统治下，法国似乎是强大和有信心的。自19世纪50年代以来，银行业务、铁路和工业开发都有进展。它的殖民地帝国在西非、印度支那和太平洋扩大了。它的舰队得到扩充，以致有时（例如1859年）引起了英吉利海峡对岸的恐慌。在军事上和外交上，不论在解决德意志问题还是意大利问题时，它似乎都是决定性的第三种力量，这一点在1859年已充分表现出来：法国站在皮埃蒙特一边，迅速出面干预而与奥地利进行短期交战。

可是，在迫使奥地利哈布斯堡放弃它对伦巴第的控制中，不管马真塔之战和索尔费里诺之战多么重要，1859年敏锐的观察家们已经注意到，是奥地利人军事上的无能，而不是法国人杰出的军事才能（当然也不是皮埃蒙特人的军事才能)，决定了结局。法国陆军的确拥有比奥地利更多数量步枪的优势（这造成了令弗朗西斯·约瑟夫皇帝深感不安的伤亡)，但法国的缺点也是显著的：医药和军火供应非常缺乏，动员的日程表是无计划的，拿破仑三世自己的领导也不出众。奥地利哈布斯堡的陆军比较弱，居莱伊将军的领导更加犹豫不决，这些缺点还没有太大关系。军事效力毕竟是相对的，这可以从后来奥地利哈布斯堡的军队仍能在陆地（1866年在库斯托扎）和海上（在利萨）轻而易举地对付意大利人这一事实中看出，虽然它当时仍不能与法国、普鲁士或俄国较量。但推而广之，这并不意味着法国自己在未来与另一个敌人的冲突中能自动地处于优势。那场战争的结局将取决于各方拥有的不同层次的军事领导、武器体系和生产基础。

由于正是在19世纪50和60年代，产业革命引起的技术的迅猛发展开始真正地影响战争方式，所以人们发现，各国诸军种这时正在尽力解决前所未有的作战问题就不会惊奇了。在战斗中，是配备新式后膛装弹步枪的步兵重要，还是配备新式钢炮筒机动炮的炮兵重要？铁路和电报对战地指挥有什么作用？新的战争技术是使进攻的军队还是使防守的军队更占优势？这些问题的正确答案当然都要视具体情况而定。也就是说，战争的结局不但受到更新式武器的影响，而且也受到使用新武器的地形、部队士气和利用战术的能力、供应制度的效能以及其他一切有助于决定战斗命运的众多因素的影响。由于不可能事先知道一切事态的进展情况，因此最关键的是要拥有一个擅长利用各种不同因素的军事—政治领导和完全能对新情况做出灵活反应的军事机构。在这些重要方面，奥地利哈布斯堡甚至法国，都将不能像普鲁士那样成功。

19世纪60年代普鲁士“军事革命”很快产生了迪斯雷利[13]所郑重命名的欧洲事务中的“德意志革命”。“军事革命”建立在许多互相关联的因素之上。第一个因素是一种独特的短期服役制度，它是新王威廉一世及其陆军大臣不顾自由党的反对而推行的，该制度包括的内容有，每个男人先在正规军中服3年义务兵役，再在预备役中服役4年，才能转入后备军。这意味着，充分动员起来的普鲁士陆军（对每个人）有7年的征召[14]。由于不准顶替，且后备军能够承担大部分卫戍和“后方”的任务，这一制度使普鲁士拥有的一线陆军与其人口相对而言，远远多于其他大国。这又反过来要求人民接受至少是较高程度的初等教育，因为根据大部分专家的意见，一个迅速发展的短期兵役制在无文化的农民国家是难以实行的；它还要依靠安排这样大批人员的优秀的组织工作。如果一支50万或100万人员的大军不能充分地得到训练、服装、武器和粮食，并被运往决战地区，那么建设这支军队终究是没有用的；如果军队指挥官不能与有关的大批士兵保持联系并进行控制，那这就更是浪费人力和资源。

对这支军队实施控制的机构是普鲁士总参谋部，它在19世纪60年代初叶，在老毛奇[15]的天才领导下，从默默无闻的地位一跃而成为“陆军的智囊”。直到那时，大部分和平时期的陆军由战斗部队组成，这些部队得到军需、人事、工程和其他部门的支持；实际的作战参谋部只是在战役开始和指挥部成立时才拼凑而成。但在普鲁士，老毛奇已经招收了陆军学院最优秀的人才，并教导他们为未来可能的冲突制订计划和做好准备。在敌对行动开始以前很久，作战计划必须制订出来，并经常修改。图上作业和演习得到了周密的研究，对其他强国进行的历史性战役和军事行动也同样进行了深入研究。一个专门机构设立了，它监督普鲁士的铁路系统，以确保军队和供应能被迅速运往目的地。老毛奇的参谋系统试图教导军官团如何去处理大兵团（军或集团军）的作战方法，它们将独立地转移和作战，但又随时准备集结在决战性的战场上。如果不能保持与后方司令部的通信联系，前方的将领可根据几条地面作战的基本准则，去发挥他们的主动性并采取行动。

当然，上面所谈的是理想化了的模式。普鲁士陆军不是十全十美的，甚至在19世纪60年代初期和中期的改革后，在实际战斗中也遭受了许多暂时性的困难。许多战地将领无视老毛奇的意见，在条件不成熟的进攻或错误的方向中盲目推进——1866年普奥战争中这种差错比比皆是。在战术上，1870年普鲁士禁卫军在格拉夫洛特–圣普里瓦正面突击（因此遭受严重损失），也表现出他们是愚不可及的。铁路供应体系本身不能保证胜利，它往往只是在边界上堆积大批物资，而需要那些物资的军队已经调离附近的铁路线。也不能说普鲁士人科学的计划已经确保他们的军队始终能拥有最佳的武器，1866年时奥地利的大炮显然更好，1870年时法国夏斯波步枪也大大地优于普鲁士步枪。

真正的问题是，普鲁士的制度并不是没有错误，但是总参谋部仔细地研究了它过去的错误，并对训练、组织和武器相应地重新进行调整。当它的大炮的弱点在1866年暴露出来时，普鲁士陆军立即改用新的克虏伯后膛炮，这种武器在1870年给人以深刻的印象。当铁路供应的安排出现耽误时，一个新部门马上成立了，以便改进工作。最后，老毛奇重点部署了几个集团军，使之能独立作战，同时也能互相支援，这意味着一个集团军即使局部受到严重打击（这在普奥战争和普法战争中的确发生过），整个战局也不会不可收拾。

因此，这些因素结合在一起使普鲁士人能在1866年夏季迅速战胜奥地利人，这只有少数观察家能够预料。虽然汉诺威、撒克逊和北方的其他德意志邦站在奥地利一边，但俾斯麦的外交确保了其他大国不在斗争的初期进行干涉。这又使老毛奇有机会派三个集团军通过不同的山路集中到波希米亚平原，并在萨多瓦（克尼格雷茨）袭击奥地利人。回想起来，战争的结果似乎是完全可以预料的。奥地利哈布斯堡1/4的军队需要用在意大利（他们在那里取得了胜利）；普鲁士的征兵制意味着，普鲁士人口尽管还不到它几个敌人人口的一半，老毛奇却能部署几乎同样多的第一线部队。奥地利陆军本来就缺乏经费，没有真正的参谋制度，并且受贝内德克无能的领导；不论个别部队如何英勇作战，他们在广阔原野的交锋中都死于更为精良的普鲁士步枪之下。到1866年10月，哈布斯堡被迫让出威尼斯，并撤销在德意志的一切利益——德意志在俾斯麦的北德意志联邦领导下，正在重新进行组建。

“争霸德意志的斗争”差不多完成了，而决定谁——是普鲁士还是日益不安和猜疑的法国——在西欧处于至高无上地位的斗争已经迫在眉睫，在19世纪60年代后期，双方都在测算各自的机会。表面上，法国仍表现得更为强大。法国的人口远远多于普鲁士的人口（虽然讲德语的人数在欧洲更多）。法国的陆军已在克里米亚、意大利和海外取得了经验。它拥有世界上射程最佳的夏斯波步枪，比普鲁士的撞针枪射程要远得多；它还有一个新的秘密武器——每分钟射150发子弹的后膛装填机关枪。它的海军更为优良，它还能指望得到奥匈帝国和意大利的帮助。1870 年 7 月，由于普鲁士人的无耻行为（即俾斯麦对关于卢森堡的前途和一个可能登上西班牙王位的霍亨索伦候选人问题而玩弄的狡诈的外交）而对他们进行惩罚的时机来临时，法国人对于战争的结局预见很少有人怀疑。

法国崩溃之彻底和迅速给了这些乐观的假设一个致命的打击——到 9 月 4 日，它溃败的军队已在色当投降，拿破仑三世被俘，帝国政权已在巴黎被推翻。结果是，奥匈帝国和意大利都没有援助法国，而法国的海上力量被证明是完全无用的。因此，一切都取决于敌人的陆军，而在这方面，普鲁士人无可争辩地证明他们更加优秀。虽然双方都使用铁路网把大批军队运往前线，但法国动员的效率却差得多。应征的预备队必须跟上他们的部队，但部队已经开往前线。炮兵连遍布于全法国，不容易集中。对比之下，3 个德意志集团军（大大超过 30 万人）在宣战的 15 天内，正在开进萨尔和阿尔萨斯。夏斯波步枪的优势，屡屡被普鲁士人推到前沿的机动速射炮的战术弄得失去效力。后膛装填机关枪留在后方，从未有效地发挥作用。巴赞元帅的懒散愚蠢无法言喻，而拿破仑三世本人也不比他强多少。相比之下，虽然个别普鲁士部队在“战雾”中出错，遭受严重损失，但老毛奇对各路大军进行远距离的监督以及他调整计划以利用意外情况的战术，保持了入侵的势头，直到法军土崩瓦解为止。虽然法国的部队又继续抵抗了几个月，但德意志人对巴黎的包围和对法国东北的控制网无情地收紧了。卢瓦尔军无效的反攻和游击队员的袭扰，不能掩盖这一事实：法国作为一个独立的大国已经被打垮了。

很明显，普鲁士—德意志的胜利是它的军事制度的胜利；但是正如迈克尔·霍华德尖锐地指出的那样，“一个国家的军事制度不是社会制度以外的独立部分，而是其整体的一个方面”。支持德意志各路纵队全面猛进和总参谋部有控制地协调工作的，是它比欧洲任何其他国家装备更好，并且更有准备去适应现代战争条件。在 1870 年，德意志诸邦合在一起的人口已多于法国，只是分裂掩盖了这个事实。德意志有更长的并且更充分地为军事目的做好安排的铁路线。它的国民生产总值和钢铁产量就在那时赶上了法国。它的煤产量是法国的 2.5 倍，它消耗的现代能源也比法国多 50%。德意志的产业革命正在建立更多的大企业，例如克虏伯钢铁和兵器联合体。这使普鲁士—德意志国家具有军事和工业力量。陆军的短期服役制遭到国内外自由主义者的反对（这些年对“普鲁士军国主义”的批评是很普遍的），但它为战争的目的动员国家人力，比放任主义的西方或落后和搞农业的东方更有效率。而支持这一切的后盾，则是这样一个民族：它拥有水平高得多的初等教育和技术教育，它的大学和科学设施是无与伦比的，它的化学实验室和研究机构是首屈一指的。

再用当时的一句妙语来说：欧洲失去了一个主妇，却得到了一个主人。在俾斯麦惊人而巧妙的安排下，1870 年以后的整整 20 年中，大国体制将被德意志支配。外交家们注意到，这时条条道路通向柏林。可是许多人都能看到，使德意志成为欧洲大陆最重要强国的因素，不仅仅是帝国宰相的聪明和残酷无情，而且还有以下的因素：德意志的工业和技术，一旦国家统一，它将发展得更快；德意志的科学、教育和地方行政；引人注目的普鲁士陆军。至于第二德意志帝国也有俾斯麦为之烦恼的重大内部缺陷的事实，局外的观察家们则很少注意到。欧洲的每个国家，在某种程度上甚至秉持孤立主义的英国人，都感到了这个新巨人的影响。俄国在 1870~1871 年仁慈地保持中立，并且利用西欧的危险来提高自己在黑海的地位，但对这时欧洲的重心移至柏林这一事实愤懑不平，并且暗暗担心德意志下一步可能的行动。1870 年，当法国人（教皇的保护人）在洛林溃不成军时，占领罗马的意大利人渐渐倒向柏林。奥匈帝国（1867 年维也纳与匈牙利人妥协后的名称）也是如此，它希望在巴尔干半岛找到补偿，以弥补它在德意志和意大利丧失的地位，但它也很清楚，这样的野心可能激起俄国的反应。最后，备受打击和怨恨不平的法国人在妄想重新取得与莱茵河彼岸的强邻平等地位的尝试中，终于感到有必要重新考察和改造行政和社会的几个重大领域（教育、科学、铁路、武装部队和经济）。在当时，甚至在以后的回顾中，1870 年都被视为欧洲史上具有决定意义的分界线。

另一方面，也许是因为许多国家感到在 19 世纪 60 年代的种种动乱以后应该喘一口气，还因为政治家们在新秩序下谨慎行事，所以 1871 年以后约 10 年的大国外交史是寻求稳定的历史。美国关心内战后的重建，日本关心明治维新的影响，它们都不是“体系”的一部分，“体系”反而比以往更加以欧洲为中心。虽然这时存在一个重新塑造的“欧洲五头政治”的模式，但均势与 1815 年以后的均势相比有很大的变化。普鲁士—德意志在俾斯麦的指引下，这时是欧洲国家中最强和最有影响的，它代替了以前一直最弱的那个普鲁士。还有另一个新强国，即统一的意大利，但其经济落后得令人失望的条件（特别是缺煤），意味着它永远不会被体面地接纳进列强的主要集团，虽然它在欧洲外交中显然比西班牙或瑞典等国家更为重要。由于它在地中海和北非的要求，它的确做到了成为一个日益与法国为敌、分散法国力量和给德意志提供一个有用的未来盟友的国家；此外，由于在反对维也纳的解放战争中它的收获和它在巴尔干半岛西部的野心，意大利还使奥匈帝国恐慌不安（至少在俾斯麦于 1882 年奥德意“三国同盟”中冻结那些紧张关系之前是如此）。这意味着奥匈帝国和法国（德意志崛起的两个主要“受害者”）都不能集中其精力去对付柏林，因为两者的后方都有一个有生气的（虽然不太强大的）意大利存在。这个事实使奥地利人更有理由去听从德意志，结果成了一个准卫星国，而且它还意味着，在未来与柏林的任何斗争中，甚至法国更强的国力和更大的结盟价值，也因南方存在着一个敌对的和无法捉摸的意大利而受到损害。

由于法国处境孤立，奥匈帝国受到威胁，处于中间的南德意志“缓冲邦国”和意大利这时都统一成更大的国家单位，因此遏制德意志进一步扩张的举足轻重的力量，看来只能是俄国和英国这两个独立的“侧翼”强国了。英国政府在格莱斯顿重视国内改革的主张（1868~1874 年），和迪斯雷利重视国家的“帝国”命运及亚洲命运的主张（1874~1800 年）之间来回摇摆，对它来说，欧洲的平衡问题似乎很难说是紧迫的。俄国的情况可能并非如此，在那里，哥恰可夫等人对他们的保护国普鲁士转变成一个强大的德意志心怀不满。但这种感情中又掺杂着1871年以后存在于圣彼得堡和波茨坦两个宫廷之间的亲密王朝和思想意识的认同感，掺杂着俄国人企图从克里米亚战争灾难中恢复元气的需要，希望柏林支持俄国在巴尔干半岛的利益和恢复中亚利益的企图。但是总的说来，侧翼强国干预欧洲西部和中部事务的可能性，在很大程度上取决于德意志自己的行为；如果假定第二德意志帝国这时已是得到充分满足的强国，那么它们肯定没有必要再卷入纠纷之中。

1871年以后，俾斯麦本人非常愿意做出这种保证，因为他没有建立一个吞并几百万奥地利天主教徒、摧毁奥匈帝国和使德意志孤立于有复仇心的法国及有猜疑心的俄国之间的“大德意志国”的意愿。因此，对他来说，赞同建立三皇同盟（1873年）似乎要安全得多。三皇同盟是半结盟性的，它强调东方诸皇思想上的团结（如反对“共和的”法国)，同时冻结俄奥在巴尔干的利益冲突。在1875年“战争在望”的危机时期，当出现德意志政府可能在对法国酝酿一场预防性战争的迹象时，来自伦敦、(特别是）圣彼得堡的警告，使俾斯麦相信，任何改变欧洲均势的企图将引起强烈的反对。因此，出于国内政治和对外外交的原因，德意志依然留在1871年建立的边界内，正像有些历史学家所说的，是一个“半霸权强国”，直到德国军事与工业的发展和俾斯麦之后的领导集团的政治野心再次使它能够对现存的领土秩序提出疑问。

我们将在下一章探究这种转变。从19世纪70年代到80年代，俾斯麦本人的外交是维持现状，因为这时他认为这对德意志利益是非常重要的。在做出这方面的努力时，这位宰相部分地得到了1876年另一件突发事件的帮助，这是由来已久的“东方问题”的另一个尖锐的阶段，当时土耳其屠杀保加利亚基督教徒的行动和俄国对此做出的军事反应，使各方的注意力从莱茵河转向君士坦丁堡和黑海。的确，在多瑙河下游或达达尼尔爆发的敌对行动，如果让这场危机升级为全面的大国战争，甚至会危及德意志。这在1878年初期看来似乎是很可能的。但是，俾斯麦充当“诚实的掮客”以使所有强国在柏林会议上做出妥协的外交技巧，加强了和平解决危机的可能，并再次强调了在欧洲事务中德意志所占的中心的和稳定局势的地位。

1876年至1878年的东方大危机对德意志的相对地位也大有裨益。虽然俄国在黑海的小型舰队在与土耳其人作战时表现得很出色，但是1877年俄国陆军的征讨却暴露出它在克里米亚战争后的改革没有真正见效。虽然勇敢兵员的绝对数字最后使俄国人在保加利亚和高加索两个战场上战胜土耳其人，但“侦察敌人阵地极不充分、各部队之间缺乏协同行动和高级指挥混乱”的例子实在太多了。英、奥站在土耳其一边进行干预的威胁，使俄国政府又一次意识到隐约出现的崩溃，从而迫使它在1877年晚些时候同意做出妥协。即使后来俄国的泛斯拉夫主义分子谴责俾斯麦，说他把持了使那些屈辱的让步合法化的柏林会议，但事实上圣彼得堡精英中的许多人更加意识到需要保持同柏林的良好关系——甚至在修正的形式下重新参加了1881年的另一个三皇谅解。同样，虽然俄国在1879年危机高潮时曾经威胁要挣脱俾斯麦的控制，但次年秘密的奥德同盟又把它捆在了德意志的绳索上，就像1881年的三皇同盟及1882年柏林、维也纳和意大利的三国同盟一样。另外，所有的这些协定都起着使签字国疏远法国和使它们在一定程度上依赖德意志的作用。

最后，19世纪70年代后期的事件重新突出了长期以来在近东和亚洲的英俄对抗，这使两国倾向于谋求柏林仁慈的中立，甚至进一步转移公众对阿尔萨斯—洛林和中欧的注意。这一倾向在19世纪80年代变得更加强烈了，当时一系列事件——法国取得突尼斯（1881年），英国干涉埃及（1882年），大规模“争夺”赤道非洲（1884年起），就阿富汗问题引起的英俄战争的威胁重新出现——标志着“新帝国主义”时代的开始。虽然西方殖民主义的这种重新迸发的长期影响将深刻地改变许多大国的地位，但其短期的后果是突出德意志在欧洲内部的外交影响，从而加强了俾斯麦为维持现状所做的努力。即使19世纪80年代他设计了特别居心叵测的条约和反条约体系不可能持久的稳定，但它似乎能确保，至少在不久的将来，和平在欧洲列强中将是主流。

结 论

除了美国内战这一重要例外，1815~1885 年这段时期没有出现任何长期的、互耗精力的军事斗争。这个时期的小战役，像 1859 年的法奥冲突或 1877 年俄国对土耳其的进攻，对大国体制没有什么影响。甚至几次更重要的战争也在几个重要方面有其局限性：克里米亚战争均主要是地区性战争，在英国充分利用其资源前就结束了；普奥战争和普法战争均在一个季度内结束——这与 18 世纪极为漫长的冲突形成了鲜明的对比。于是，军事领袖和战争权威所持的关于未来大国斗争，是 1870 年普鲁士式的迅速打倒敌人取得胜利的观点，就不足为奇了：铁路和动员日程、总参谋部制订的迅速进攻计划、速射枪炮和大量短期服役的陆军，这一切将被结合使用，以便在几个星期内打垮敌人。速射武器如果使用得当，将对防御战而不是进攻战有利，这个观点当时尚无人赏识；也无人意识到美国内战中的不祥之兆，在那次战争中，民众不可调和的原则和开阔的地形这两者的结合，使冲突比当时的任何短期而尖锐的欧洲冲突更加漫长和残酷。

可是所有这些战争——不论在田纳西河谷发生，还是在波希米亚平原、克里米亚半岛或洛林的原野展开——都说明了一个总的结论：战败国是那些没有进行 19 世纪中期的“军事革命”，没有取得新武器，没有动员和装备庞大的军队，没有使用铁路、轮船和电报提供的先进的交通和通信，没有供养武装部队的生产性工业基础的国家。在这些冲突中，胜方的将领和军队不时在战场上犯下严重的错误，但这些错误不足以抵消那个交战国在受训的人力、供应、组织和经济基础等方面的优势。

这导致了关于 1860 年以后时期的一整套较为普遍的定论。本章开头已经指出，滑铁卢之战以后半个世纪的特点是：国际经济的稳步发展，工业发展和技术变革引起的生产力的大规模增长，大国体制的相对稳定和只限于局部的短期战争的形势。此外，虽然陆军和海军武器已经进行了一定程度的现代化，武装部队内部的新发展却远不如受产业革命和宪法——政治改革影响的民用事业的发展。这场半个世纪的变革的主要受益者是英国，不论在生产力方面，还是在世界影响方面，它在19世纪60年代后期很可能达到了顶峰（虽然第一个格莱斯顿内阁的政策有掩盖这个事实的倾向）。主要的失败者是欧洲以外的非工业化农业社会，它们抵挡不住工业品和西方军事的侵袭。出于这一根本原因，工业化较差的欧洲大国——俄国和奥地利哈布斯堡——开始丧失它们以前的地位，而新统一的意大利则从来没有进入一流国家的行列。

此外，从19世纪60年代起，这些趋势还在加剧。世界贸易的数量，更重要的还有工业品产量，都在迅速增长。以前局限于英国、欧洲大陆某些地区和北美的工业化，正在开始改变其他区域。工业化特别提高了德意志和美国的地位，前者在1870年已经拥有世界工业产量的13%，后者那时甚至达到总产量的23%。因此，19世纪末正在出现的国际体系的主要特征已经可以察觉，虽然只有很少数观察家能充分认识这些特征。另一方面，1815年以后协作体制相对稳定的五头政治正在解体，这不仅是因为到19世纪60年代它的成员比前几十年更愿意交战，而且因为其中有的国家比另几个国家强两三倍。此外，欧洲本身对现代工业生产的垄断正被打破而扩大到大西洋彼岸。蒸汽动力、铁路、电力和其他现代化工具，对具有意志和自由去采用它们的任何社会都有利。

1871年以后俾斯麦支配欧洲外交时期没有大冲突的事实可能说明，随着19世纪50年代和60年代的分裂，新的平衡已经建立。可是，除了陆军、海军和外交领域，广泛的工业和技术发展正在进行，从而比以往更迅速地改变着全球的经济力量对比。生产性工业基础的变化将对大国的军事能力和对外政策产生影响，这个日子的来临将不会太久。

注：

1. 也就是说，有的历史统计数字不包括爱尔兰；有的包括爱尔兰；有的只包括北爱尔兰，但不包括南爱尔兰。

2. 至少是根据贝罗克采用的关于“制造业”的定义。

3. 科蒂兹（Hernando Cortes，1485~1547 年），西班牙军人兼探险家，曾征服墨西哥。——译者注

4. 基切纳（1850~1916 年），英国殖民者，陆军元帅。1898 年率军镇压埃及的马赫迪起义。——审校者注

5. 苏族人，北美印第安人中的一个民族。——审校者注

6. 华伦斯坦（1583~1634 年），神圣罗马帝国统帅，屡建战功。——审校者注

7. 例如，阿根廷能在英国为它出口牛肉和谷物找到现成的市场，从而不但使它能够偿付进口的英国制成品和各种劳务费用，而且能够偿还在伦敦筹措的长期贷款，这样使它自己有高度可靠的信用，以便再借款。20 世纪美国贷款给拉丁美洲——短期贷款，但不容许进口农产品，这种对比是很鲜明的。

8. 麦考莱（1800~1859 年），英国政治家，主张国会改革，历任陆军大臣、军需总监等职。——审校者注

9. 加富尔（1810~1861 年），意大利自由主义贵族和资产阶级政治家，为意大利的统一做出了贡献。——审校者注

10. 有人正在争辩，任何人在军队中卖命两年或三年，就可以不再是农奴了；又争辩说，每年征募少量男丁为长期服役的士兵比较保险。

11. 黑奴和相对说依然众多的印第安人除外。

12. 约 1/3 在战斗中损失，其余主要因疾病而损失。约 62 万人的巨大数字超过了美国人在第一、第二次世界大战和朝鲜战争中损失的总数，而且内战遭受这个损失时，美国人口少得多。

13. 迪斯雷利（1804~1881 年），英国首相，任内（1867~1868 年，1874~1880 年）大力推行殖民扩张政策。——审校者注

14. 在非常的情况下还有第一年的后备军征召。

15. 赫尔姆斯·卡尔·毛奇（1800~1891 年），一称老毛奇，德国军事家、元帅。1858~1888 年先后任普鲁士和德意志帝国总参谋长。

第五章 “中等强国”的危机（1885~1918）

1900年以后的50年，一些“中等”国家多次陷入危机，整个体制的变动也绝非一帆风顺。对所有“一战”参战国来说，这都是一场使人精疲力竭的战争。仅有的例外是日本和美国，前者进一步加强了在太平洋地区的地位，后者到1918年已成为无可争辩的世界头号强国。

1884~1885年冬，在有几个小国参加的情况下，世界各大国在柏林举行会议，以图就西非和刚果的边界、贸易、航海以及在非洲实行有效占领的原则更广泛地达成协议。这次柏林西非会议在许多方面可被看作是旧欧洲在全球事务中居统治地位的巅峰时期的象征。日本不是这次会议的成员，虽然它正在迅速实现近代化，但仍被西方视为一个古怪而落后的国家。相比之下，美国则出现在这次会议上，这是由于会上讨论的贸易和航海问题被华盛顿认为与其国外利益有关；但在其他许多方面，美国仍在国际舞台之外，直到1892年，欧洲诸大国才把其驻华盛顿外交代表的级别从公使升至大使——这是一流国家的标志。俄国也出席了这次会议，它在亚洲利益颇多，但在非洲的利益却微不足道。事实上，俄国在被邀请与会的二流国家的名单中，除了通常支持法国反对英国外，没有发挥任何作用。因此，事务的中心是伦敦、巴黎和柏林之间的三角关系，俾斯麦处在最重要的位置上。地球的命运看来仍取决于欧洲总理（首相）们的办事处。可以肯定，如果这次会议决定的是奥斯曼帝国而不是刚果盆地的前途的话，奥匈帝国和俄国等国将发挥更大的作用。但这不会否认那时人们心中的一条颠扑不破的真理：欧洲是世界的中心。就在同一个时期，俄国将军德拉吉米罗夫宣称“远东事务是在欧洲决定的”。

30 年——这在大国体系的进程中的确很短——以后，这块欧洲大陆将被撕开，而且其中的几个成员将濒临崩溃。再过 30 年，这种崩溃就完成了，欧洲许多地区将是一片废墟，而且其真正的前途将掌握在华盛顿和莫斯科的决策者们手中。

虽然在 1885 年时没有任何人能够准确地预测出 60 年之后废墟和荒凉将遍及欧洲，但当时的事实是，19 世纪晚期许多敏锐的观察家已经感觉到推动世界强国的那种动力的发展方向。不单知识分子和新闻记者，而且日常的政治家们都用通俗的主张来发表言论和作品，讨论世界斗争和成败兴衰。更有甚者，至少到 1895 年或 1900 年时，人们已能看出未来的世界秩序将具有的某种形式了。

所有的这些预言中，最引人注目的要算是德·托克维尔观点的再度流行：美国和俄国将在未来成为两个世界强国。不必惊奇，当俄国在克里米亚遭难，在 1877 年对土耳其的战争中表现平平时，在美国内战期间以及在进行重建和向西扩张的反省的几十年中，这种观点已经失去了基础。但是，到了 19 世纪后期，美国工农业的发展和俄国在亚洲的军事扩张，使许多欧洲的观察家们担心，20 世纪的世界秩序像过去所说的那样，将被俄国人的皮鞭和美国人的钱袋所统治。也许是因为新重商主义的贸易思想再度压倒了主张和平的、科布登[1]式的和全球自由贸易体系的思想，因此，现在有一种比早些时候强烈得多的倾向，即坚持正在发生变化的经济实力将导致政治在领土上的改变。甚至连一向很慎重的英国首相索尔兹伯里勋爵也在 1898 年承认，世界被分成了“生机勃勃”和“奄奄一息”两类大国。中国在 1894~1895 年同日本的战争中失败、西班牙在 1898 年的短暂冲突中受到美国羞辱的事实，以及法国在尼罗河上游发生的法绍达事件中在英国面前的退却，都可解释为“适者生存”论决定国家和物种命运的证据。大国之间的斗争不再像1830年甚至1860年时那样局限于欧洲问题了，而且还牵涉到遍及全球的市场和领土问题。

但是，如果美国和俄国由于其面积和人口看来注定将成为未来的大国的话，谁将与之做伴？"三个世界帝国的理论"——人们普遍认为，只有三个（有的记载说四个）最大和最强的国家或国家集团将保持独立——调动了许多帝国的政治家。英国殖民事务大臣约瑟夫·张伯伦1897年曾对一群听众说："我认为当今的趋势，就是要把所有的权力操之于更大的帝国手中，那些小的王国——非进步的王国——看来要沦于次要和从属的地位……"海军上将蒂尔皮茨敦促威廉皇帝说，建立一支强大的海军对于德国来说是至关重要的，那样它将成为"俄国、英国、美国和德国四个世界大国"之一。有位达西先生警告说，法国也必须在世界大国之中，因为"那些不前进的国家就会倒退，而倒退的国家就会灭亡"。对于历史悠久的大国——英国、法国和奥匈帝国——来说，问题是它们在面临对国际现状的新挑战时是否能够维持自己的地位。对于新出现的大国德国、意大利和日本来说，问题则是它们能否在不至太晚的时候突破约束，达到柏林所谓的"在世界政治中的自由状态"。

在19世纪快要结束时，很难说没有一个种族未迷上这种思想。许多民族更关心国内的社会问题，许多国家坚持自由的、在和平时期进行合作的放任主义思想。但在领导人物、军界和帝国的组织中，则存在着一种占上风的有关世界秩序的观点，这种观点强调斗争、变更、竞争、使用武力和组织全国资源以增强国力。全球的不发达地区正在迅速被瓜分，但这仅仅是这段历史的开始。地缘政治学家哈尔福德·麦金德争辩说，由于可吞并的领土所剩无几，提高效率和国内的发展势必取代扩张而作为现代国家的主要目标。在"更广的地理概念和更大的历史概念之间"，将出现一种比迄今为止所存在的关系更为紧密的相互关系，这就是说，假如资源使用得当的话，其大小和数量将更准确地反映在国际均势上。拥有数亿农民的国家将是无足轻重的。另一方面，如果不以大规模的足够的工业生产为基础的话，即使是现代国家也会黯然失色。英国的

帝国主义分子利奥 · 艾默里警告说，“取得成功的国家将是那些拥有最大工业基础的国家”，“那些拥有工业实力以及创新和科学力量的民族，将能够击败其他所有民族”。

接下来的半个世纪里，国际事务发展的许多事实证明了上述预言。在欧洲内外，力量的对比发生了引人注目的变化。老帝国垮台了，新帝国出现了。1885 年的多极世界在 1943 年时被两极世界所取代。国际斗争加剧，并爆发了完全不同于 19 世纪欧洲的有限冲突的战争。与科学技术相联系的工业生产力，成为国家力量中比以往任何时候都更重要的组成部分。在世界军事力量中所占比重和外交影响的变化，反映了在世界制造业生产中所占份额的变动。个别人物依然是重要的——在列宁、希特勒和斯大林生活的世纪，谁可以说他们不重要呢？但他们之所以重要，是因为他们能够控制和重新组织一个大国的生产力。而且，像纳粹德国自己的命运所表明的那样，战争对世界大国的考验，对于缺乏工业技术力量因而也缺乏军事武器来实现其领导人野心的国家是无情的。

即使说大国之间 60 年斗争的大致轮廓已经在 19 世纪 90 年代被描绘出来，个别国家的成败也仍待决定。很明显，这在许多方面取决于一个国家是否能够保持或增加其工业的产量。但在许多方面也始终取决于不可改变的地理环境。一个国家是接近处于国际性危机的中心还是在其边缘？它能不受侵犯吗？它是否不得不同时面临两个或三个方面的入侵？民族的凝聚力、爱国主义和国家对其居民的控制也很重要，一个社会是否经受得住战争的严峻考验，在很大程度上就取决于其内部组成。它可能还依赖于结盟政治和决策。一个国家是作为一个大的联盟集团的一员作战，还是单独作战？这个国家是一开始参战的，还是半途参战的？以前保持中立的其他大国站到敌人一边参战了吗？

这类问题表明，任何一种对“两极世界的出现和‘中等国家’的危机”的适当分析，都需考虑孤立的但又有相互影响的因果关系的三个方面：第一是军工生产基地的变化，这致使某些国家在物质上变得更（或不那么）强大了；第二是影响个别国家对世界均势中这些更大的转变做出反应的地缘政治、战略和社会文化的因素；第三，影响在20世纪大联盟战争中成败机会的外交和政治上的变化。

世界均势的变动

19世纪末的那些世界事务观察家们同意这种看法：经济和政治变化的步伐正在加快，因而可能使国际秩序比以前更加不稳定。力量对比的改变总会导致动荡，而且还经常导致战争。修昔底德在《伯罗奔尼撒战争史》一书中写道：“使战争不可避免的是雅典力量的增长和这种增长在斯巴达引起的不安。”但在19世纪最后25年里，影响大国体系的变化比以往任何时候都更为广泛，而且通常更加迅速了。全球贸易和交通网络——电报、轮船、铁路、现代化的印刷厂——意味着科学技术的重大突破，或者说制造业生产新取得的进展可以在数年之内从一个大陆传播和转移到另一个大陆。在吉尔克里斯特和托马斯于1879年发明了把廉价的磷矿石转化成碱性钢的方法之后，5年的时间里，西欧和中欧出现了84座生产这种碱性钢的炼钢炉，而且这一炼钢法还跨过了大西洋。结果，不仅是各国在钢产量中所占的份额发生了变化，这还意味着军事潜力的重大变化。

我们已经看到，军事潜力和军事实力并不是一回事。出于政治文化或地理上的安全等原因，一个经济巨人可能宁愿当一个军事侏儒，而一个没有重要经济资源的国家，却可以把它的社会组织成一个令人生畏的军事强国。和在其他时期一样，“经济力量=军事力量”的等式在这个时期也有例外，下面需要讨论这个问题。但在一个现代的工业化战争的时代，经济和战略之间的联系变得更为密切了。为了弄清楚从19世纪80年代到第二次世界大战期间影响国际间力量对比的长期转变的因素，我们有必要看一看经济数字。这些数字是为了估价一个国家的战争潜力而选列的，因此不包括某些广为人知但在这一方面没有多大帮助的经济指数[2]。

人口数量本身从来都不是一种反映实力的可靠依据，但表12的确说明俄国和美国至少在人口数字方面可以被视为与其他国家不同的另一类大国，而德国和（后来的）日本则开始稍稍超出了其他国家。

表12　1890~1938年各大国的总人口

（单位：百万人）

	1890年	1900年	1910年	1913年	1920年	1928年	1938年	排名
俄国	116.8	135.6	159.3	175.1	126.6	150.4	180.6	1
美国	62.6	75.9	91.9	97.3	105.7	119.1	138.3	2
德国	49.2	56.0	64.5	66.9	42.8	55.4	68.5	4
奥匈帝国	42.6	46.7	50.8	52.1	—	—	—	
日本	39.9	43.8	49.1	51.3	55.9	62.1	72.2	3
法国	38.3	38.9	39.5	39.7	39.0	41.0	41.9	7
英国	37.4	41.1	44.9	45.6	44.4	45.7	47.6	5
意大利	30.0	32.2	34.4	35.1	37.7	40.3	43.8	6

但是，有两种“调控”表12中粗略数据的方法。第一种是把一个国家的总人口同生活在城市地区的人口（表13）进行比较，因为那部分人口通常很能反映工业和商业的现代化；第二种方法是把那些人口数字与人均工业化水平相互联系，在衡量这种工业化水平时以英国为“基准”国（表14）。两种做法都有很强的指导性，而且还可互相印证。

表13　1890~1938年各大国的城市人口（以百万计）及其在总人口中所占的百分比

		1890年	1900年	1910年	1913年	1920年	1928年	1933年	
1	英国 (1)	11.2 (29.9%)	13.5 (32.8%)	15.3 (34.9%)	15.8 (34.6%)	16.6 (37.3%)	17.5 (38.2%)	18.7 (39.2%)	5 (1)
2	美国 (2)	9.6 (15.3%)	14.2 (18.7%)	20.3 (22.0%)	22.5 (23.1%)	27.4 (25.9%)	34.3 (28.7%)	45.1 (32.8%)	1 (2)

（续）

		1890 年	1900 年	1910 年	1913 年	1920 年	1928 年	1933 年	
3	德国（4）	5.6（11.3%）	8.7（15.5%）	12.9（20.0%）	14.1（21.0%）	15.3（35.7%）	19.1（34.4%）	20.7（30.2%）	3（3）
4	法国（3）	4.5（11.7%）	5.2（13.3%）	5.7（14.4%）	5.9（14.8%）	5.9（15.1%）	6.3（15.3%）	6.3（15.0%）	7（7）
5	俄国（8）	4.3（3.6%）	6.6（4.8%）	10.2（6.4%）	12.3（7.0%）	4.0（3.1%）	10.7（7.1%）	36.5（20.2%）	2（5）
6	意大利（5）	2.7（9.0%）	3.1（9.6%）	3.8（11.0%）	4.1（11.6%）	5.0（13.2%）	6.5（16.1%）	8.0（18.2%）	6（6）
7	日本（6）	2.5（6.3%）	3.8（8.6%）	5.8（10.3%）	6.6（12.8%）	6.4（11.6%）	9.7（15.6%）	20.7（28.6%）	3（4）
8	奥匈帝国（7）	2.4（5.6%）	3.1（6.6%）	4.2（8.2%）	4.6（8.8%）	—	—	—	

表 14　1880~1938 年人均工业化水平

（以 1900 年的英国为 100）

		1880 年	1900 年	1913 年	1928 年	1938 年	
1	英国	87	[100]	115	122	157	2
2	美国	38	69	126	182	167	1
3	法国	28	39	59	82	73	4
4	德国	25	52	85	128	144	3
5	意大利	12	17	26	44	61	5
6	奥地利	15	23	32	—	—	
7	俄国	10	15	20	20	38	7
8	日本	9	12	20	30	51	6

用不着对这一阶段中表 13 和表 14 中的数字进行太仔细的分析，也可以做出几个概括性的判断。一旦引入了城市人口规模和工业化程度这类衡量“现代化”的标准，大部分国家的地位同表 12 中的地位相比就有了很大的变动：俄国从第一位跌至最后一位，至少在 20 世纪 30 年代的工业大发展时期以前是

如此；英国和德国占了应有的位置；美国在那种独一无二的众多人口和高度工业化社会的结合下脱颖而出。甚至在这一时期开始时，最强和最弱的大国之间的差距也是很大的，不管是绝对差距还是相对差距都是如此；到第二次世界大战前夕，仍然存在着很大的差距。现代化进程可能会把所有正在经历同样“阶段”的国家卷入，就实力而言，这并不意味着每一个国家收获是相同的。

当仔细观察有关工业生产力的数据时，大国之间的差距就显得更加清楚了。由于钢铁产量经常被看作是反映这一时期潜在军事力量和工业化本身的标志，现将有关数字重新列在表 15 中。

表 15　1890~1938 年各大国的钢铁产量

（单位：百万吨；1890 年是生铁产量，以后是钢产量）

	1890 年	1900 年	1910 年	1913 年	1920 年	1930 年	1938 年
美国	9.3	10.3	26.5	31.8	42.3	41.3	28.8
英国	8.0	5.0	6.5	7.7	9.2	7.4	10.5
德国	4.1	6.3	13.6	17.6	7.6	11.3	23.2
法国	1.9	1.5	3.4	4.6	2.7	9.4	6.1
奥匈帝国	0.97	1.1	2.1	2.6	—	—	—
俄国	0.95	2.2	3.5	4.8	0.16	5.7	18.0
日本	0.02	—	0.16	0.25	0.84	2.3	7.0
意大利	0.01	0.11	0.73	0.93	0.73	1.7	2.3

但是，也许对一个国家工业化最好的衡量方法是看它对现代能源（即煤、石油、天然气和水力、电力而不是木材）的消耗，因为这既表示一个国家利用各种无生命能源的技术能力，也表示了其经济发展速度。表 16 列出的就是这些数字。

表 15 和表 16 都证实了在特定时期某些大国——1914 年以前的德国、20 世纪 30 年代的俄国和日本——在绝对数量方面所发生的工业上的迅速变化，同样可以看出英国、法国和意大利的增长速度比较低。这还可以相对地被用来

表示在这整个时期一个国家相对的工业地位（表 17）。

表 16　1890~1933 年各大国的能源消耗

（相当于百万吨煤）

	1890 年	1900 年	1910 年	1913 年	1920 年	1930 年	1938 年
美国	147	248	483	541	694	762	694
英国	145	171	185	195	212	184	196
德国	71	112	158	187	159	177	228
法国	36	47.9	55	62.5	65	97.5	84
奥匈帝国	19.7	29	40	49.4	—	—	—
俄国	10.9	30	41	54	14.3	65	177
日本	4.6	4.6	15.4	23	34	55.8	96.5
意大利	4.5	5	9.6	11	14.3	24	27.8

表 17　1880~1938 年各大国相对的总的工业潜力

（以 1900 年时的英国为 100）

	1880 年	1900 年	1913 年	1928 年	1938 年
英国	73.3	[100]	127.2	135	181
美国	46.9	127.8	298.1	533	528
德国	27.4	71.2	137.7	158	214
法国	25.1	36.8	57.3	82	74
俄国	24.5	47.5	76.6	72	152
奥匈帝国	14	25.6	40.7	—	—
意大利	8.1	13.6	22.5	37	46
日本	7.6	13	25.1	45	88

最后，表 18 再转过来考察贝罗克关于在世界制造业生产中所占份额的数字是很有用的，这些数字将显示前一章对 19 世纪均势进行了较早的分析之后所发生的变化。

表 18　1880~1938 年各大国在世界制造业产量中所占的相对份额（%）

	1880 年	1900 年	1913 年	1928 年	1938 年
英国	22.9	18.5	13.6	9.9	10.7
美国	14.7	23.6	32.0	39.3	31.4
德国	8.5	13.2	14.8	11.6	12.7
法国	7.8	6.8	6.1	6.0	4.4
俄国	7.6	8.8	8.2	5.3	9.0
奥匈帝国	4.4	4.7	4.4	—	—
意大利	2.5	2.5	2.4	2.7	2.8

大国的地位
（1885~1914）

在这些令人不安的具体数字面前，即在 1913 年时某个大国只占世界制造业产量的 2.7%，或者另一个大国在 1928 年其工业潜力只相当于英国 1900 年的 45%，以下事实就值得再加强调：只有把这些统计数字放在特定的历史或地缘政治的背景下考察，它们才有实际意义。但是，由于诸如社会内部的凝聚力、大国为国家采取行动而动员资源的能力、它在地缘政治上的地位及其外交能力等因素，工业生产实际相同的国家在大国实力方面的分类仍有很大的不同。因篇幅所限，本章不可能像科雷里 · 巴尼特几年前对英国进行大规模研究时所做的那样，对各大国也进行那样规模的研究。但下面的论述将力图尽量地接近巴尼特的更大的框架，他对这种框架的描述是：

一个民族国家的力量并不仅仅存在于其武装部队，而且存在于其经济和技术资源，存在于用以指导其外交政策的灵活性、预见能力和果敢性，存在于其社会和政治机构的工作效率。最重要的是，国家力量存在于其国家本身，即存在于民族中；存在于他们的技术、能力、雄心、纪律、创造性中；存在于他们的信念、神话及其幻想中。进一步讲，还存在于这些因素相互联系的方式中。此外，在考虑国家力量时，不能只考虑它本身和它的绝对范围，还得顾及其国外的或帝国的义务，还得与其他国家的力量联系起来考虑。

要说明重大战略影响的多样性，最好的方法也许是看一看意大利、德国、日本这三个国际体系的较新成员的例子。前两个国家直到 1870~1871 年才成为统一的国家。日本直到 1868 年明治维新后，才开始从自我封闭的孤立状态中摆脱出来。在这三个社会中，都有与原有的大国进行竞争的动力。到 19 世纪 80 年代和 90 年代，每个国家都在获取海外领土，也已开始建立一支现代化的舰队补充自己的常备军。它们都是这一时期外交事务中的重要组成部分。最后，到 1902 年时，每个国家都已变成某个老牌大国的联盟伙伴。然而，所有这些相似之处都不能抵消每个国家拥有的实力上的真正差别。

意大利

乍一看，一个统一的意大利的出现使欧洲的均势发生了重大变化。它已不再是部分主权操在外国人手里、经常受外来干涉威胁的相互敌对的一群小城邦，而是一个有 3 000 万人口的稳固的整体，其人口增加很快，到 1914 年时已接近法国的人口。这个时期它的陆海军规模不是特别大，但正如表 19 和表 20 表明的那样，他们还是不容忽视的。

表 19　1880~1914 年各大国的陆海军人数

（单位：万人）

	1880 年	1890 年	1900 年	1910 年	1914 年
俄国	79.1	67.7	116.2	128.5	135.2
法国	54.3	54.2	71.5	76.9	91.0
德国	42.6	50.4	52.4	69.4	89.1

（续）

	1880 年	1890 年	1900 年	1910 年	1914 年
英国	36.7	42.0	62.4	57.1	53.2
奥匈帝国	24.6	34.6	38.5	42.5	44.4
意大利	21.6	28.4	25.5	32.2	34.5
日本	7.1	8.4	23.4	27.1	30.6
美国	3.4	3.9	9.6	12.7	16.4

表 20　1880~1914 年各大国的战舰吨位

（单位：万吨）

	1880 年	1890 年	1900 年	1910 年	1914 年
英国	65	67.9	106.5	217.4	271.4
法国	27.1	31.9	49.9	72.5	90
俄国	20	18	38.3	40.1	67.9
美国	16.9	24	33.3	82.4	98.5
意大利	10	24.2	24.5	32.7	49.8
德国	8.8	19	28.5	96.4	130.5
奥匈帝国	6	6.6	8.7	21	37.2
日本	15	41	18.7	49.6	70

如上所示，从外交上看，意大利的兴起必然冲击着它的两大邻国——法国和奥匈帝国。它在 1882 年加入三国同盟，这表面上“解决了”意奥两国的对抗，也进一步确立了孤立的法国两面受敌的局势。所以，就在它统一后 10 年的时间里，意大利似乎已完全成为欧洲大国体系中的一员，罗马也同其他首都（伦敦、巴黎、柏林、圣彼得堡、维也纳、君士坦丁堡）一样，成为外国派遣全权大使驻节的地方。

但是，意大利以大国地位出现却掩盖了它的一些致命弱点。首先是整个国家经济的停滞，特别是南部乡村地区。它的文盲率在全国为 37.6%，而其南部更为严重，远远高于西欧和北欧的任何国家。这反映了意大利大部分农业地区的落后性——小农经济、贫瘠的土壤、少量的投资、实物地租、不能满足需要的运输条件。意大利的生产和人均国民财富只能与西班牙和东欧的农业社会相比，而不能与荷兰或威斯特伐利亚相比。其次，意大利无煤，而且，尽管已转向水力发电，但它88%的能源仍来自英国的煤，这就成了维持收支平衡的沉重负担，相应地也就成了可怕的战略弱点。在工业没有获得重大进展的前提下，意大利的人口增加就成了一个祸福参半的事情。因为它与其他西方大国相比，减缓了人均工业增长率；假如每年没有成千上万的意大利人（往往是很有活力和才干的人）横渡大西洋向彼岸移民，这种对比对意大利就更为不利，用肯普的话来说，所有这些，使意大利成为“不利的后来者”。

但这并不是说，意大利就没有现代化了。的确，正是在这一时期，许多历史学家提到了“乔利蒂[3]时代的工业革命”和“我国的经济生活中发生了决定性的变化”。至少在北方，已发生了向重工业方面的重大转移。在格申克龙看来，1896~1908年，意大利经历了朝工业化方向的“大奋进”。的确，这时意大利的工业发展速度比欧洲其他任何地方都快，人口从农村向城镇的转移加快了，银行体系为提供工业信用贷款重新进行了自我调整，国际的实际收入在迅速上升，皮埃蒙特地区的农业也表现出相似的前进步伐。

然而，一旦把有关意大利的统计数字进行比较性的剖析，其光泽就显得暗淡了。它确实创建了钢铁工业，但它在1913年的产量只是英国的1/8，德国的1/7，比利时的2/5。其工业增长率确实很快，但起点很低，以致其成果并不怎么显著。在第一次世界大战爆发时，它的工业能力尚未达到英国1900年的1/4。它在世界制造业生产中所占的份额实际上下降了，从1900年仅有的2.5%，下降到1913年的2.4%。尽管意大利勉强够格进入大国行列，但需要指出的是，除日本外，其他每个大国的工业潜力都是其两倍、三倍，有的国家（德国、英国）是它的6倍，还有一个国家（美国）是它的13倍以上。

假如意大利有较强的民族内聚力和其民族所表现出来的决心，这些弱点也许能多少得到弥补，但这些因素都不存在。意大利国家中存在的忠诚是家族性的、地方性的，也许是地区性的，但绝不是全国性的。这样，早就开始发展的北方工业化只能加剧北方同南方的差距；这个半岛许多地方的村社团体缺乏与外界的重要联系。由于意大利政府同天主教会的对立没有改善，天主教会禁止其教徒为这个国家服务。受本国人欢迎和外国自由主义者羡慕的复兴思想并没有渗透到意大利社会中去。军队征兵很困难，而且按战略需要而不按地区政治的考虑分驻军队是不可能的。高层文官和军队的关系的特点是相互不理解和不信任。普遍的反军国主义情绪、军官素质的低劣以及缺乏制造现代武器所需要的资金等，增强了人们对其军事力量的怀疑。这种怀疑早在灾难性的 1917 年卡波雷托战役或 1940 年的埃及战役中就产生了。它的统一战争靠的是法国的干涉和后来普鲁士对奥匈帝国的威胁。1896 年在阿杜瓦（在阿比西尼亚）的大惨败使意大利信誉扫地，意大利军队是唯一被一个没有有效反击手段的非洲国家打败了的欧洲军队。意大利政府做出的使其总参谋部感到意外的 1911~1912 年在利比亚进行战争的决定，是最严重的财政上的灾难。意大利的海军在 1890 年时看起来很强大，但其相对的规模却越来越小，并且战斗力通常令人怀疑。地中海地区的英国皇家海军的几任总司令总是希望意大利舰队保持中立而不是结盟，如果英国和法国在这个时期交战的话。

所有这些对意大利战略和外交地位产生的影响是令人沮丧的。意大利总参谋部非常清楚，无论在数量上还是在技术上，无论是与法国相比还是与奥匈帝国相比，意大利都处于劣势，而且它还知道，铁路运输的不足和根深蒂固的地方主义，使得意大利不能像普鲁士那样对军队进行大规模的灵活调动。不仅意大利海军明白它的低效率，而且意大利易受攻击，加上漫长的海岸线，都使其结盟政治处于很矛盾的境地。因此使战略计划的制订比以往任何时期都混乱。意大利同柏林在 1882 年签订的盟约起初是令人鼓舞的，特别是当俾斯麦看来要使法国陷于瘫痪时；甚至在此时，意大利政府也努力同英国保持着十分密切的关系，因为仅仅英国一个国家就能抵消法国舰队的力量。1900 年以后的几年中，当英、法关系趋于密切，而英国和德国由合作走向对立时，意大利人感到，除了见风使舵、转向新的英法联盟外，几乎别无选择。讨厌奥匈帝国的残余情绪，加速了这种行动，正如尊重德意志的心理及德意志在意大利的工业金融中的重要性妨碍了意大利与其公开决裂一样。因此，到 1914 年时，意大利又处于像 1871 年那样的境地。它是“大国中最小的一个”，在其邻国心目中，它令人失望地使人捉摸不透，并且寡廉鲜耻；它对阿尔卑斯地区、巴尔干地区、北非和更远的地区怀有商业上的和扩张主义的野心，这样就与敌友的利益都发生了冲突。经济和社会状况继续削弱着它影响事态发展的能力。它仍然是钩心斗角的角逐中的一方。简言之，在其他大多数国家的政府看来，与意大利为敌，不如与其结成伙伴；但二者之间的利害差距并不大。

日本

1890 年时意大利是大国体系中一位刚够格的成员，而日本甚至还未进入这个俱乐部。几个世纪以来，日本一直被由各霸一方的大领主和武士贵族集团组成的分散的封建寡头集团所统治。由于缺乏自然资源并受多山地区的限制，日本只有 20%的土地宜于耕种，它缺乏经济发展通常应具备的所有先决条件。日本人民因具有一种没有相近语种的复杂的语言和强烈的独特文化的意识，而孤立于世界其他地区之外，所以直到 19 世纪下半期的相当长一段时期，他们仍保持内向的特性，对外部影响持抵制态度。由于所有这些原因，日本似乎注定在政治上不成熟，在经济上落后，用大国标准来衡量，它在军事上也软弱。但在两代人的时间里，它已成为远东国际政治中的一个主要角色。

从 1868 年起，日本实行明治维新。这次改革的原因是，日本的上层统治者决心避免日本像在亚洲其他地方正在发生的那样被西方控制和殖民化，即使要采取的改革措施会引起封建秩序的衰落并遭到武士集团的激烈反对，日本也不得不实行现代化。这并不是因为个别的企业家希望这样，而是因为“国家”的需要。早期的反对势力被粉碎后，现代化以一种使柯尔贝尔或腓特烈大帝的努力相形见绌的统治经济和信念在进行着。日本制定了一部以普鲁士德国的宪法为蓝本的宪法，对法制进行了改革。教育制度也有很大发展，使这个国家的人民达到了罕见的高识字率。历法和穿着也都改变了。一种现代银行体制逐渐形成。从英国皇家海军请来的专家为日本建立一支现代海军出谋划策，从普鲁士总参谋部请来的专家帮助它实现陆军的现代化。日本军官被派往西方国家的陆军和海军学院学习，尽管本国已建立起军火工业，但仍从国外购买现代化武器。政府鼓励建立铁路网、电报和航运线；它还与日本新出现的企业家们一起发展重工业和钢铁、造船业，并使纺织业生产现代化。政府的补贴使出口商受益，补贴还用于鼓励航运和建立一个新的工业。日本的出口产品，特别是丝绸和纺织品猛增。在所有这一切的背后，有着引人注目的政治义务，即实现国家“富国强兵”的号召。对于日本人来说，经济实力和陆海军实力是同步发展的。

但所有这些发展是需要时间的，不利条件仍然很严重。尽管1890年至1913年城市人口增加了一倍多，但种地的人数几乎仍与原来一样多。甚至到了第一次世界大战前夕，仍有3/5以上的日本人在从事农业、林业和渔业；而且尽管农耕技术有了许多改进，但多山的农村和大多数是小块土地的经营，阻碍了说像英国那样的“农业革命”的发生。由于这种“极落后的”农业基础，日本的工业潜力或人均工业化水平与其他国家一经比较，都必然使它处于或接近于末流大国的地位（见前面的表14和表17）。虽然1914年以前其工业的突然兴起可以从其现代燃料能源消耗的大幅度增长和在世界制造业产量中所占份额的增加中清楚地看到，但它在其他方面仍很欠缺。它的钢铁产量很低，严重依赖进口。同样，虽然它的造船业有了很大发展，但它仍从其他国家定购军舰。它还很缺乏资本，需要越来越多地举借外债，但从来不足以向工业、基础工业和军事部门投资。在经济上，它完成了一个奇迹，在帝国主义鼎盛时期成为经历工业革命的唯一的非西方国家；但与英国、美国和德国相比，它在工业和金融方面仍是一个无足轻重的国家。

还有两个因素帮助了日本上升到大国地位，并有助于说明它为什么会超过意大利。第一个因素是地理上的隔绝状态。其附近的大陆海岸由当时腐朽的中华帝国所有，不足为患。当中国东北和（甚至更使它恐慌的）朝鲜可能落入另一个大国手中时，地理环境使日本比其他任何一个帝国主义国家都更为接近这些地区。俄国在1904~1905年试图沿着6 000英里的铁路运送军队时就感到了不便，几十年之后英美海军救援菲律宾、中国香港和马来亚时，就发现需要尽力克服后勤的困难。假如日本的势力在东亚稳步发展的话，其他任何一个大国只有尽最大努力才能防止日本在那个时代在那个地区变成一个占统治地位的国家。

第二个因素是士气。毋庸置疑的是，日本人对文化的独特性的强烈意识，对天皇崇拜和国家崇拜的传统，军人的光荣感和勇猛的武士道精神，对纪律和刚毅的强调，产生了一种强烈的爱国主义和不畏牺牲的政治文化，加强了日本为战略上的安全和获取市场及原材料而扩张为“大东亚”圈这一目标的动力。这反映在1894年同中国进行的成功的陆战和海战中，那次战争是由于两国在朝鲜的权利的争执引起的。在陆上和海上，装备较好的日本军队似乎是被获胜愿望所驱使。在战争结束时，俄国、法国和德国“三方干涉”的威胁，迫使愤怒的日本政府撤回了它对中国大连和辽东半岛的要求，但这只不过增强了东京日后再干的决心。在政府中，不同意林权助男爵得出的严厉结论的人即使有，为数也不多：

> 如果我们认为必须有新的战舰，就要不惜任何代价去建造；如果我们军队的组织不合适，我们必须从现在起就开始整顿；如果需要，我们的整个军事体制就必须进行变革……
>
> 现在日本必须保持冷静和坚持自己的主张，以便使对它的猜疑自然平息；在此期间，必须巩固国家力量的基础；我们必须在东方静观和等待机会，这个机会总有一天会到来。当这一天到来时，日本将决定它自己的命运……

10年之后，当它对朝鲜和中国东北的野心与沙皇俄国的野心发生冲突时，报复的时机到来了。如果说海军大将东乡平八郎的舰队在对马海峡的决战中摧毁俄国舰队使海军战史专家们对日本舰队留下了深刻的印象，那么日本社会总的态度则使其他观察家们感到震惊。日本对大连进行了出其不意的打击（这种做法始于1894年同中国的战争，后在1941年再度使用），日本民族主义者为获得彻底胜利而不惜付出一切代价的热情在西方受到了欢迎。更引人注目的似乎还是日本军队在大连和沈阳周围的陆战中的表现，在这次战斗中，有数万名士兵冲过布雷区，越过铁丝网，冒着俄国人重机枪的扫射，在攻占俄军战壕之前丧生。即使在大规模工业化的年代，武士道精神加上刺刀似乎也能保证战场上的胜利。就如所有同时代的军事专家们断言的，如果士气和纪律仍然是国家实力极为重要的先决条件的话，日本在这些资源方面是非常富有的。

但是即使那时，日本也不是一个羽毛丰满的大国。日本很幸运地战胜了更为落后的中国和军界上层臃肿、因圣彼得堡和远东之间相距遥远而处境不利的俄国。此外，1902年缔结的英日同盟也使它得以在不受第三国干涉的情况下，在自己熟悉的区域里作战。其海军依靠的是英国制造的战舰，其陆军依靠的是克虏伯制造的枪炮。最重要的是，它发现自己的资源不可能在财政上负担战争的巨额费用，只能够依赖在英美筹措的贷款。结果是，1905年底在与俄国进行和平谈判时，日本财政已处于崩溃的边缘。东京的公众对此可能感觉不太明显，他们对使俄国在最后达成的协议中得以摆脱困境的较为宽容的条件感到愤怒。但结果是，由于胜利已经肯定，日本军队感到自豪并受到了赞扬，其经济得以恢复，而且其大国地位（尽管是地区性的）得到了所有大国的承认，日本成熟了。在远东，如不考虑它的反应就做不成任何重要事情；但它是否能够进一步扩张而不引起资格更老的大国的反应，彼时还一点儿也不清楚。

德国

有两个因素确保了德意志帝国的崛起将比其“新来的”伙伴对大国之间的均势产生更直接和更大的影响。第一个因素是，德国远不像日本那样是一个从孤立状态中出现的国家，而是在旧的欧洲国家体系的中心崛起的，它的建立直接冲击着奥匈帝国和法国的利益，而它的存在改变了当时欧洲各大国之间的相对地位。第二个因素是德国在工业、商业和陆海军方面进一步发展的绝对速度和程度。到第一次世界大战前夕，它的国力不仅是意大利和日本的 3 倍或 4 倍，而且还超过了法国或俄国，很可能还赶上了英国。1914 年 6 月，80 多岁的韦尔比勋爵回忆说：“他们记得在 19 世纪 50 年代时，德意志是一群由无足轻重的王室成员统治下的无足轻重的邦”；现在，在一个人的有生之年中，它是欧洲最强大的国家，而且仍在发展。单是这一点就使得“德国问题”成为 1890 年以后半个多世纪里这么多世界政治事务的中心。

这里只能提供一点点有关德国经济飞速发展的细节。它的人口从 1890 年的 4 900 万猛增到 1913 年的 6 600 万，在欧洲仅次于俄国，但由于德国比俄国的教育水平、社会供应和人均收入都高得多，所以这个国家的人口在数量上和质量上都是强大的。据一份意大利的资料反映，意大利军队招募的每千名新兵中，有 330 名是文盲；而奥匈帝国是每千人中有 220 名，法国是每千人中有 68 名，令人吃惊的是，德国每千人中只有一个文盲。获益的不仅是普鲁士军队，而且还有需要熟练工人的工厂，需要受过良好训练的工程师的企业，寻求化学家的实验室，期望得到管理人员和推销员的公司——德国的学校体制、多种科技的学院和大学，能够大量培养上述的人才。通过把这些知识的成果运用到农业上去，德国的农民使用化肥和大规模实行现代化来提高粮食产量，它每公顷的产量比其他任何一个大国都高得多。为了安抚容克豪族和农民组成的团体，德国的农业实行了许多关税保护措施以对付粮食生产成本更低的美国和俄国；而由于它的高效率，巨大的农业部门并没有使人均国民收入和产量降低到像欧洲大陆其他国家因农业而降低的水平。

但就是在它的工业发展中，德国才真正地在这些年里显示出特色。它的煤产量从 1890 年的 8 900 万吨上升到 1914 年的 2.77 亿吨，只落后于英国的 2.92 亿吨，远远领先于奥匈帝国的 4 700 万吨、法国的 4 000 万吨和俄国的 3

600万吨。德国钢产量的增长更加惊人，1914年，德国1 760万吨的产量高于英、法、俄三国的产量总和。更引人注目的还是德国在电力、光学和化学等20世纪新兴工业中所取得的进展。像西门子和AEG公司这样的大公司，雇用着14.2万名工人，它们控制着欧洲的电力工业。德国以拜尔和霍奇斯特为首的化学公司生产了世界工业染料的90%。这段成功的历史自然反映在德国的外贸数字中，从1890年到1913年，德国的出口增加了两倍，使它接近世界头号出口国英国。以下事实并不使人感到惊讶：它的商船大大增加了，在第一次世界大战前夕成为世界第二大商船拥有国。那时，它在世界制造业中所占的份额（14.8%）高于英国（13.6%），约是法国的2.5倍（6.1%）。它已成为欧洲的经济动力源泉，甚至它广为宣传的资本短缺似乎也没有降低它的发展速度。民族主义者弗雷德里希·瑙曼为这些发展以及这些发展对德国的世界地位所具有的含义感到欢欣鼓舞，几乎没有什么人对这种情景感到不解。瑙曼写道："德意志种族带来了发展，发展又带来了陆军、海军、钱和权力……只有当一个活跃的民族在它的喉管里感觉到春天的甘汁时，现代的、庞大的权力工具才可能产生。"

像瑙曼这样的宣传家们，甚至还有像泛德意志联盟和德意志海上联盟这样狂热的扩张主义集团，竟欢迎和敦促德国增强在欧洲和海外的影响，这不怎么令人吃惊。在这一"新帝国主义时期"，在其他任何一个大国里，都能听到相类似的呼吁。就如吉尔伯特·默里在1900年所作的令人厌恶的评论，每一个国家似乎都会宣称，"我们是所有民族中的精华……最有资格统治其他民族"。也许更重要的是，1895年以后，德国的统治者上层似乎也相信需要在时机成熟时大规模地扩张领土。海军上将蒂尔皮茨坚持认为，德国的工业化和海外征服"像自然法则一样不可抗拒"；首相比洛宣称，"问题不是我们是否要殖民，而是我们必须殖民，不管我们是否想殖民"；威廉皇帝自己也轻率地宣布，德国"要在旧欧洲狭窄的边界之外完成重要任务"，虽然他也想到过德国在和平的意义上在欧洲大陆行使"拿破仑式的霸权"。所有这些，与俾斯麦一再坚持的德国是一个“饱和的”、渴望维持欧洲现状而对海外领土没有热情的（尽管1884~1885年有过殖民企图）国家的腔调相比，是一种彻底的转变。在这里夸大德国“意识形态上一致”要求扩张的特殊的侵略性是不明智的；法国和俄国、英国和日本、美国和意大利的政治家们也宣布了它们国家的天定命运，尽管他们也许是以一种不那么带决定论的、狂热的语调宣布的。

有关德国扩张主义的重点是，要么这个国家已拥有改变现状的实力手段，要么它已拥有创造这种手段的物资资源。关于这种能力的最明显的说明，是1898年之后德国迅速建设海军，其海军的规模在蒂尔皮茨的领导下从世界的第六位变为仅次于英国的帝国海军。到大战前夕，由13艘无畏级战列舰、16艘旧式战列舰和5艘战列巡洋舰组成的这支公海舰队，成为一支迫使英国海军部逐渐把驻扎在海外的主力舰队撤往北海的强大力量；那时有迹象（较好的内部结构、炮弹、光学设备、舰炮控制、夜间训练等）表明，德国舰船从整体上来说比较优良。虽然蒂尔皮茨一直未能得到大量资金以实现其最终创建一支“同英国一样强大”的舰队的目标，但他确实建立了一支足以威慑敌对的法国和俄国舰队的力量。

对某些观察家来说，德国成功地在陆上作战的能力给人的印象不那么深刻；的确，乍一看，在1914年前的10年里，普鲁士军队与规模大得多的沙俄军队相比就相形见绌了，而法国的军队也和它差不多。但这种表象容易使人误解。由于复杂的国内政治原因，德国政府选择了把它的军队维持在一定的规模上，并允许蒂尔皮茨的舰队大量增加其在整个国防预算中的份额。当1911年和1912年的国际紧张局势导致柏林决定大规模发展其陆军时，装备上的迅速变化是很明显的。从1910年到1914年，其陆军的预算从2.04亿美元增至4.42亿美元，而法国只从1.88亿美元增至1.97亿美元——但法国把89%的适龄青年征召入伍，而德国只招募了53%的适龄青年就实现了这种军事动员。到1914年，俄国已为其陆军花费了3.24亿美元，但却甚感紧张：国防开支占俄国国民收入的6.3%，而德国的只占4.6%。除英国之外，德国比欧洲其他任何国家更容易承受“武装的重负”。此外，当普鲁士军队能够动员和装备数百万后备役军人，而且——由于其更好的教育和训练——实际上能把它们部署在前线采取行动时，法国和俄国却不能。法国总参谋部坚持认为，其后备役军人只能在后方使用；而俄国既没有武器、靴子和军服来装备其数百万理论上存在的后备军，也无军官来管理他们。但即使如此，也仍未弄清德国军事能力究竟达到了什么程度，因为它还反映在诸如良好的国内交通线、快速的动员体制、优良的参谋训练、先进的技术等不能用数量来表达的因素上。

但德意志帝国被它的地理环境和外交削弱了。因为它位于欧洲大陆的中心，它的发展似乎要同时威胁到许多其他大国。其军事机器的效能，再加上泛德意志重组欧洲边界的号召，使法国和俄国感到恐慌，迫使它们彼此之间更为接近。德国海军的迅速发展使英国感到极度不安，就像德国对低地国家和法国北部的潜在威胁一样。用一位学者的话来说，德国“天生就被包围住了”。即使德国的扩张是指向海外的，但如不侵入其他大国的势力范围，又能到哪里去呢？向拉丁美洲冒险只能以与美国进行战争为代价。19 世纪 90 年代，它在中国的扩张一直遭到俄国和英国的反对，而且当 1905 年日本人取得对俄战争的胜利后就成为不可能的了。建造巴格达铁路的企图使伦敦和圣彼得堡都感到惊恐不安。想把葡萄牙殖民地搞到手的努力受到了英国人的阻拦。当美国可以明目张胆地在西半球扩大自己的势力，日本侵入中国，俄国和英国向中东渗透，法国“完善”其在非洲西北部的据点时，德国却两手空空。当比洛在其 1899 年著名的《锤子或铁砧》的演说中愤怒地宣称“我们不能允许任何外国或任何外国的朱庇特神来告诉我们‘能做什么呢？世界已经被瓜分完毕’”时，他表达了一种普遍存在的不满情绪。没有什么人对德国的宣传家们重新分割世界的呼吁感到疑惑不解。

可以肯定的是，所有正在崛起的大国都呼吁改变已经固定下来的对旧的、老资格的大国有利的国际秩序。从强权政治的观点来看，问题是这种特殊的挑战是否能在不招致太多反对的情况下改变旧的国际秩序。地理环境发挥着重要作用，外交也很重要；也就是说，因为德国没有日本那样的地缘政治形势，它治国的本领就需要有非常高的水平。由于已认识到第二帝国的突然出现引起了不安和妒忌，俾斯麦在1871年之后一直努力使其他大国（特别是侧翼国家俄国和英国）相信德国没有进一步的领土野心。但是急于表明其气概的威廉及其顾问们太不谨慎了，他们不仅公开表示对现存秩序不满，而且——这是最大的失败——柏林的决策过程表明，隐藏在帝国重要目的表象后面的是混乱和不稳定，这使所有目睹在机密行动中这一过程的人感到吃惊。这种情况有许多应归咎于威廉二世个人的性格弱点，但它被俾斯麦宪法制度上的缺陷加剧了。由于没有任何人（像一个内阁一样）对政府的全面政策集体负责，不同的部门和利益集团都去追求它们自己的目标，上边对此不作任何检查，也不规定哪是重点。海军只考虑将来同英国的战争；陆军的计划是消灭法国；金融家和商人们则希望进入巴尔干、土耳其和近东，并在此过程中消除俄国的势力。首相贝特曼·霍尔维格在1914年7月悲叹道，结果将是“向每一方挑战，又妨碍了每一方，而且在所有这些进程中实际上削弱不了任何一方”。在一个充满自私自利并疑虑重重的国家里，这不是一个成功的窍门。

最后，仍存在一种危险：如不能在外交上和领土上获得成功，将影响威廉德国微妙的国内政治，威廉的容克上层担忧其农业利益会（相对）减少，担心有组织的工人的兴起和工业繁荣时期社会民主党影响的发展。1897年以后，对强权政治的追求确实在很大程度上受到了这些考虑的推动，这将在政治上受到欢迎并转移对德国国内的政治分歧的注意力。但柏林的政权通常要冒双重危险：如果它在与“外国朱庇特”的对峙中退却，德国的民族主义势力可能会谩骂和谴责这位皇帝及其助手们；而如果国家全力参加一场战争，却又不清楚广大工人群众、士兵和水兵们自发的爱国主义是否将超过他们对非常保守的普鲁士—德意志国家的厌恶。当一些观察家认为一场战争将使全国团结起来支持皇帝时，其他人则担心它将进一步加剧德国社会政治结构的紧张状况。还有，这需要在各方面联系起来看，例如，德国国内的弱点不像俄国或奥匈帝国的弱点那么明显，但确实存在，而且它们肯定会影响这个国家参加一场长期的“总体战争”的能力。

许多历史学家争辩说，德意志帝国“情况特殊”，它遵循的是有朝一日将在国家社会主义的暴行中达到顶点的“特殊道路”。只从1900年前后的政治文化和花言巧语来看，这是一个很难检验的主张：俄国和奥地利的反犹主义至少与德国一样强烈，法国的沙文主义与德国的一样明显，日本对文化的独特性和天定命运的观念与德国持有的一样广泛。这些被观察的每一个大国都是“特殊的”，它们在帝国主义时代都太急于宣称其特殊性了。但从强权政治的标准来看，德国确实具有很重要的特性。它是一个把西方民主国家的现代化、工业化的力量，与东方君主国专断的（也有人可能说是不负责任的）决策结合在一起的大国。它是除美国之外“新出现的”大国，它的确有能力向现存秩序挑战。它是一个正在崛起的大国，如果它进一步向东或向西扩大它的边界，只能损害其强大的邻国的利益：用卡利奥的话来说，这个国家将来的发展会“直接”而不是“间接”地动摇欧洲的均势。按照蒂尔皮茨的说法，德国认为“弥补其失去的地盘……是一个生死存亡的问题”，对这样一个国家来说，这是一个爆炸性的结合。

对于一个要进行突破的正在崛起的国家来说，这似乎是一个至关重要的问题，而对于那些在目前的压力之下要努力据守自己地盘的老资格的大国来说，这个问题更为迫切。这里有必要再次指出三个正在被谈论的大国——奥匈帝国、法国和英国之间的重要差别，特别是奥匈帝国和最后一个英国之间的差别。但是，有关它们在世界事务中各自力量的图表将表明，它们在19世纪末与它们在50或60年前相比，都明显变弱了，虽然它们的防务预算更多，殖民帝国的版图更大，而且它们（就法国和奥匈帝国来说）在欧洲还有领土野心。不仅如此，指出下面这一点似乎是公平的：这些国家的领导人都知道，与他们的前任相比，国际形势变得更加复杂，险象丛生，而这种认识正迫使他们考虑彻底改变政策，以努力适应新的形势。

奥匈帝国

虽然奥匈帝国是已经确立的强国中最弱的一个（用泰勒的话来说，它正在从强国的行列中悄悄消失），但是这一点从宏观的经济统计数字来看并不明显。尽管大量地向外移民，它的人口仍然从 1890 年的 4 100 万上升到 1914 年的 5 200 万，远远超过了法国和意大利，在某种程度上也超过了英国。在这几十年里，帝国实现了高度工业化，其经济发展速度，在 1900 年以前可能比以后更快。到 1914 年，它的煤产量已相当可观，达到 4 700 万吨，既高于法国，也高于俄国。甚至在钢产量和能源消耗方面，它也绝不比这两个协约国中的任何一国差。它的纺织工业产量经历了历史上的一个高峰期，酿酒和甜菜的产量也有所提高。加利西亚的油田已被开采，庄园实现了机械化。斯科达兵工厂的规模成倍扩大，主要城市正实现电气化，铁路建设在国家的促进下蓬勃发展。根据贝洛克的一项统计，奥匈帝国 1913 年的国民生产总值实际上与法国相同，这看起来有些值得怀疑——就像法勒公布的材料一样可疑，该材料说，1890 年它在“欧洲强国”中所占的比例为 4%，到 1910 年上升到 7.2%。然而，很明显，奥匈帝国从 1870 年到 1913 年的增长率在欧洲属于最高之列，它的“工业潜力”的增长速度甚至比俄国更快。

但是，一旦更加细致地考察奥匈帝国的经济和社会状况，就会发现它存在着重大的缺陷。其中最基本的缺陷可能是人均收入和产量存在着巨大的地区性差异，这在很大程度上反映了从瑞士阿尔卑斯山到布科维纳地区的社会经济和种族差异，还反映了下述的鲜明差距：1910 年，加利西亚和布科维纳 73%的人口从事农业，而整个帝国 55%的人口从事农业；更主要、更令人惊异的是财富的巨大的不均，下奥地利（850 克朗）和波希米亚（761 克朗）的人均收入，远远超过加利西亚（316 克朗）、布科维纳（310 克朗）和达尔马提亚（264 克朗）。还有，在奥地利行省和捷克土地上工业正在起飞、匈牙利农业改良正在进行的同时，被贫穷困扰的斯拉夫地区，人口正以最快的速度增长着。结果使奥匈帝国工业化的人均水平远低于其他主要强国。在这几十年中，尽管它所有产品产量都有了绝对增长，但它在世界制造业生产的总产量中所占的比例仍然徘徊在 4.5% 左右。对肩负着战略任务的奥匈帝国来说，它所依靠的经济基础并不是强大的。

存在于日本和法国的那种民族文化高度的内聚力，对于民族关系相当复杂的奥匈帝国来说反而成了不良因素。维也纳控制着欧洲最众多的民族——当 1914 年大战来临时，动员令要以 15 种不同的民族语言下达。在波希米亚地区说德语和说捷克语的人之间由来已久的紧张关系，并不是弗朗西斯 · 约瑟夫皇帝及其顾问们所面临的最严重的问题。虽然“青年捷克”运动给这种紧张关系蒙上了最严重的阴影，虽然匈牙利在 1867 年以后获得了与之同等的伙伴地位，它还是免不了就诸如关税、少数民族的待遇、军队的“匈牙利化”等问题不断地与维也纳发生冲突，双方的关系达到了一触即发的紧张程度，以至于到 1899 年西方的观察家们曾经担心整个帝国就要崩溃。法国外长德尔卡塞为此曾秘密地与俄国重新商谈结成两国联盟的条件，目的在于防止德国接管奥地利领地和占有亚得里亚海岸。到 1905 年，维也纳的总参谋部确实在悄悄地准备着应急计划，以便在危机恶化时对匈牙利实行军事占领。维也纳所遇到的民族问题，不仅仅是捷克人和匈牙利人的问题，而且南部的意大利人也反对在他们的土地上强行德意志化，并寄望于边界那边，企求罗马的援助——就像被控制的罗马尼亚人在较小的程度上求助于东部的布加勒斯特一样。相比之下，波兰人比较平静，其部分原因是他们在奥匈帝国统治之下比在德国和俄国统治的区域享有比较优越的权利。但是，迄今对帝国联合体的最大威胁来自南部的斯拉夫人，因为帝国内部持不同政见的集团似乎寄希望于塞尔维亚，甚至更远处的俄国。在维也纳，自由主义人士时常敦促政府向南部的斯拉夫人的要求进行妥协，但匈牙利贵族强烈反对这些妥协。他们既反对匈牙利特殊的地位受到任何削弱，同时又在匈牙利境内对少数民族大加歧视。由于温和主义者要求对这一问题实行政治解决的办法遭到了政府的拒绝，这就为总参谋长康拉德将军之流的奥地利—德意志民族主义者打开了方便之门。他们坚持以武力对付塞尔维亚人及其同情者。这一主张虽然遭到了弗朗西斯·约瑟夫皇帝本人的阻止，但是如果帝国的生存真正受到了威胁，它仍不失为一项最后解决问题的有效办法。

所有这些无疑在很多方面影响了奥匈帝国的实力，这并不是说众多的民族一定意味着军事上的脆弱。帝国军队保持了统一的组织，善于使用多种语言的指挥系统，以及在驻防和部署兵力时惯用的分而治之的手法。但是，在某种情况下，依靠捷克或匈牙利部队的合作日益困难，甚至克罗地亚人（几个世纪以来用于“军事边界”地带）传统的忠诚也被匈牙利人的迫害所腐蚀。而且维也纳对付这些地区利益主义者的不满的一贯反应是，用设立专门问题委员会、提供新的工作、减免税收、增加铁路支线等办法来加以遏制。“在 1914 年，文职公务员的人数超过 300 万，他们管理学校、医院、社会福利、税收、铁路、邮电等各种各样的事务……于是……没有充足的钱留给军队。”根据赖特的统计，奥匈帝国的国防拨款在“国家（即中央政府）拨款”中所占的比例，比其他任何强国都少得多。结果它的舰队从来也没有充足的资金以赶上意大利，更不用说在地中海的法国海军了。军队的给养也只有俄国和普鲁士军队所享有的 1/3 到一半左右。军队的武器，特别是火炮已经过时，而且数量有限。由于缺乏资金，只有可征用人力的 30% 应征入伍，他们之中的大部分被放了长假，或只受到 8 周的训练。这种制度难以造就战时大量合格的后备军。

1900 年以后约 10 年时间里，国际紧张局势加剧，奥匈帝国的战略地位越发岌岌可危，内部分裂使国家面临分崩离析的威胁，同时使它与大多数邻国的关系复杂起来。经济的增长虽然显著，但它却无法赶上英、德这些主要强国。它用在国防上的人均费用比许多其他强国要少，应征入伍的青年在适龄青年中所占的比例，比其他任何大陆国家都少得多。最后再加上它似乎有很多的潜在的敌人，结果帝国总参谋部不得不为众多的战役制订计划——这是其他国家很少在上面分散精力的麻烦事。

奥匈帝国有如此之多的潜在敌人，是由于它本身独特的地理位置和多民族的国情造成的。虽然有三国联盟，但同意大利的关系在1900年以后变得更加紧张。康拉德在某些场合鼓吹向这个南方邻国发动军事进攻，尽管他的意见遭到了外交大臣和皇帝的强烈反对，但是沿着意大利边境的驻军和要塞仍然在不断加强。再扯远一点，罗马尼亚也在使维也纳感到不安，因为在1912年，罗马尼亚已经加入了敌对阵营，这对它构成了明显的威胁。但是最有敌意的地区是塞尔维亚，它与门的内哥罗一道似乎是帝国内吸引南部斯拉夫人的一块磁铁，因此帝国必须除掉这一病患。恰当的解决办法所带来的唯一问题是，对塞尔维亚的进攻很可能会引起奥匈帝国最可怕的敌人——沙皇俄国的军事反应，它很可能会在奥匈帝国的大批军队经过贝尔格莱德向南挺进时，入侵东北边境。因此，最好战的康拉德声称，“将通过外交家”使帝国避免同时向所有的敌人开战。他1914年制订的战争计划中，暴露了军队不得不准备进行军事玩火行动。当由几个军组成的主力部队（A梯队）做好了战斗部署，准备去对付意大利或俄国时，一个由3个军组成的较小的集团军（巴尔干小分队）将被动员去进攻塞尔维亚—门的内哥罗。此外，一个由4个军（B梯队）组成的战略预备部队，将随时准备增援A梯队，使之变成一支强大的进攻力量，如果没有来自意大利或俄国的危险，就加入巴尔干小分队进攻塞尔维亚。

有人认为，“问题的核心在于奥匈帝国企图以二流国家的物力扮演一流强国的角色”，企图在各条战线上都强大起来。这种不顾一切的努力，使帝国出现了到处衰落的严重风险。至少，这些努力给帝国的铁路系统及控制它的官员提出了不切实际的要求。不仅如此，这种军事上的进退维谷证实了维也纳大多数观察家自1870年以来不愿接受的事实：一旦大国战争爆发，奥匈帝国就需要德国的援助。如果只是纯粹的奥意战争（虽然它是最不可能的危急事件，尽管康拉德时常担心），情况可能还不致如此。但是奥匈帝国卷入塞尔维亚的战争，塞尔维亚人因此得到俄国的援助，那么德国的军事援助肯定是必需的。因此在1914年以前，康拉德为使柏林保证在这一问题上的许诺而进行了不懈的努力。最后，这种军事计划的荒诞性又一次反映了很多当代人能观察到但后来的某些历史学家又不愿承认的事实：如果在巴尔干和帝国本土内部爆发的民族主义不满情绪继续激化，那么维护约瑟夫皇帝所独有的但又不合时代潮流的继承权几乎是不可能的。当这样的事情发生时，欧洲的均势注定要被打破。

法国

1914 年，法国具有比奥地利远为有利的条件，其中最主要的是它只有一个敌人——德国。它可以集中国家的全部力量对付德国。可是在 19 世纪 80 年代后期，情况并非如此，那时法国在埃及和西非向英国挑战，并与英国皇家海军展开军备竞赛。同意大利的纠纷也几乎达到了大动干戈的程度。与此同时，它还准备向德国进行报复。甚至当较为谨慎的政治家们把国家从战争边缘上拉回来，然后进入与俄国结盟的早期阶段时，法国面临的战略困境仍然很严重。它的最可怕的敌人德意志帝国，现在显然比以往更强大了。但是，意大利的海军和在殖民扩张方面的挑战（如法国人所见）也是令人不安的。这不仅是由于意大利自身的缘故，而且同意大利进行战争几乎肯定会使它的盟国德国卷进来。对于法国陆军来说，这意味着它将不得不把大量的师驻守在其东南边境。对海军来说，一个老的战略问题变得更加棘手：它是把舰队集中在地中海港口还是大西洋的港口，还是冒险将舰队分成两支较小的兵力？

所有这些都因 1882 年英国占领埃及以后，英法关系的迅速恶化而复杂起来。从 1884 年起，两国暗地里进行着逐渐升级的海军军备竞赛，对英国来说，军备竞赛与以下的前景有关：它有丧失地中海交通线的可能，（偶尔）还担心法国会越过英吉利海峡入侵英国。更持久更具威胁的是英法之间关于殖民地的不断冲突。在 1884 年至 1885 年，英法为争夺刚果发生争吵；在整个 19 世纪 80 年代和 90 年代，两国为争夺西非闹得不可开交；1893 年为争夺泰国，它们几乎处于战争边缘。最大的危机出现于 1898 年，当时双方为争夺尼罗河流域的控制权进行了长达 16 年之久的对抗，基切纳的军队与马尔尚的小分队在法绍达的冲突使对抗达到顶点。虽然当时法国人退让了，但他们仍是精力旺盛、胆大妄为的帝国主义者。廷巴克图[4]和东京[5]的居民无人认为作为强国的法国正在衰落。1871~1900年，法国殖民地领土又增加了350万平方英里，它无可争辩地成为仅次于英国的最大的海外殖民帝国。虽然那些地区的商业不很发达，法国仍在从达喀尔到西贡之间的广大范围内建立起了庞大的殖民地军队和一些优良的海军基地。即使在没有进行殖民化的地区，如地中海东部沿岸以及中国南部，它的影响也很大。

有人争辩说，法国能够贯彻这样一个有活力的殖民政策，是因为政府机构允许一小撮官僚、殖民地总督和半殖民地热心拥护者推行“前进”战略，这种战略是第三共和国变换迅速的内阁几乎没有机会加以控制的。但是，虽然法国议会政治多变的状况无意识地加强和坚定了它的帝国政策——通过把帝国政策交由常务官员及他们在殖民地问题上的“院外集团”的朋友们来掌握，但它对海军和陆军事务的影响却远不是令人愉快的。例如，政府的经常更迭使海军部长不断变换，他们之中有的人只会做官，有的人对海军战略有自己的看法，但又经常变化。在这几十年里，政府给法国海军的大量拨款没有发挥作用，这从建设计划中可以看出来。有的负责官员偏爱海上劫掠（商业掠夺）战略，有的则坚决主张建造战舰。结果留给海军的是各类舰船的大杂烩，使之无法与英国或后来的德国海军相抗衡。然而帝国政策对海军的影响与对陆军的影响相比较，就显得相形见绌了。在陆军中，军官团对共和国政治家们表现出强烈的反感，加上文官与军人之间的许多冲突（包括臭名昭著的德雷福斯事件），削弱了法国的实力，这就使人们对军队的忠诚和战斗力产生了怀疑。只是由于1911年以后出现了明显的民族振兴，文官和军人的争端才被搁置一边，以便共同对抗德国。但是仍有很多人怀疑，这种政策是否已经给法国武装部队带来难以弥补的损失。

在国内，另一个明显束缚法国军事力量的因素，是它的经济状况。这里的情况也比较复杂，经济历史学家对许多不同指数的偏爱，也使它变得更加复杂化了。其中有利的因素有：

> 在这一时期，参加工业投资和对外信贷的银行和金融机构有了巨大的发展，并建立了现代化的钢铁工业。特别是在洛林矿区，新的工厂纷纷建成。在法国北部的产煤区，出现了工业社会通常具有的、破烂不堪的情景。在工程技术和新兴工业方面取得了重大的进展……法国有著名的企业家和革新家，19世纪末和20世纪初，他们在钢铁、工程技术、汽车和飞机制造等方面享有领先地位。施奈德、标致汽车、米其林和雷诺等公司走在时代的前列。

的确，在亨利·福特大规模生产法发明之前，法国一直是世界上重要的汽车生产国。19世纪80年代，铁路建设有突飞猛进的发展，它同改进电报业、邮政和内河航运一道推动着国内市场的形成。农业受到1892年《梅里纳关税法案》的保护，同时它继续集中生产高质量的产品，人均产值大增。由于在这几十年里绝对经济增长的指数和法国人口的少量增加，产量与法国人口的对比统计是令人难忘的，例如人均增长率和出口产品的人均值等，都是如此。

最后，一个不容否认的事实是：法国的流动资本极其丰富，它可以被用来（系统地用来）为国家的外交和战略服务。最令人难忘的标志是它很快便偿清了1871年对德国的赔款，这项赔款按照俾斯麦的错误估计是想使法国的力量在以后瘫痪多年。在随后的时期里，法国资本仍旧大量地涌向欧洲内外的许多国家。到1914年，法国的对外投资总额为90亿美元，仅次于英国。包括西班牙和意大利在内的欧洲大部分地区，都受到投资的帮助，实现了工业化，同时也给法国带来了大量政治和外交的利益。在进入20世纪之际，如果说意大利资金短缺并不是造成它逐渐脱离三国同盟的全部原因，那么至少它是与这些同时发生的。法国和俄国给中国贷款，在巴黎进行筹措，并通过圣彼得堡集中起来，目的在于换取筑路权和其他特权。法国在土耳其和巴尔干的投资——是受挫的德国人在19世纪以前绝对无法相比的——不仅在政治文化方面，而且在取得购买法国武器而不是德国武器的合同方面，都占了优势。最重要的是，法国人投资帮助他们的俄国同盟实现了现代化。从1888年10月在巴黎市场上第一次筹款，直到1913年提供5亿法郎的紧急贷款，条件是俄国要在波兰诸行省大大延伸其铁路网，以便把“俄国的不可抗拒的力量”迅速调过来击溃德国。这是到那时为止有效地利用它的财力支持自己战略力量的最有力的证明（虽然具有讽刺意味的是，俄国的军事机器效率越高，德国人越要加紧准备攻击法国）。

然而，我们一旦引入比较经济数据，法国经济发展的真实形象便失去了光彩。虽然它无疑是一个海外投资大国，但几乎没有证据证明这些资本给国家带来了理想的报偿：无论是就所得利润而言，还是在增加外国对法国产品的订货方面都是如此。甚至在俄国，德国商人经常得到进口贸易中最大的份额。德国在欧洲出口制造商中所占的比例在19世纪80年代早期已经超过法国，到1911年几乎是法国的两倍。但是，这反过来又反映了这样一个使人难堪的事实，早在一代人或两代人之前，法国的经济就遭受着英国工业的有力竞争，而这时又受到德国工业巨人崛起的冲击。除了像汽车工业这样极少数的例外，统计数字一再表明法国经济黯然失色。到大战前夕，它的工业总潜力只相当于德国的40%左右，钢产量则刚超过德国的1/6，煤产量几乎不足德国的1/7。由于是在较小的工厂和贫穷的矿区生产，因此煤、钢和铁的成本通常比较高。同样，尽管法国化学工业已有发展，但它仍依赖从德国进口。由于工厂小，生产方法陈旧，再加上严重依赖受到保护的国内市场，19世纪法国工业的发展，被冷酷地描写成步履蹒跚、踌躇不前、时起时落、进展缓慢的过程，这是不足为奇的。

它田园生活的魅力也不能令人得到安慰，至少就相对实力和财富而言是这样。自然灾害对丝绸和酿酒业的打击从来就没有恢复过来；极力保护农业收入，维护社会稳定的《梅里纳关税法案》的实施结果，延缓了人口从农村转入城市，从而扶植了低效的生产者。1910年前后，法国有活动能力的人口中有41%从事农业，而他们绝大多数是经营小块土地，这对法国的生产力和整个国家财富显然是个累赘。贝罗克的统计资料表明，1913年法国的国民生产总值相当于德国的55%，它在世界制造业中所占的比重只相当于德国的40%左右；赖特的统计证明，1914年法国国民收入为60亿美元，而德国为120亿。如果法国同其东部邻国单独进行一次战争，只能重现1870~1871年战争的结局。

从这些比较数据便可看出，法国像落后于德国那样，已在相当大的程度上落后于美国、英国和俄国，所以到20世纪初，法国在强国中只能位居第五位。可是，法国实力的削弱对与德国对抗来说是事关重大的，而这完全是因为两国关系恶化。在这方面，趋势不妙。德国在1890~1914年人口增加了将近1 800万，而法国只增加了100万多一点。这个事实，再加上德国拥有雄厚的财力，意味着无论法国怎样加紧维持军事力量，它都落后于德国。通过征召80%的适龄青年入伍，法国造就了一支规模非常庞大的军队，至少根据某些统计数据是这样。例如，法国能从4 000万人口中动员80个师，这与奥地利从5 200万中只能动员48个师相比，是很可观的，但用来反对德意志帝国则是无济于事的。使用训练有素的后备役的普鲁士总参谋部，不仅能动员大约100多个师，而且还拥有可征召的庞大的潜在人力——几乎有1 000万人是适龄青年，相比之下，法国只有500万；它拥有为数惊人的11.2万名受过良好训练的军士，这是扩大军队的关键因素，相比之下，法国只有4.8万名军士。虽然德国把国民收入的较小部分用于军费开支，但它所投入的绝对金额要多得多。法国最高统帅部为反对“无法接受的劣势状态”而进行的徒劳斗争贯穿着整个19世纪70至80年代，在第一次世界大战前夕，关于德国物质条件占优势的秘密备忘录同样令人惊慌：它拥有“4 500挺机枪，而法国只有2 500挺；它拥有6 000门77毫米的火炮，而法国只有3 800门75毫米火炮；并且它几乎完全垄断了重炮”。这最后一点尤其表明了法国人最糟糕的弱点。

然而，法国军队却带着必胜的信念投入了1914年的战斗。他们放弃了防御战略，竭尽全力地进攻，这反映了他们更加强调格兰梅森和其他人企图提高军队士气的愿望——人们猜想这是想在心理上弥补那些物质弱点。梅辛将军鼓吹：“决定战争胜利的不是军队人数和精良的武器，而是士兵的勇猛和素质——这里我指的是超群的体质和心理承受能力、进攻的力量。”这一论断与发生在1911年摩洛哥危机之后的“爱国主义复兴”是紧密相关的。虽然在德雷福斯事件过程中，阶级和政治的分化使国家显得如此脆弱，但这种复兴的爱国情绪仍然认为，国家能比1870年战争打得漂亮得多。大多数军事专家认为，行将到来的战争是短暂的，因此，重要的是有多少个师能投入战斗，而不是德国拥有大规模的钢铁和化学工业，也不是德国拥有几百万潜在的兵源。

这种民族自信心的复兴可能受法国国际地位改善的影响最大，这样的国际地位是外交部长德尔卡塞以及19世纪末和20世纪初他的外交家们争得的。他们不仅建立并保护了与圣彼得堡的重要关系（尽管德皇政府做出种种外交手段来削弱它），而且还稳固地改善了同实际上已从三国同盟分裂出来的意大利的关系，因而缓解了在萨瓦和洛林两地同时作战的问题。最重要的是，法国能够在1904年协约中调和与英国关于殖民问题的纠纷，从而使伦敦自由党政府确信法国的安全就是英国的国家利益。虽然英国国内的政治因素排除了两国成立同盟的可能性，但随着德国加强公海舰队以及有迹象表明德国将穿过中立的比利时向西进攻，法国得到英国援助的机会便增加了。如果英国介入，德国不仅担心俄国介入的问题，而且要为英国皇家舰队对公海舰队的影响、德国海外贸易的毁灭和人数少但意义重大的英国远征军部署在法北部而发愁。与俄、英两国联合起来，作为一个联盟向德国开战，这是法国自1871年以来的梦想，看来它将成为确切的现实。

法国当时还没有足够的力量同德国单独作战，这也是法国历届政府决心避免的事情。如果一个大国的标志就是愿意并有能力同任何一个强国作战，那么法国和奥匈帝国一样，会降到更低的地位。但是，这个定义在1914年对下述这样一个国家来说未免太抽象了：这个国家在心理上感觉在积极备战，军事上比以往强大，很富裕，更重要的是拥有强大的盟国。即使这些因素结合到一起，是否能使法国顶住德国仍是一个未知数。但大多数法国人似乎认为能够做到这一点。

英国

英国给人的第一印象就令人难忘。1900 年它是亘古未有的最大帝国，拥有1 200 万平方英里的土地和占世界 1/4 的人口。仅仅在过去 30 年间，帝国的土地就增加了 425 万平方英里，人口增加了 6 600 万。不仅后来持批判态度的历史学家，而且法国人、德国人、阿散蒂[6]人和缅甸人，以及当时其他民族的人，都有如下感觉：

> 在 1914 年大战爆发前半个世纪左右的时间里，英国的力量得到了惊人的膨胀，同时它对任何抱有同样野心的其他国家显然没有丝毫的同情心……如果确实有某个国家企图称霸世界，那就是英国。事实上，它不仅是企图称霸世界，而且是已经称霸于世界。德国人只是谈论着要修建通往巴格达的铁路，而英国女王实际上已经是印度女皇。如果说某个国家打破了世界力量的均势，那么这个国家就是英国。

英国实力的标志反映在许多方面：皇家海军力量的激增，其实力相当于其他任何两个最大的舰队之和，全球各地都有无与伦比的海军基地网和海底电缆通信站，拥有当时世界上最大的商船队，运载着世界最大贸易国的货物；伦敦金融区的金融服务业，使英国成为全球经济最大的投资者、银行家、保险商以及商品交易者。1897 年，在维多利亚女王[7]即位 60 周年庆典期间，忘乎所以、脱帽欢呼的英国人完全有理由感到自豪。每当人们谈论 20 世纪世界上 3 个或 4 个帝国时，英国——而不是法国，也不是奥匈帝国或其他后起的国家——总是处于为数不多的成员之列。

但是，如果从其他观点看来，从英国“官方思想”的角度来冷静考虑，或从研究英国实力受挫的历史学家的统计来看，19 世纪晚期肯定不是英帝国正“企图称霸世界”的时代，相反，早在一个世纪之前英国已经做出了这种“企图”，并在 1815 年的胜利中达到顶峰。这使英国在此后的半个世纪里繁荣起来，这是英国在海上和帝国争霸中几乎所向无敌的时代。然而，1870 年以后，世界力量对比正以两种可怕的、相互影响的方式削弱着英国的霸权。首先是其他国家随之进行的工业及陆、海军实力的改革，使大英帝国的地位相对受到削弱，因为正是这个大国在现状的变化中所失大于所得。英国也受到德国这个强大而又统一的国家出现的影响，但不如法国和奥匈帝国那么直接（只在1904~1905年英国才不得不解决这一问题）。但是，英国受到的最厉害的冲击是美国的崛起，因为英国在西半球的利益（加拿大、加勒比海军事基地及在拉美的贸易和投资），远比任何欧洲国家都更加突出；英国受俄国边界扩张和土耳其斯坦战略铁路的影响很大，因为它对英国在近东及波斯湾的势力，甚至最终对在印度次大陆的统治都构成了威胁。英国占有中国对外贸易的最大份额，它的商业利益可能因为天朝帝国的被分割，或有新势力出现于中国，而受到最严重的损害。同样，英国在太平洋地区和非洲的相对地位，都因1880年以后列强争夺殖民地而受到影响，因为它（用霍布斯鲍姆的话说）“用遍及大多数不发达国家的非正式帝国，去换取一个相当于非正式帝国1/4的正式帝国”，是一笔不合算的交易，尽管维多利亚女王的新领地还在不断扩大。

这些问题中，一些（在非洲或中国）是新出现的，另一些（与俄国在亚洲、与美国在西半球的竞争）则是英国以前历届政府都感到担忧的。现在不同的是，许多挑战国的实力相对强大得多，而各种威胁几乎同时出现。如同奥匈帝国因不得不应付欧洲内部的许多敌人而分散精力一样，英国的政治家们也不得不在确实具有世界规模的外交和战略活动中玩弄花招。例如，在危急的1895年，英国内阁被众多问题搞得焦头烂额：中日战争之后中国可能崩溃；亚美尼亚危机造成的奥斯曼帝国的垮台；在与美国就委内瑞拉—英属圭亚那边界问题进行争吵的同时，与德国在南非洲发生了正在逼近的冲突；法国在赤道非洲的军事远征；俄国向兴都库什的推进等。海军方面也不得不在活动中玩花招，因为无论皇家海军的预算怎样有规律地增长，在19世纪90年代正在建造的五六支外国舰队面前，它再也不能像19世纪中叶那样“称霸海上”了。正如英国海军部反复指出的那样，它有能力在西半球接受美国的挑战，但只有把战舰从欧洲海域调去才能做到；同样它有能力扩大皇家海军在远东的规模，但这必须削弱在地中海的舰队。它不可能处处强大。最后，陆军也不得不玩弄花招，把几个营从奥尔德肖特调往开罗，或者从印度调到中国香港，以解燃眉之急——而所有这些都是小规模的志愿部队去执行的，他们根本比不上普鲁士式的强大的部队。

英国互相影响着的两个弱点中的第二个弱点，不太直接，也不大引人注目，但或许更为严重。它是工业和商业优势的削弱，这种优势是英国海军、陆军和帝国实力最终依赖的基础。在这几十年中，已建立起来的英国工业，诸如煤炭、纺织和铁器制造业的绝对产量有所提高，但它们在世界总产量中所占的相对份额却逐渐下降；在钢铁、化学、机床和电器等新兴的越来越重要的工业中，英国很快失去了早期那种具有领先能力的地位。工业产量在1820年至1840年、1840年至1870年期间，年平均增长率为4%和3%左右，以后增长更加缓慢，1875年至1894年的年平均增长率只有1.5%多一点，远远低于它的主要对手。工业霸权的丧失很快反映在争夺买主这一方面。首先英国的出口商品漫天要价，使它们丧失了在经常受到高关税保护的工业化的欧洲和北美市场的优越地位，尔后，又丧失了某些殖民地市场，在那里其他列强不仅在商业上与其竞争，而且还在它们新获得的领土上设立关卡。最后，由于进口的外国工业品涨潮般地涌向国内未受保护的市场，英国工业又受到削弱——这是最明显的标志，说明英国越来越缺乏竞争力。

19世纪晚期，英国生产力的衰退和竞争力的下降，是经济史中研究最多的问题之一。它涉及到民族特征、时代差异、社会精神气质和教育制度等许多复杂的问题，以及像投资少、工厂陈旧、劳资关系恶化、推销无术等具体的经济原因。对于从事比较研究、具有高度战略眼光的研究者们来说，这些解释不比英国从总体上正稳步地丧失其地位这一事实更重要。虽然1880年英国在世界制造业总产量中仍然占有22.9%的比例，但到1913年已减到13.6%；

1880年它在世界贸易中所占的份额为23.2%，而在1911~1913年却只占

14.1%。就工业实力而言，美国和德国已走到了前面。昔日的“世界工厂”现在只能名列第三位，这不是因为它没有发展，而是因为其他列强发展得更快。

再也没有比相对经济衰退更能使好思考的英帝国主义者感到恐惧的了。这正是因为它对英国的实力有重大影响。“假如受到（外国竞争）威胁的工业恰好是你国防体系的根基，那么你会处于什么地位？”1904年W·A·S·休因斯教授问道，“如果没有钢铁工业，没有一个强大的工程技术行业，你就无法发展，因为在现代战争中你将缺乏建设你的舰队和军队并维持其战斗力的手段。”与钢铁工业和工程技术的发展相比较，为西非的殖民地边界问题，或为萨摩亚岛未来的归属问题而发生的争吵就显得微不足道了。因此英帝国主义者的利益在于关税改革（放弃自由贸易方案以便保护英国工业），在于密切与白人领地的关系，以便获取对国防的贡献和保护帝国的独立市场。按照约瑟夫·张伯伦令人毛骨悚然的名言，英国变成了“疲倦的泰坦，在它巨大的命运轨道上（摇晃）”。海军大臣警告说，在行将到来的岁月里，“联合王国依靠自己的力量无法占有与美国和俄国并驾齐驱的应有地位，甚至有可能赶不上德国。我们将被真正的实力抛到一边”。

但是，如果说从长远观点来看英帝国主义者无疑是正确的话，那么“正在庆祝特拉法尔加海战一百周年纪念日的帝国能否在下一个100年里继续生存下去呢”？一位有影响的新闻记者（加文）在1905年这样悲伤地问道。他们都有夸大当时危险的倾向。英国的钢铁贸易和机床制造业在许多市场上被超过，但是肯定没有被彻底击败。纺织业在1914年以前的许多年里享有出口繁荣，回顾起来反能被视为回春期。英国的造船业——对皇家海军和繁荣的商船航运都是至关重要的——在这几十年中仍然保持原有的地位，下水商船的吨位占世界商船总吨位的60%，战舰占33%，这使那些唯恐英国在战时过分依赖进口食品和原材料的人感到一些安慰。的确，如果英国卷入列强之间旷日持久的大规模工业化的冲突中，它将发现许多军事工业（例如，弹药、大炮、飞机、滚珠轴承、光学仪器、永磁发电机和染料等）是不够的，这便印证了传统的看法，即认为英国军队只能从事小规模的殖民战争，而不能进行大规模的陆战。但是在这一时期的大部分时间里所进行的正是这类陆军参与的战争。如果令人精疲力竭的、漫长的、战壕加机关枪的“现代”战争真的爆发了，像有些有识之士在 1898 年就已预测的那样，缺乏必要的物资和武器的将不仅仅是英国。

因此，在这一时期英国仍然拥有经济实力这个事实，应该是对英国存在的问题所作的悲观和笼统的描写的一个警告。回顾往事，人们可以得出结论：“1870 年到 1970 年的英国史，就是一部在经济、军事和政治上与其他国家相比几乎不断衰退的历史。它从 19 世纪中期产业革命给它带来的繁荣和实力的巅峰逐渐衰落下来。”但是，仍然有一种夸大衰退和预测衰退提前来临，以及忽视英国甚至在非工业界的巨大财力的危险。首先是英国在国内和国外拥有巨大的财富。虽然英国财政部在 1914 年以前的 20 年里由于新技术使单艘战舰的价格提高一倍多而感到压力沉重，而且选民数目的增加第一次导致了可观的“社会”开销，但是如果说“大炮加黄油”增加的开支在绝对数目上看起来令人吃惊的话，那是因为这个“守夜国”收取的个人所得税一直很少，而用于政府开支的国民收入也同样少。甚至在 1913 年，英国中央和地方政府的全部支出仅相当于国民生产总值的 12.3%。因此，虽然在 1914 年以前英国是国防开支最大的国家之一，但它需拨出的款项在国民收入中所占的份额比欧洲任何大国都少；虽然主要的帝国主义者倾向于在反对英国工业力量的同时，贬低其财政实力，但当时英国在海外拥有约 195 亿美元的相当可观的投资，此数大约占世界对外投资的 43%，这无疑是国家财富的源泉。如果战争需要，它确实有能力担负一场大规模和高消费的战争。值得怀疑的是，如果它被迫把越来越多的国家资源用于武装和现代的工业化战争，它能否继续保持它的自由政治文化——自由贸易，低廉的政府开支，免征兵役，主要依靠海军？但是英国有足够雄厚的资财是毋庸置疑的。

其他一些因素也提高了英国在列强中的地位，虽然在战略铁路和大量陆军正在破坏印度和其他殖民地的地缘政治的安全时代，保卫帝国陆地边界变得越来越困难，但英国仍然同以往一样保持着一个很大的有利条件——它的人民不必担心邻国部队的突然入侵，它能够重点发展海军而不是陆军，在战争与和平问题上，它的政治家们具有比大陆国家更大的行动自由。此外，虽然它取得的庞大的、难以防卫的殖民帝国蕴藏着巨大的战略难题，但也给英国带来了相当可观的战略优势。很容易从海上得到增援的大批帝国驻军，加煤港和舰队基地使它在欧洲大陆以外与欧洲列强进行的任何冲突中，处于极其强有力的地位。如同英国能帮助它的海外殖民地一样，海外殖民地（特别是印度和自治领）也能为帝国提供军队、船舰、原材料和筹措资金——这时正是白厅的政治家们为建立更有组织的“帝国防卫”而谨慎地在海外培养亲属关系的时代。最后有一种讽刺意义的说法是，由于英国的实力和影响在早年扩展得如此之大，英国现在拥有许多缓冲地带、许多无关痛痒的地区，因此，特别是在其所谓的“非正式帝国”范围内，拥有诸多妥协余地。

英帝国主义的许多公开的动听的论调并不能表明妥协与退让是那个时代的法则。但是对英国战略优势的仔细评估——在各部之间协商和内阁决策制度允许的范围内——年复一年地进行着，它考察英国在全球义务中的每一个问题，确定妥协或强硬的政策。因此，由于英美战争在经济上将是灾难性的，在政治上是不受欢迎的，以及在战略上是举步维艰的，英国似乎宁愿在委内瑞拉争端以及巴拿马运河、阿拉斯加边界等问题上做出让步。相比之下，19 世纪 90 年代，英国愿意在西非、东南亚以及太平洋地区的殖民地纠纷问题上同法国达成协议，却为捍卫它对尼罗河流域的控制而不惜诉诸武力。10 年以后，它愿意为缓和英德的对立做出努力（通过对海军比例、葡萄牙的殖民地以及巴格达铁路等问题达成协议），但是双方是否能就大陆战争爆发时保持中立问题做出承诺就值得怀疑了。外交大臣格雷在 1914 年以前试图接近德国的努力，大致同较早时索尔兹伯里勋爵试图在亚洲问题上与圣彼得堡达成协议的活动一样成功，两者揭示了一个共同的假设，通过外交途径能够解决世界事务中的大部分问题。一方面主张 1900 年前后英国的世界地位被削弱到 20 世纪 30 年代晚期的水平，而另一方面却认为1914年以前英国的实力得到了巨大的发展，以致打破了世界均势。这两种意见对于一个极其复杂的形势来说，同样是片面的。

然而在第一次世界大战前的几十年间，大不列颠发现自己在工业上已被美国和德国超过，并且在商业、殖民地和海上领域受到了激烈的竞争。然而，它的财源、生产力、帝国殖民地以及海军力量等诸因素的综合力量，意味着它可能仍是世界“第一”强国，虽然它的领先地位已远不如1850年那样显著，但保持世界第一强国的地位仍然是英国的基本问题。英国现在已是个成熟的国家，它对保护现存秩序，或至少保证事态以缓慢和平的方式发展具有内在的兴趣。为了某些明显的目的，它不惜使用武力——保卫印度，特别是在自己的海域内保持英国海军的优势。可能的话要保持欧洲的均势。但每一个问题都必须置于更广泛的背景中加以考虑，对照英国其他的利益加以权衡。正是由于这个原因，在1889年和1898~1901年，索尔兹伯里勋爵反对与德国一道承担明确的军事义务，而格雷则竭力避免在1906年至1914年承担反对德国的明确的军事义务。这使巴黎和柏林的决策人沮丧地感到英国未来的对外政策是模糊不清的，同时也反映了巴麦尊勋爵那个依然被人们广为接受的主张：英国拥有永久的利益，但无永久的盟国。随着19世纪的结束，即使行动自由的余地越来越少，存在于英国内部众多利益集团之间的传统的欺诈行为——帝国与大陆对立，战略与财政对立——仍会以旧的方式继续下去。

俄国

大多数人估计，在即将到来的20世纪，沙皇俄国也会自动成为严格选择会员的“世界强国”俱乐部中的一员。俄国从芬兰延至海参崴的总面积确保了这个地位——就像它的数目庞大、增长迅速的人口一样，它的人口约相当于德国的3倍、英国的4倍。4个世纪以来，俄国一直向西部、南部和东部扩张，尽管受到挫败，也没有任何要停止的迹象。在整个19世纪，俄国的常备军一直是欧洲规模最大的；在临近第一次世界大战时，它也仍然比其他国家的军队大得多，拥有130万前线部队和号称500万的后备军。俄国的军费开支也是非常大的，除了快速增长的“正常”军费外，还有“特别拨款”，所以数量可能等于德国（军费）的总和。铁路建设在1914年以前以飞快的速度发展着——在短时期内，威胁并暗中破坏了德国首先向西部袭击的计划（例如所谓施利芬计划）。日俄战争后，大量的金钱被投资于建设一支新型的俄国舰队。俄国势力的扩张甚至使普鲁士总参谋部都感到惊恐不安，小毛奇[8]断言，到1916和1917年，普鲁士的“敌人”的军事力量将会强大到使普鲁士不知如何去对付的地步。与此相反，一些法国观察家们怀着愉快的心情，期待着俄国人用“高压手段”席卷西部、挫败柏林的那一天的到来。一部分英国人，特别是那些与圣彼得堡大使馆有联系的人，极力劝说他们的政界首脑，“俄国很快将成为强国，我们必须不惜一切代价与它保持友好关系”。从加里西亚到波斯湾到中国，都在关注着俄国势力的发展。

俄国真的会如这些言论所暗示的那样，再次成为欧洲宪兵吗？对从18世纪至今的西方观察家来说，估算它的实力一直是个难题。由于缺乏可靠的、可用于比较的资料，由于俄国人对内和对外说法各异，加上有完全用主观说法代替客观事实的危险，这就使得这种估算更为困难了。“1914年以前欧洲评估俄国”的工作不论多么深入透彻，毕竟不同于对“俄国力量”本身的确切分析。

从确实存在着的、似乎站得住脚的证据中可以看出，俄国似乎在1914年以前的几十年中，既是强大的，也是软弱的。这要取决于用望远镜的哪一头来观察。首先，同克里米亚战争时期相比，在工业上俄国已经强大得多。从1860年到1913年——一个很长的时期——俄国的工业产量以年平均5%的惊人速度增长着。19世纪80年代，这一增长率接近8%。第一次世界大战前夕，它的钢产量就已经赶上了法国和奥匈帝国，并远远超过了意大利和日本。俄国的煤产量甚至提高得更快，1890年为600万吨，到1914年已达3 600万吨。它还是世界第二大产油国。在建立已久的纺织业——它又比法国和奥匈帝国拥有更多的纱锭——发展的同时，俄国还有新发展起来的化学和电力工业，更不用说它的军事工业了。在圣彼得堡、莫斯科和其他大城市，出现了通常雇有成千上万工人的众多的工厂。俄国的铁路网在1900年约长达3.1万英里，1914年已接近4.6万英里。由于俄国在1892年采用的金本位制稳定了对外贸易，对外贸易在1890年至1914年增长了近两倍，使俄国在当时成为世界第六大贸易国。不仅俄国政府和铁路债券，而且俄国商业的潜力都吸引着国外的投资，给经济的现代化提供了巨额资金。这笔流入的巨额资金，加上源源不断的大量金钱（从增长的关税及伏特加酒等其他消费品中得到的税收），都被该国投入经济基础建设。许多历史学家指出，到1914年，俄国已成为世界第四大工业国。如果按这种趋势发展下去，难道俄国不会最终具有与其幅员辽阔和人口众多的优势相称的工业力量吗？

但从望远镜的另一头望去，却是一幅截然不同的景象。1914年俄国的工厂即使大约有300万工人，也只占人口的1.75%，这个水平是很低的。而在一所雇用1万名工人的纺纱厂，纸面数字给人印象颇深，但大多数专家现在认为那些数字也许是骗人的，因为在那个劳动力充足、技术落后的国家，纺织厂的那些纱锭通宵地被新来替班的男女工人轮流使用。也许更值得注意的是俄国的工业化程度，尽管有一些土生土长的企业家，但工业化是由外国人来实行的——例如由像辛格这样成功的国际商号，或是由大批的英国工程师来实行——或至少有些企业由外国投资者创办。"到1914年，90%的采矿业、近100%的炼油业、40%的冶金业、50%的化学工业，甚至28%的纺织业的所有权都归外国。"就事情本身来看并不奇怪——意大利就有某些相似之处，但这确实表明俄国极其严重地依赖外国企业和资本，而不是利用本国资源发展工业，而过分依赖外国资本不一定能（像1899年和1905年那样）维持它的利润。20世纪初，俄国已经是世界上最大的债务国了。为了不断吸收外资，俄国需要为投资者提供高于国际市场的平均利率，因而对外支付的利息日益大于"有形"贸易的余额。简言之，这是一种不稳定的状况。

也许这正是"不成熟"经济的另一个标志。正如事实所表明的那样，俄国工业的最大部门是纺织业和食品加工业（而不是像机械工程和化工那样的工业）。为了保护其既不成熟效率又低的工业，它的关税是欧洲最高的，而随着每次国防预算和铁路建筑的增加，进口产品也在增加。但最能说明这种发展落后状况的，也许是直到 1913 年，俄国的出口货物中 63%还是农产品，11%是木材。这两种产品的收入都极需用来支付美国农业机械设备、德国机床及其自身大量的外债利息——这些，农产品和木材是无法满足的。

如果再看相对的产量，对它的力量的估计就更糟了。虽然俄国在 1914 年以前是第四大工业国，但要赶上美国、英国、德国还有很长一段距离。其钢产量、能源消耗、在世界制造业生产中所占份额和全部工业潜力指数，与英国和德国相比黯然失色，当把这些数字与人口规模联系起来，并按人口平均计算时，这一差距的确很大。1913 年，俄国人均工业化水平不到德国的 1/4，不及英国的1/6。

在 1914 年使小毛奇和英国驻圣彼得堡大使感到恐慌的俄国，基本上是一个农业社会。大约 80%的人口以农业为生，其余相当一部分人仍然束缚在农庄和村社中。这一不大光彩的事实需要同另外两个事实联系起来。第一，俄国增加的大部分人口——仅 1890 年到 1914 年就有 6 100 万新生儿——是在农村和最落后（非俄罗斯族）的地区出生的，这些地区土壤贫瘠，很少使用肥料，普遍用木犁耕地。第二，这一时期所有可比较的国际资料表明俄国农业的低效率是全面的——小麦产量不足英国和德国的 1/3，土豆产量大约是英国和德国的一半。虽然在波罗的海地区有现代种植园和农场，但在其他许多地区，土地的村社所有及中世纪式的条带耕作制，消除了个人经营的积极性。土地定期重新分配也产生了这种影响，增加一户土地份额的最好办法就是在下次土地重新分配前，多多养出几个儿子。落后的交通工具、变幻无常的恶劣气候对农作物产生的影响，南部有“盈余”的省份和不太肥沃的、需要“进口”的原来的俄国本土省份之间的差距，是无助于解决这个结构性问题的。结果是，农业产量这几十年确实在持续增长（每年大约增长 2%），但收获的粮食却被增多的人口

（每年增长 1.5%）大量消耗掉了。由于其农业的很大部分，每年的人均产量仅增长 0.5%，俄国的实际国民生产的增长人均数就仅有约 1%——比德国、美国、日本、加拿大、瑞典少得多。当然，这与大量引用的年增长率 5% 或 8% 的工业方面的数字大不相同。

所有这些社会状况都是估价俄国实力的因素。格罗斯曼教授观察到，“工业方面异乎寻常的迅速发展，可能多与其他方面，特别是农业和个人消费方面的大停滞甚至重大的倒退有关。它还可能超过社会的现代化。如果人们允许这样表达的话”。事实上，这似乎是最真实的措辞。一个经济上极端落后的国家被迷恋于“得到并保持欧洲大国地位”的政治当权者们硬是推入了现代化的时代，因此，尽管有人肯定会发现相当多的、自发的企业活动，但实现现代化的巨大推动力是受到国家鼓励的，而且与军需——铁路、钢铁、武器装备等有关。但是，为了支付大批进口的外国产品和巨额的外债利息，俄国政府不得不确保农产品（特别是小麦）的出口量稳步增加，即使在像 1891 年那样的大饥馑时期也是如此；多年来，农业产量的缓慢增长并不意味着被剥夺了生活必需品的、营养不良的农民的生活水平有所提高。出于同样的原因，国家为了支付工业化中负担极为沉重的基本建设投资和国防费用，不得不一再征收很高的税额（主要是间接税）和压缩个人消费。按照经济史学家们的看法，沙皇政府硬是从无依无靠的平民手中“强行索取”他们的积蓄。因此，就出现了这样一个令人惊愕的事实：“到 1913 年，平均每一个俄国人的收入用于防务的部分高于英国人平均负担的 50%，虽然俄国人的收入仅相当于英国人当时的 27%。”

这种落后的农业、工业化和最为沉重的军费开支的不健康的结合，给社会造成了更大的牺牲是不难想象的。1913 年，俄国政府把 9.7 亿卢布拨给了武装部队，而花在卫生教育上的经费只有 1.54 亿卢布；而且由于中央政府机构没有给予地方当局像美国各州或英国地方政府所拥有的那种财政权，经费的不足无法从其他方面得到弥补。在发展迅速的城市中，工人们不得不同排水系统缺乏、公害和差得惊人的住房条件及高税率等现象作斗争。出现了疯狂酗酒的现象——这是一种暂时摆脱残酷现实的手段。俄国的死亡率在欧洲最高。工厂里强制性的纪律，人们的生活水平没有真正提高等状况，导致了对制度的不满，这反过来为民粹派分子、布尔什维克分子、工团主义者、激进派分子——的确，为任何（尽管有检查制度）极力主张大变革的人，提供了一个理想的温床。1905 年那场具有历史意义的动乱之后，局势平息了一段时期。但在 1912~1914 年的 3 年当中，罢工事件、群众抗议活动、警察逮捕及屠杀不断加剧，达到令人惊恐的程度。但这类动乱如果与从叶卡捷琳娜二世到当今统治者都感到惊恐的问题——“农民问题”比较，就相形见绌了。当农业歉收和价格上涨同时发生时，它们同对高税率和恶劣的工作条件的强烈不满相互影响，就导致了多次农民骚乱。历史学家诺曼·斯通写道：

> 1900 年以后，波尔塔瓦省和坦波夫省的大部分田地都荒芜了；庄园的房屋被烧毁了，牲畜被肢解。1901 年军队的干涉达 155 起（1898 年只有 36 起），1903 年达 322 起，动用了 295 个骑兵中队和 300 个步兵营，有些还配备有火炮。1902 年是整个事件的最高潮，部队被用于镇压农民达 365 次。1903 年，为了维护国内秩序，聚集了一支比 1812 年强大得多的军队……在黑土中部的 75 个地区中，有 68 个地区出现了“动乱”——54 个种植园被毁坏。最严重的地区是萨拉托夫。

1908 年后，俄国内政部长斯托雷平企图通过解散农民的村社来压服这种不满，但他无疑在煽起新的动乱——动乱不是发自那些决心保留公社制度的村庄，就是来自新自主的很快破产的农民。因此，“1901 年 1 月，需出动部队 13 507 次，那一年全年达 114 108 次。到 1913 年，因‘攻击国家政权’而被捕的达 10 万人”。自然，这一切使这支还要忙于镇压那些怀有不满情绪的少数民族的军队不得不疲于作战——这些波兰人、芬兰人、格鲁吉亚人、拉脱维亚人、爱沙尼亚人、亚美尼亚人，寻求保留其在 1905~1906 年中央政权软弱时在“俄罗斯化”问题上获得的不满意的让步。任何一次军事失败后都会再次出现这些少数民族为摆脱莫斯科的统治所进行的努力。虽然我们没有确切的统计数字，但 1914 年 8 月，200 万结婚的俄国人中，少数民族无疑占了很大比例，目的是为了逃避征兵。

简言之，人们不是仅仅根据对布尔什维克革命后的剖析而看出 1914 年以前的俄国是一个社会和政治的火药库，假如出现更严重的歉收，或者工人生活水平的下降，或者发生一场大战，就很可能引起一场大爆炸。此处一定要用“很可能”一词。因为在很多地区（与这些不满分子一起）还存在着对沙皇和国家的深深的忠诚，还有一个民族主义日甚的议会，还广泛存在着对泛斯拉夫主义的同情，以及相应的对外国人的仇视。的确，和 1904 年一样，1914 年还有许多无能的宣传家和奉承者，他们坚持认为，在重大的国际问题上，这个政权决不能保持沉默。他们极力主张，如果参战，这个国家就一定要坚定地支持争取胜利的行动。

但在 1914 年，俄国在面临可能的对手的情况下，它能肯定赢得胜利吗？在对日战争中，俄国士兵作战非常勇敢沉着——如同在克里米亚和 1877 年对土耳其的战争中一样——但参谋工作的软弱无力、后勤支援的严重不足，以及死板的战术都起了作用。同奥匈帝国较量，特别是同有强大军事和工业力量的德意志帝国较量，会有更好的结果吗？尽管这一时期俄国的工业产量有了绝对的增长，但可怕的事实是，同德国相比，俄国的生产力实际上是在不断下降。例如，1900~1913 年，它的钢产量从 220 万吨增加到 480 万吨，但德国的钢产量却从 630 万吨跃至1 760 万吨。同样，俄国的能源消耗和工业潜力在绝对数量或相对比重上都不如德国。最后，我们还注意到，1900~1913 年，由于德国和（特别是）美国在世界制造业所占比重迅速增加，俄国所占比重从 8.8% 下降到 8.2%。这中间看不到有任何令人鼓舞的趋势。

但是，有人争辩说，“用 1914 年时衡量军队的标准来衡量”，俄国是强大的，因为“一场像考验军队那样考验一个国家经济和国家官僚机构的战争”，不是军事专家们所能预料到的。如果那样的话，人们就会疑惑，为什么同一时代有关德国军事力量的资料注意了前线的军队，又注意了克虏伯的钢铁、造船厂、染料工业和德国铁路系统的效率。而且，如果仅仅军事方面的数字是重要的，那么，俄国正在创建有史以来最多的师、炮兵连、战略铁路和军舰这一事实，应给人以深刻的印象。假设战争是短暂的，这类一般性的统计数字应可表明俄国正在发展的力量。

但当撇开这些肤浅水平的统计数字不管时，甚至军事问题也会变得更成问题。决定性的因素仍是俄国在社会经济和技术上的落后。农村规模巨大的人口量意味着，每年的征召实际上只有 1/5 的人入伍；吸收所有体格健壮的青年入伍会造成制度在一片混乱中崩溃。而那些入伍的农民是难以作为现代工业化战争的理想兵员的。由于把注意力拙劣地过于集中在军械方面，而不去注意国家力量中更广泛、更敏感的问题（例如教育总体水平、科技知识、官僚机构的效能），俄国在人员素质方面的落后是令人吃惊的。至 1913 年，其识字率只有 30%。一位专家一针见血地指出，这一比率“要比 18 世纪中叶的英国低得多”。在很顺利地投票通过拨出一大笔征募新兵的经费时，拥有极少经过培训的军士的军队能有多少用呢？在这一方面，带着“自卑而嫉妒”的感情去看待德国力量的俄国总参谋部的专家们认为没有用。他们也意识到了本国（如外国观察家意识到的那样）极其缺乏优秀军官。的确，从目前可得到的资料来看，几乎在各个方面——重炮兵、机枪、对众多步兵的指挥、技术训练水平、通信联络甚至庞大的飞机群——俄国军界都敏锐地意识到了自己的弱点。

当仔细检查俄国有计划的动员和战略铁路系统时，出现了同样令人沮丧的结论。虽然到 1914 年，铁路网的总英里数看上去颇为可观，但一旦把它和沙皇帝国广袤的领土相比——或者与西欧稠密得多的铁路网相比——就显得很不相称了。总之，由于许多铁路线的造价很低，所以铁轨通常都太轻，铁道的路基太脆弱，储水箱和叉道口太少。一些机车烧煤，一些机车燃油，另一些用木料，这使事情更加复杂化，但这同下面这些棘手事实相比不过是个小问题——部队在和平时期驻扎的位置与战时部署的地区相距甚远，并受到俄国有意识的分散政策的影响（波兰人在亚洲服役，高加索人在波罗的海各省服役等）。一旦大战爆发，大批部队不得不迅速地以某种方式通过兵员不足的铁路部队有效地进行转移。但这些兵员中“有1/3以上的人是文盲或半文盲，3/4的军官没有受到技术培训”。

由于俄国对法国和塞尔维亚承担了义务而引起的无法克服的困难，动员和部署问题日益恶化。鉴于这个国家铁路系统效率较低，和部署在波兰突出地带的兵力易受到来自东普鲁士和加里西亚的“钳形”攻势，所以对于俄军最高统帅部来说，俄军似乎在1900年以前战争爆发时应该谨慎地处于守势，并逐渐建立起它的军事力量。的确，一些战略家在1912年还在争论这个问题。但还有许多将军们渴望击溃奥匈帝国（他们有信心取胜），而且当维也纳和贝尔格莱德之间的紧张关系加剧时，一旦奥匈帝国入侵塞尔维亚，就帮助后者。但对俄国来说，由于担心德国可能会采取行动，在南部战线集结军队就变得不可能了。在1871年之后的几十年里，计划的制订者们一直认为，一场俄德战争将会以德国向东大规模地突然袭击开始。但当施利芬计划的大纲昭然若揭时，圣彼得堡受到法国的巨大压力，被要求开始尽快地向德国发起进攻，以缓和其西方盟国受到的压力。由于担心法国被消灭，加之巴黎强硬地坚持将进一步提供贷款与俄国提高进攻能力之事相联系，这就迫使俄国的计划制订者们同意尽快向西发起进攻。所有这一切，在1914年以前的几年里，在总参谋部内部引起了种种争论，各派意见就多个军部署在北线还是南线，就拆毁波兰旧的防御工事（荒唐的是，在这些工事中，部署了那么多新大炮），就下令部分动员而不是全部动员的可行性等问题，意见不一。鉴于俄国所承担的外交义务，这一矛盾心理也许是可以理解的，但这无助于达到使军事机构顺利运转的目的，而只有这样才会保证对敌斗争迅速取得胜利。

这一系列问题推而广之，达到几乎令人厌烦的程度。在现代化道路不多的俄国非常重要的50个骑兵师，需要那么多的饲料——约有100万匹马——仅这一项也许就可以导致铁路系统的瘫痪。供应干草自然会放慢持久性的进攻行动，甚至后备军的调动。由于其运输系统的落后和部队在国内所负的治安任务，它号称的数百万士兵根本不能被认为是战时可以作战的士兵。虽然在1914年以前给军队的拨款数目似乎很多，但绝大部分被食品、服装、饲料等基本需求用掉了。类似的情况是，尽管大规模地扩充了舰队，而且确有许多新的设计被描述为“极好的”，但海军仍需要水平高得多的技术培训和在其人员中更经常地进行战术实践训练，以便使他们真正具有战斗力。由于俄国海军均不具备上述的要求（水兵们依然以岸上基地为主），而且它不得不把其舰队分驻在波罗的海和黑海，所以俄国海上力量的前景并不那么乐观——除非它只对土耳其人作战。

最后，对俄国这一时期的全部能力进行的评估，不可避免地要对它的政权本身作一些评论。虽然某些外国保守主义者十分赞赏俄国的专制和中央集权体制，认为这一制度使国家的政策比西方民主国家所能办到的更具连贯性、更为有力，但如果我们更为仔细地进行考察，就会发现它有无数的缺陷。沙皇尼古拉二世看起来像一个波将金村的人，他头脑简单，深居简出，不喜欢处理难题，盲目自信他与俄国人民（当然，他对他们的真正幸福并没表现出丝毫兴趣）的神圣关系。政府更高阶层的决策方法是以给“拜占庭主义”一个坏的名字：不负责任的大公、情绪易于激动的女皇、反动的将军、腐败的投机商，其影响远远超过了沙皇政府可以吸取其偶尔进言的众多勤勉和聪慧的大臣们的影响。各部之间，比如说外交部和国防部之间，缺乏磋商和理解的状况，有时令人感到吃惊。宫廷对议会（杜马）采取的是一种公然蔑视的态度。贵族们只关心他们的特权，沙皇只求心境的安宁，在这种气氛中，要实现激进的改革是不可能的。其统治阶层常常惧怕工人和农民骚动，虽然政府开支的绝对数字为世界之最，但它对富人征收的直接税一直保持在最低限度（占国家岁入的6%），而且把大量税收负担放在粮食和伏特加酒上（约占40%）。这是一个收支平衡基础很脆弱的国家，但却无法防止（或谴责）因俄国贵族在国外花销而出现的大量资金外流。部分是因为暴虐的专制统治的传统，部分是因为缺陷太多的阶级制度，还因为教育和薪金水平较低，俄国缺乏使德国、英国、日本的行政系统运转的那种干练的文职骨干官员。实际上，俄国不是一个强大的国家；它仍然是这样一个国家：由于领导阶层的放任，它在没有作准备的情况下卷入外部纠纷而犯错误，却不接受1904年的教训。

那么我们该怎么估价俄国在这几年里的实力呢？其工业与军事方面年年在发展是无疑的。它拥有其他多方面的力量——部队的规模、某些社会阶层所具有的爱国主义精神和使命感、一定程度上不易遭受攻击的莫斯科中心地带——这些都是事实。在对奥匈帝国和土耳其，也许还有对日本的战争中，俄国获胜的前景都是乐观的。但对俄国来说，可怕的是与德国若隐若现的冲突来得太早了，早得使俄国不能应付。1909年斯托雷平夸口说：“如果给这个国家20年国内外的和平时间，你们就会认不出俄国了。”这也许是真的，即使在同一时期德国的力量也可能增加，但根据多兰和帕森斯教授提供的资料（见图1），俄国这几十年里的“相对力量”正在从1894年后的低起点上升，而德国的力量则接近巅峰了。

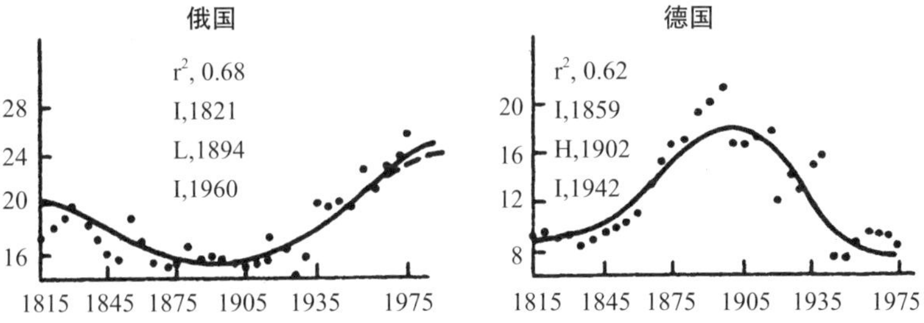

注：L=低点年度
H=高点年度
I=年度曲线点

图1 俄国与德国实力对比

对大多数读者来说，这样的描述可能太程式化了，但在19世纪的大部分时间里，俄国的力量和影响确实是（像前面所提到的）与其日益落后的经济成比例地衰落了。每一次重大战役的爆发（克里米亚战争、日俄战争），都暴露了新、旧两方面军事力量上的弱点，这就迫使该政权努力缩短俄国与西方已经拉开的距离。1914 年前的几年里，对某些观察家来说，差距似乎又一次接近了，尽管另一些人认为，许多方面的薄弱环节依然存在。由于俄国不可能得到斯托雷平要求的 20 年和平时间，它将再度不得不通过战争的考验，看一看它是否恢复了它在 1815 年和 1848 年欧洲强权政治中所拥有的那种地位。

美国

19 世纪后半期到 20 世纪初，在全球实力对比所发生的一切变化中，对未来最富有决定性作用的是美国的崛起，这应该是毫无疑问的。随着内战的结束，美国可以利用其多方面的有利条件——肥沃的农田、丰富的原材料以及开发这些资源的现代工艺技术的发展（铁路、蒸汽机、采矿设备等）。由于没有社会、地理上的限制，没有明显的外来危险，所以外来的和国内的投资额日益增加，并以惊人的速度改变着其自身面貌。譬如，在内战结束时的 1865 年到美西战争爆发时的 1898 年，美国小麦产量增加了 256%，谷物增加了 222%，精糖增加了 460%，煤炭增加了 800%，钢轨增加了 523%，投入运行的铁路线的长度增加了 567%以上。“几乎从零开始的新型工业发展的速度是如此之快，以致用百分比计算显得毫无意义了。原油产量从 1865 年的 300 万桶一跃而为 1898 年的 5 500 万桶，钢锭和铸件由不足 2 万吨猛增到 900 万吨。”这种发展并未因对西班牙开战而停滞不前；正相反，在整个 20 世纪初期，它仍以同样惊人的速度上升着。上述这些优势贯穿着发展的全过程。换句话说，只有因循守旧及连绵不断的内战或自然灾害，才可能对这种必然发展的趋势产生某种阻碍，或者对数百万横渡大西洋寻求栖身之所并加入这里的劳动大军的移民流入造成阻碍。

美国似乎拥有其他国家部分拥有的一切经济优势，而无它们的劣势。到 1914 年，横贯全国的 25 万英里铁路线沟通了幅员辽阔的美国（俄国当时有

4.6 万英里铁路，但延伸面积却是美国的 2.5 倍）。美国农业每英亩的产量始终高于俄国。假如美国的农产品产量从来都不比西欧集约化的农业地区的产量高的话，在其纯耕地面积、农机的效用以及降低运输费用等方面（因为铁路和航运业发达），也会使美国的小麦、谷物、猪肉、牛肉及其他农产品的价格比欧洲任何一国便宜。从工艺技术上来看，处于领先地位的美国的国际联合收割机公司、辛格、杜邦、贝尔、科尔特和标准石油公司，都赶上或超过了世界上其他国家。这是德国、英国和瑞士等竞争对手无法相比的。在俄国，采用大集团形式并不是提高工业效益的好方法，但美国则相反。例如，1901 年，安德鲁 · 卡内基将美国钢铁公司出售给J · P · 摩根财团时，其钢产量比整个英格兰的钢产量还要高。著名的英国战舰设计师威廉 · 怀特 1904 年周游美国时，惊奇地发现美国厂家在同时建造 14 艘战列舰和 13 艘铁甲巡洋舰（虽然如此，奇怪的是，美国商船队仍然还很小）。美国在工业、农业和交通运输方面，规模和效率都是很高的。因此到 1914 年，美国国民收入按绝对指数和平均值计算，都远远超过上述各国，这是毫不奇怪的。

表 21 及其他有关的比较统计数字反映了美国经济的迅猛发展。1914 年美国煤产量为 4.55 亿吨，大大超过英国（2.92 亿吨）和德国（2.77 亿吨）。美国也是世界上最大的石油生产国，同时又是铜的最大消费国。它的生铁产量比其他三国（德国、英国、法国）的总和还要多，钢产量几乎与其他 4 国（德国、英国、俄国、法国）持平。1913 年，美国现代燃料的能源消费等于英国、德国、法国、俄国和奥匈帝国的总消费量。它生产、拥有的汽车比世界其他国家的总和还要多。实际上，美国才是整个欧洲大陆真正的竞争对手，它发展得如此之快，已接近或赶上整个欧洲的水平。根据这种推算，假如增长率继续上升并能够避免一场世界战争的话，到 1925 年，它很可能成为最强的经济大国而压倒欧洲。然而，由于老牌大国在战争中所遭受的经济损失和经济失调，由于第一次世界大战的爆发，这一推算的时间提前了 6 年，到 1919 年美国的经济实力就已压倒了欧洲。甚至在 1914 年的大灾难到来之前，“瓦斯科 · 达 · 伽

马时代”——欧洲统治世界的400年历史就已宣告结束。

表21　1914年各大国国民收入、人口以及人均收入对比表

	国民收入（亿美元）	人口（万）	人均收入（美元）
美国	370	9 800	337
英国	110	4 500	224
法国	60	3 900	153
日本	20	5 500	36
德国	120	6 500	184
意大利	40	3700	108
俄国	70	17 100	41
奥匈帝国	30	5 200	57

当时外贸在美国经济发展中所占的比重的确很小（1913年外贸只占国民生产总值的8%左右，相比之下，英国则占26%），但美国的经济对其他国家的冲击是不可忽视的。美国传统上是出口原材料（特别是棉花），进口成品，以出口黄金来弥补贸易亏空。但内战后工业化的迅速发展改变了这种模式。美国开始将农机、钢铁制品、机床、电气设备和其他产品打入国际市场，很快就成了世界上最大的工业品生产国。与此同时，北部工业家们的院外活动集团势力强大，保证了通过越来越高的关税抵制外国货进入国内市场。相比之下，原材料或特需物资（如德国的染料）却大量进口，以供应美国工业。工业品源源不断地出口是最重大的变化，同时“运输革命”也促进了农产品的出口。美国农产品，以被销往大西洋彼岸的小麦为例，在1900年以前的半个世纪里，从芝加哥运往伦敦所需的运费，由原来的1蒲式耳40美分降低为10美分。谷物出口在1897年达到高峰，为2.12亿蒲式耳。1901年小麦出口达到2.39亿蒲式耳，这一出口浪潮还包括谷物、面粉、肉类以及肉制品。

这种商业转变的后果虽然主要是经济方面的，但也开始影响国际关系。美国工厂、农场的产品过剩引起了广泛的担忧，即担心庞大的国内市场不久将无力吸收这些产品。这就促使大财团（中西部农场主、匹兹堡钢铁公司等生产厂家）向政府施加压力，要求提供多种援助以开发海外市场，或至少保证海外市场的开放，并鼓动政府维护对中国的“门户开放”政策和使美国成为支配拉丁美洲经济的巨大力量，这是美国扩张其在世界贸易份额中所关心的两个方面。1860 年至 1914 年，美国出口额增加了 6 倍以上（由 3.34 亿美元增至 23.65 亿美元），然而为了有效地保护其国内市场，进口量只增加了 4 倍（由 3.56 亿美元增至 18.96 亿美元）。面对美国低廉物品的大量涌入，欧洲大陆的农场主们鼓动提高关税——他们通常也只能做到这一点。英国的自由贸易牺牲了谷物农场主们的利益。美国的机器和钢铁的大量涌入也引起了英国的恐慌。新闻记者 W · T · 斯特德以辛辣的笔触提到了“世界的美国化”，1902 年他出版的一本著作就是以此命名的。与此同时，威廉皇帝和其他欧洲领导人暗示有必要联合对付“不公平”的美国贸易巨人。

但是，更能造成不稳定的因素是美国对世界金融体系和货币流通的冲击，虽然这一点尚未被人们充分认识。由于美国在同欧洲的贸易中具有巨大的贸易顺差，欧洲必须以资本转移来弥补逆差，从而与美国工业、公共事业和服务行业的直接投资的洪流（到 1914 年总投资额达 70 亿美元）融合在一起。尽管西流的一些金条，可以通过欧洲投资所获得的利润和由美国支付的航运业、保险业一类的服务行业回收一些，但外流仍然是严重的，而且在继续加剧。这种状况又因美国财政部储存世界黄金储备近 1/3 的政策（当时正在讨论）而更加严重。美国到这时已成为完整的全球贸易体系中的一个组成部分，它在同原材料供应国的贸易中出现赤字，在同欧洲的贸易往来中又有大量盈余，但它的金融体制并不完备。例如，美国大部分对外贸易用的是英镑，伦敦则充当了黄金的最后债权人。由于没有控制金融市场的中央银行，由于纽约和伊利诺伊周围各州之间巨额黄金的季节性流入流出仅仅取决于谷物的收成，还由于投机商们不仅扰乱了国内货币体系，而且扰乱了伦敦黄金市场，在 1914 年前的几年里，美国已变成了一个巨大而无法测定的风箱，它不仅可以随时兴风作浪，而且偶尔还能戏剧性地将世界贸易体系的动荡平息下来。后来波及到伦敦、阿姆斯特丹和汉堡的1907年美国银行业危机（是投机商企图垄断铜的市场引起的），仅是第一次世界大战前美国冲击其他大国经济生活的一例。

美国工业的实力和海外贸易的崛起，必然伴随着更加专横的外交和具有美国风格的强权政治。美国人声称，在世界各民族中，他们具有一种使美国外交政策优于旧世界各国的特殊的道义才能，这些主张不仅掺杂着社会达尔文主义和种族论据，而且也掺杂着工业和农业压力集团要求获取海外市场的心理。传统的也时常被夸大的那种关于门罗主义受到威胁的警报，伴随着号召美国跨越太平洋去完成“天定命运”的要求。尽管美国不得不回避那种陷入困境的联盟，但在国内各类集团的敦促下需要开展更积极的外交。在麦金莱——特别是西奥多·罗斯福政府的领导下，美国展开了积极的外交活动。1895年与英国就委内瑞拉边界争端发生争吵（用门罗主义的条件来解释是正确的），3年后又发生了由于古巴问题而引起的更加戏剧性的美西战争。华盛顿要求单独控制地峡运河（以代替过去那种与英国对半控制的安排）。美国不顾加拿大抗议，坚持重新划定阿拉斯加边界，随着德国对委内瑞拉采取的行动，1902~1903年将舰队停泊在加勒比海，这一切都表明美国决心在西半球不受任何一个大国的挑战。其必然结果是，美国政府表现出了以外交压力和军事手段干涉尼加拉瓜、海地、墨西哥、多米尼加共和国等拉丁美洲国家的意愿，如果它们的行为不符合美国的行为准则的话。

美国在这个时期扩张政策的新特点是干涉、参与西半球以外所发生的事件。1884~1885年，美国列席在柏林召开的西非会议，这个行动是反常的、令人费解的：美国代表团发表了关于自由贸易和门户开放的夸夸其谈的演说，但后来签订的条约并未被批准。到1892年，《纽约先驱论坛报》还建议废除国务院，因为它在海外可做的事情寥寥无几。1898年的战争改变了这一切，这不仅给了美国在西太平洋（菲律宾）一席之地，还使它成为又一种类型的亚洲殖民主义大国，也使那些赞成专横政策的人时来运转。国务卿海约翰在次年“门户开放”的照会中较早地暗示，美国希望在中国有发言权。同样，1900 年美国派遣 2 500 人的军队参加八国联军，以“恢复”中国的秩序。[9] 罗斯福甚至更显示出开展大国政治的兴趣，他在结束日俄战争的会谈中充当了调停者，坚持要美国参加 1906 年关于摩洛哥问题的会议，与日本及其他大国举行谈判，企图维护在中国的“门户开放”政策。后来的学者认为，这大部分事实与其说反映出他在认真盘算其在世界上的真正利益，倒不如说反映了他在对外政策方面的不成熟，他的种族中心主义的幼稚性，和他想给国内外群众留下深刻印象的愿望。这些特征将使美国未来的“现实主义”外交政策变得错综复杂。即使如此，在帝国主义猖獗和民族主义尊严盛行的时期，很难说只有美国是这样的。但无论如何，除中国事务外，罗斯福的追随者们并未坚持这种积极的外交，他们宁愿不参与西半球以外所发生的国际事件。

随着外交活动的开展，军费也增加了，在两个军种中，海军军费增加最多，因为它是国家防御外来进攻（或对门罗主义的挑战）的前沿，也是支撑美国在拉丁美洲、太平洋地区以及其他地方开展外交、经商最有用的工具。在 19 世纪 80 年代后期，重建舰队的工作已经开始，而在美西战争时达到了最高潮。由于在那次冲突中，海战轻而易举地取胜似乎证明了马汉海军上将以及主张建立“庞大海军”的院外集团的观点是正确的，还由于战略家们对与英国作战的可能性和从 1898 年起与德国作战的可能性的担心，建造战舰的速度加快了。对夏威夷、萨摩亚群岛、菲律宾和加勒比海的基地的取得，使用海军舰只在拉丁美洲充当“国际警察”的行动，以及 1907 年罗斯福派遣其“大白舰队”环行世界的戏剧性举动，似乎都强调了海上力量的重要性。

1890 年，美国 2 200 万美元的海军费用只占整个联邦开支的 6.9%，而后来在 1914 年拨给海军 1.39 亿美元，占联邦支出的 19%。这些费用的使用并不都是合理的。国内舰队基地太多（这是地方上政治压力的结果），护卫舰船太少，但还是给世界留下了很好的印象。虽然美国海军远比英国皇家海军规模小，而且无畏级战列舰也比德国少，但 1914 年美国海军居世界第三位。然而即使美国控制的巴拿马运河的开凿，也没有解除美国计划者对这样一个战略难题的苦恼：把舰队分散在两大洋，或是让美国一侧的海岸线暴露于敌人。近年来一些官员的记录暴露出美国对别的大国抱有一些类似偏执狂的怀疑。事实上，随着20世纪初与英国的和解，美国是非常安全的，即使担心德国海上实力的崛起，也远没有必要像其他大国那样发愁。

美国小规模的军事力量在很多方面反映了它的安全状况。陆军也是在对西班牙开战时兴起的。它至少发展到了这样的程度：公民认识到它实际上规模是多么小，国民警卫队是何等混乱，早年的古巴战役可以说是一场灾难。1900年后，美国正规军的规模扩大了两倍，在菲律宾和其他地方又担负了驻防任务，但与塞尔维亚或保加利亚那样的欧洲中等国家相比，陆军仍显得微不足道。与英国相比，美国甚至对维持大量常备军有一种放任主义的厌恶情绪，并且避免对盟国负担明确的军事义务，只有近1%的国民生产总值用于防务。尽管它在1898年至1914年这一时期有帝国主义行为，但社会学家赫伯特·斯潘塞主张，宁肯称它为“工业”社会，而不称它为像俄国那样的“军事”社会。由于很多历史学家假设超级大国的兴起就起源于这一时期，值得指出的是，第一次世界大战前夕，俄、美两国之间有惊人的差别，前者拥有的前线部队是后者的10倍左右，但是美国的钢产量却是俄国的6倍，消耗的能源是俄国的10倍，工业总出口量是俄国的4倍（以人均值计，生产力是俄国的6倍）。毫无疑问，对所有考虑投入大批现役部队进行速决战的欧洲总参谋部来说，俄国似乎更强，但用其他一切标准来衡量，则是美国强，俄国弱。

美国肯定已经成为大国，但它并非大国体系的成员国。这不仅是由于总统与国会之间的分权使积极的结盟政策实际上不可能实施，而且很清楚，无人赞同放弃非常舒服的孤立现状。美国与其他强国中间有数千英里的海洋相隔，拥有一支微不足道的军队，只满足于对西半球的统治权。至少在罗斯福离职之后，美国对从事世界范围的外交不怎么感兴趣，所以它在1913年仍处在大国体系的边缘。由于1906年以后大部分国家把注意力从亚洲、非洲转移到对巴尔干和北海的开发，所以人们对以下的事实或许并不感到惊奇：与刚进入 20 世纪前后的时期相比，它们更不愿把美国看成是一个影响国际力量对比的因素。这又是一个 1914 年以前普遍持有的假设，它被第一次世界大战证明是错误的。

联盟与战争趋势
（1890~1914）

在理解大国体系这几十年间正在变化的方式时，第三个即最后一个因素，就是考察自俾斯麦去世到第一次世界大战爆发期间多变的结盟外交。尽管在 19 世纪 90 年代有一些规模较小的冲突（中日甲午战争、美西战争和布尔战争），稍后又有规模较大但仍是局部性冲突的日俄战争，从此以后，总的趋势——按费利克斯·吉尔伯特的说法——是联盟集团的“固定化”。同时，就大多数政府而言，它们期待如果下一次大战爆发，它们将是某一同盟的成员。这样就增加了对相对国力估量的重要性，并使这种估量复杂化，因为盟国既会带来好处，也会带来不利。

当然，结盟外交的趋势在那时尚未影响到遥远的美国。对于日本来说，英日两国 1902 年和 1905 年结盟的影响，也仅是局部的。但在这些年中，由于彼此间的恐惧和敌视，结盟外交对欧洲所有列强的影响日益加深，即使居住在英国的英国人也不例外。和平时期固定的军事同盟——在以往即使有也很少见——是 1879 年由俾斯麦开始建立的，当时他通过缔结奥德同盟，谋求“控制”维也纳的外交政策并吓退彼得堡。依照德国的私下盘算，此举还旨在使俄国放弃其“反复无常”的政策，重新参加三皇同盟——俄国人一度参加过。但是俾斯麦遗留下来的长期存在的影响是，奥匈帝国一旦受到俄国的进攻，德国保证予以援助。1882 年，柏林和罗马签订了一个类似对付法国进攻的互助条约。1883 年，德国和奥匈帝国又提出了一个秘密盟约，内容是帮助罗马尼亚抵抗俄国的进攻。研究这种外交政策的学者们坚持，俾斯麦考虑的目标主要是短期的、防御性的，其目的是：安抚其紧张的维也纳、罗马、布加勒斯特盟友；使法国在外交上处于孤立的地位；为防俄国侵犯巴尔干准备可以“固守”的阵地。这无疑是正确的，但事实是俾斯麦已经做出保证，即使这些秘密条约的确切性不为世人所知，它们也足以使法国和俄国为其各自的孤立状态担忧，使它们猜想柏林强大的幕后操纵者已经建立起一个难以对付的同盟，以便在战时击溃它们。

尽管俾斯麦通往圣彼得堡的“秘密线路”（史称 1887 年《再保险条约》）防止了德俄关系的正式破裂，但首相在其防止 19 世纪 80 年代末法俄稳步走向同盟的这些复杂阴谋中，仍有许多主观武断和冒险的因素。对于法国收回阿尔萨斯–洛林的愿望和俄国向东扩张的图谋，德国是主要的威慑力量。法国和俄国在欧洲大陆没有其他可供选择的同盟伙伴。于是，通过法国向俄国提供贷款和武器，俄国向法国提供军事援助的方式，两国的互利关系形成了。尽管资产阶级的法国和反动的沙皇俄国之间存在的思想意识分歧使结盟一度发展缓慢，但是 1890 年俾斯麦的下台和威廉二世政府更具威胁的行动，确定了法俄同盟。到 1894 年，形成了德奥意三国同盟和法俄同盟的对峙局面，双方势均力敌。只要三国同盟存在，法俄间承担的政治和军事义务就将继续下去。

从多方面看，事态的这一新发展似乎稳定了欧洲局势，因为两个同盟集团之间势均力敌，使列强冲突的结果比以前更难预测，因而冲突的可能性比以往更小。摆脱了孤立状态后，法国和俄国转而关心非洲和亚洲的事务。阿尔萨斯和保加利亚危机的和缓也有助于法国和俄国的行动。到 1897 年，维也纳和圣彼得堡实际上已经同意将巴尔干问题搁置起来。此外，德国也转向世界政治，而意大利则以其独特的方式卷入了阿比西尼亚的纠纷。南非、远东、尼罗河流域和波斯在 19 世纪 90 年代中期吸引了世人的注意力。当时是一个新的“海军至上主义”时期，因为人们相信海军和殖民地是紧密联系在一起的，于是所有国家都努力建立自己的舰队。因此，在这 10 年中，尽管大英帝国一般超然于欧洲纠纷之外，但仍感到承受着最沉重的压力是不足为奇的；这种压力一方面来自像法国和俄国这样的传统竞争对手，后来又来自像德国、日本和美国这样的新挑战者。在这样的形势下，欧洲各同盟集团的军事条款的重要性，看来越来越不切合实际了，因为像英法 1898 年的法绍达冲突、布尔战争和在中国抢夺租借地等事件，不会在欧洲引起一场全面战争。

然而，以较长的眼光来看，帝国主义的竞争必将影响列强的关系，甚至影响它们在欧洲的关系。进入 20 世纪之际，大英帝国承受着要求妥协的压力，以张伯伦为代表的一些人主张结束“光荣孤立”政策，并与柏林结盟；同时，贝尔福和兰斯多恩等大臣也开始认为需要外交上的妥协。在英美建立友好关系的掩盖下，英国在诸如巴拿马运河、阿拉斯加边界和捕猎海豹等问题上，对美国做出了一系列让步。这样，英国就摆脱了在西半球战略上的不稳固状态，更重要的是它迅速改变了 19 世纪政治家们视为当然的情况，即英美关系永远是冷淡的、猜疑的，偶尔还是敌对的。在签订 1902 年《英日同盟协定》时，英国的政治家们也是出于减轻它在中国战略负担的考虑，尽管这在某种情况下要以支持日本为代价。到了 1902~1903 年，一些有影响的英国人士认为，与法国在殖民地问题上妥协也是有可能的。早在法绍达危机时，它已显示出不愿为尼罗河问题进行战争的这种妥协情绪。

虽然这些努力乍看起来好像首先关心的只是欧洲以外的事务，但它们却对欧洲列强的地位产生了间接的影响。英国在西半球战略困境的解决和在远东得到日本海军的支持，减轻了英国皇家海军在战时部署兵力的压力，加强了它在战时巩固其地位的可能。英法对抗的解决，意味着英国海军的安全得到了进一步的加强。所有这些势必影响到意大利，由于意大利的海岸线极易受到攻击，它不允许自己参加与英法联盟为敌的阵营。总之，在 20 世纪初期，法国和意大利有充分的理由（经济上和北非事务上）改善它们的关系。然而，如果意大利脱离三国同盟，就必然会影响它和奥匈帝国尚未公开化的争吵。最后，即使遥远的英日同盟也会对欧洲国家体系产生影响，因为当日本就朝鲜和中国东北前途问题向俄国挑战时，英日同盟使任何第三国的介入都成为不可能的。此外，当日俄战争爆发时，由于有英日条约和法俄同盟的特殊条约，英法两国共同努力以避免公开卷入这场冲突。因此，远东战争的爆发促成两国迅速结束对殖民地的争夺，并且签订 1904 年 4 月的协定也就不足为奇了。由英国 1882 年占领埃及而挑起的英法多年对抗结束了。[10]

但是，如果没有另外两个因素，即使这样也不可能引起 1904~1905 年著名的“外交革命”。首先是英法两国对德国的疑惧不断加深。当比洛首相与德皇威廉二世宣称“德国世纪”正在到来时，尽管其目标尚未明确，但也足以看出其野心和危险。1902~1903 年，德国“公海舰队”的航程和结构显示出它的建造主要是针对英国的，这使得英国海军部筹划对抗措施。其次，德国争取奥匈帝国的行动引起了法国的不安，而对美索不达米亚的野心又令英帝国主义者不满。英法两国以日益焦灼的心情注视着比洛的外交努力——极力促成 1904 年远东战争的爆发并使英法卷入，从而使德国成为最大的受益者。

对欧洲的均势和国家间的关系产生更大影响的是，日本在日俄战争中军事上的辉煌胜利和 1905 年俄国的普遍骚乱。随着俄国出人意料地在以后的若干年降为二流国家，欧洲军事力量对比的天平决定性地向德国一方倾斜，在这种形势下的前景比 1870 年时更糟。如果说德国有向西进攻的良机，那大概就是 1905 年夏天了。但是德皇对国内社会动荡的关心和改善与俄国关系的愿望，以及它对英国的疑虑（此时英国正在从中国到其领海的广大海域重新部署海军舰队，并且考虑当德国真的进攻法国时对法国的援助问题），都影响着德国的政策。与进行战争相比，柏林更愿在外交上取得胜利——迫使其最主要的对手、法国外长德尔卡塞辞职，并且坚持召开国际会议以阻止法国对摩洛哥的要求。然而，阿尔赫西拉斯[11]会议的结果是，与会国大多数支持法国在摩洛哥拥有特殊地位的要求，这明显地反映了自俾斯麦时代以来，尽管德国的工业、海军和陆军实力不断上升，但其外交影响却已经下降得多么厉害。

第一次摩洛哥危机使国际竞争从非洲又回到欧洲大陆，这一趋势很快因三个更重要的事件而加强。首先是 1907 年英俄签订了关于波斯、中国西藏和阿富汗问题的协议。签订协议是区域性的事件，但从更广泛的意义上看，它不仅解决了英俄在亚洲的纠纷——在 19 世纪，所有国家都认为英俄在亚洲的纠纷是理所当然的——从而缓解了英国在印度的防务压力，而且也促成紧张的德国人去讨论自己在欧洲“被包围”的问题。尽管仍有许多英国人，特别是在自由党政府中的人，尚未把自己看作反德同盟的成员，但他们的目标却被第二个事件所削弱，这就是 1908~1909 年英德两国激烈的海军竞赛，其结果是，德国蒂尔皮茨的海军建设计划进一步得到加强，英国则害怕自己将失去在北海的海军优势，当英国试图在今后 3 年内限制这种竞赛时，德国却要求，如果欧洲发生战争，英国应保持中立，于是多疑的英国人逐渐退却了。他们和法国人一起紧张地注视着 1908~1909 年的巴尔干危机。在这次危机中，俄国人对奥匈帝国正式吞并波斯尼亚—黑塞哥维那地区之举非常愤怒，这又使德国对俄国提出要求，要它接受既成事实，否则后果自负。在日俄战争中被削弱的俄国人最终还是屈从了。然而，这一外交恫吓，激起了俄国人民的爱国主义反应，使俄国增加防务费用，并且决定更紧密地依靠自己的盟国。

因此，尽管在 1909 年以后一国与另一国之间试图缓和，但“固有矛盾”的趋势却在加强。在 1911 年第二次摩洛哥危机时，英国坚决地进行干涉，站在法国一边对抗德国，这次危机使法国和德国人民的爱国主义激情高涨，当民族主义者们公开谈论即将到来的冲突时，两国都大量扩军；而在英国，这次危机促使英国政府正视陆军同海军关于一旦参加欧战在作战计划上的分歧。一年后，英国外交大臣霍尔丹勋爵访德外交使命的失败，以及德国海军力量的进一步加强，使英国和法国于 1911 年 11 月签署了妥协性的海军协议。这时意大利则趁机向土耳其发动了机会主义的进攻。巴尔干同盟的国家纷纷效尤，这个同盟在其成员国为战利品争吵之前，实际上把奥斯曼帝国赶出了欧洲。旧的“东方问题”的再现，是所有事件中最严重的事，这一方面是由于列强不能真正控制对抗中的巴尔干国家狂热追求自身利益，另一方面也由于事态的发展威胁着某些强国的重要权益。例如，塞尔维亚的兴起引发了维也纳的恐慌；德国对土耳其军事影响的不断扩大，使圣彼得堡深为不安。当斐迪南大公于1914年7月遇刺激起奥匈帝国反对塞尔维亚的行动时，俄国采取了对抗措施。通常认为，大公之死只不过是引爆火药桶的导火索，这是很有道理的。

1914年7月的暗杀，是历史上引起全面危机进而爆发世界大战的特殊事件中最突出的例子。奥匈帝国对塞尔维亚的苛求，对塞尔维亚和解性答复的拒绝以及对贝尔格莱德的进攻，导致了俄国援助盟友塞尔维亚的全国总动员。但这又转过来促使德国参谋总部强烈要求实施“施利芬计划”，即向西通过比利时对法国发动先发制人的进攻。德国此举又引起了英国人的卷入。

尽管在危机中，列强的行动是按照它们各自理解的民族利益进行的，但它们卷入战争的决定也肯定受到各自作战计划的影响。1909年以来，德国向奥匈帝国做出的外交和军事上的保证，已达到了俾斯麦从未想到过的程度。此外，不论战争的具体起因是什么，德国的作战计划包括通过比利时立即向法国发动大规模进攻。相比之下，维也纳制订军事计划的人，尚在几条战线的抉择中犹豫，但首先打击塞尔维亚的决心逐步加强。在法国贷款的支持下，俄国保证如果战争爆发，它将比以往更加迅速地进行动员向西进攻；同时，法国于1911年制订了著名的17号计划，其中包括快速进入阿尔萨斯-洛林，即使理由不甚充分。意大利与三国同盟的盟国一同作战的可能性大为减小，而德国进攻比利时和法国时，英国在欧洲大陆的军事介入则愈加可能。不用说，在各国的参谋总部中，无疑都认为“速度”是最重要的。这就是说，只要冲突有可能发生，最重要的就是动员并武装自己的战斗力量，抢在对手之前到达和越过边界。在柏林尤其如此。在那里，陆军的任务是对西方实施毁灭性打击，然后回到东方，攻击行动较慢的俄国人，而且这一类想法在其他地方也颇流行。如果一场真正的大危机到来，在战略计划的策划者们接管权力之前，外交家们是没有太多时间进行活动的。

追溯一下，所有这些战争计划的要点是，不仅它们像一排多米诺骨牌，第一张牌倒下，其余的随之倒下，而且下面一点也很重要：由于同盟间的战争，比如与1859年或1870年相比，持久战的可能也就大得多，尽管当时很少有人认识到这一点。关于1914年7~8月开始的战争将在“圣诞节结束”这一有名的错误计划，现在通常用以下理由来解释：速射大炮和机枪使军队不可能打运动战，并且使部队进入堑壕，这样他们很难被赶走；依靠远程火炮和大批步兵进攻也无法解决问题，因为炮轰仅能猛烈冲击战场，但却使敌人注意到进攻在何处发生。同样，有人争辩说，欧洲各国的海军部对即将爆发的战争的认识有误，它们只准备进行海上的舰队决战，但没有正确认识北海和地中海的地理环境，而水雷、鱼雷和潜艇等新式武器，也使舰队实在难以再用传统的作战方式。因此，不论是海上还是陆地，由于技术上的原因，速战是不可能的。

所有这些当然都是正确的，但它需要置于同盟体系的背景中加以考察。总之，如果允许俄国单独进攻奥匈帝国，如果允许德国再次发动像1870年那样的反法战争而其他国家保持中立，那么俄国和德国的胜利似乎是不容置疑的(即使时间稍长一些)。但是，这些同盟意味着，即使一个交战国在一次战役中遭受重创，或者其资源已不足以再维持冲突，但是从盟国得到援助的希望和诺言可激励它继续战斗。设想一下，如果不是得到盟国及时的支持，法国在尼韦勒的灾难性进攻和1917年兵变之后，是难以继续作战的；意大利1917年在卡波雷托失败后是无法避免其崩溃的；奥匈帝国1916年惊人的损失（甚至1914年后在加里西亚和塞尔维亚的失败）之后是很难继续进行战争的。因此，实际上同盟体系本身肯定使战争不会很快有结果，这也意味着在这场持久的决战中，就如同在18世纪大规模同盟战争中一样，胜利将属于海陆军和金融、工业以及技术资源最丰富的一方。

总体战
（1914~1918）

在根据两个联盟的大战略及其可以利用的经济和军事资源对第一次世界大

战进行考查之前，有必要回顾一下各大国在1914年国际体系内的地位。美国处于局外人的位置——纵然它与英国和法国之间所存在的超乎寻常的商业和金融联系，使威尔逊对于美国将在“思想上和行动上保持中立”的保证成为不可能。日本为了占领德国在中国和中太平洋的属地，对英日同盟的条款做出了任意的解释；对于协约国来说，这一点及其更远方地区的海上护航任务都不具有决定性意义，但是很明显，一个友好的日本总要比一个敌对的日本好得多。相比之下，意大利在1914年选择了中立。考虑到它的军事和社会经济的脆弱性，实行这一政策应该说是明智的。即使说意大利在1915年决定参加反对同盟国的战争对奥匈帝国是一个打击，也很难说意大利的参战能像协约国的外交家们先前所希望的那样，给英国、法国和俄国带来很大好处。同样，也很难说土耳其在1914年11月决定参战，加入柏林一方到底对谁最有利。确实，土耳其封锁了海峡，从而也封锁了俄国的谷物出口和武器进口；到1915年，俄国的小麦就根本难以出口，而西方也不再有“多余的”军火可以向俄国出售。另一方面，土耳其的这一决定使近东向法国和（特别是）英国的帝国扩张敞开了大门——尽管这一决定也使在印度的帝国主义者和白厅不能把全部注意力都集中在西方战线。

因此，真正具有举足轻重地位的国家是欧洲的“五大国”。到这个时候，要把奥匈帝国和德国完全区别开来对待是不可能的，因为尽管在许多问题上维也纳的目标与柏林的目标常常存在着分歧，但是维也纳只有在其强大盟国的命令之下才能够决定战争或和平问题，因此或许可以说奥匈帝国是作为一个半独立的大国存在的。奥德联盟是令人生畏的。虽然它们的前线部队要比法国和俄国的少许多，但是这些军队依靠有效的国内交通线作战，能够得到大量新兵补充。正如我们在表22中可以看到的，它们在工业和技术力量方面比起“双重联盟”来，也具有相当大的优势。

表 22　1914 年两大联盟工业和技术对比表

（摘自本书表 15~表 18）

项目　数字　国家	德国和奥匈帝国	法国俄国+英国
在世界制造业产量中的百分比（1913 年）	19.2%	14.3%+13.6%=27.9%
能源消耗（1913 年），折合成煤计算，单位：百万吨	236.4	116.8+195.0=311.8
钢产量（1913 年），单位：百万吨	20.2	9.4+7.7=17.1
总体工业潜力指数（以英国 1900 年为 100 计）	178.4	133.9+127.2=261.1

毫无疑问，法国和俄国的地位却恰恰相反。由于彼此被大半个欧洲隔开了，法国和俄国要协调它们的军事战略是困难的。尽管战争初期在军队实力方面它们看起来占了很大优势，但是这一优势由于德国人在前线作战中巧妙地使用训练有素的预备役部队而受到削弱；在 1914 年秋季法俄发动不计后果的攻势之后，它们的这一优势受到了进一步的削弱。胜利不再取决于速度，而是越来越可能取决于强大的实力；工业指数也并不令人鼓舞。如果由法俄两国单独与同盟国进行这场持久的“总体战”，真是很难想象它们怎么会赢得胜利。

然而，毫无疑问，事实是德国决定取道比利时对法国发动一场先发制人的打击，这就使英国干涉主义者在这场竞争中取得了优势。不论是出于传统的“均势”理由，还是为了保护“可怜的小比利时”，英国决定对德宣战这一点是至关重要的，尽管英国这支小规模的实行长期兵役制的陆军只能对整个军事格局产生不大的影响——至少这支部队在欧洲大陆战线上使自己转变为一支人数众多的由征来的士兵组成的军队之前是如此。但是，由于这场战争将会持续超过几个月，英国的实力还是值得重视的。它的海军可以使德国的海军舰队瘫痪，并对同盟国实施封锁。这虽然不能迫使后者屈服，但却可阻止它们从大陆欧洲以外的地区取得资源供应。反过来说，英国海军可以保证协约国自由地取得资源供应（后来因德国发动潜艇战而中断）。而且这一优势还由于下述事实得到加强：英国是一个极为富裕的贸易国，它与全世界有着广泛的联系，它在海外拥有庞大的投资，部分海外投资至少可以用来支付用美元购买实物的开支。在外交上，这些海外联系意味着英国参战的决定还影响着日本在远东的行动，意大利宣布保持中立地位以及后来转而加入协约国一方作战的行为，以及一般说来美国乐善好施的姿态；自然还意味着各自治领和印度向英国提供更为直接的海外支援，它们的军队迅速进占了德国的殖民地，后来又用于同土耳其作战。

此外，英国仍然庞大的工业和财政金融资源还可以在欧洲发挥作用，既可用来筹措贷款，也可用来向法国、比利时、俄国和意大利运送军火，还可用来供应和支付黑格在西线使用的大军的开支。表22所列的经济指数，可以说明用实力标准来衡量英国参战的重要性。

诚然，这一切使协约国在物质力量上占有重大的优势，但不是绝对优势，并且1915年意大利的参战也没有使天平进一步向有利于协约国的方向倾斜。可是，如果说在一场旷日持久的大国战争中，胜利通常属于拥有最大的生产基地的联盟的话，那么人们就会提出一些显而易见的问题，例如：为什么协约国甚至在战争进行了二三年以后仍然未能占上风（在1917年它们还面临过某种失败的危险）？为什么它们那时发现，促使美国参战是至关重要的？

部分答案必定会是这样的：协约国占有优势的那些领域，不可能提供迅速或决定性战胜同盟国的条件。从经济方面来说，在1914年，德国的殖民地是无足轻重的，因此它的丧失（瑙鲁的磷酸盐除外）对德国影响很小。德国海外贸易的丧失无疑带来更大的损害，但是却不像英国的“海上力量影响”的信徒们所想象的那样严重，因为德国根据战时生产的需要重新安排了它的出口贸易，在其运输体系得以维持的情况下，同盟国集团的粮食供应事实上可以实现自给自足，军事征服（如卢森堡的矿石、罗马尼亚的小麦和石油的取得）抵消了许多原料的短缺，而其他物质的供应还可以通过中立的邻国取得。海上封锁具有某种影响，但是这种影响只有当海上封锁与所有战线上的军事压力结合起来时才可以实现，但即使在这时，它的效果也是极为缓慢地表现出来的。最后，英国武器库中的其他传统武器，像1808~1814年伊比利亚半岛战争中在各条战线上所采取的那类边缘作战行动，在这次战争中都不能用来攻击德国的海岸线，因为德国以海上和陆上为基地的防御设施太坚固。当采取这类行动对付较弱国家的军队时（如在加里波利战役或是萨洛尼卡战役中），协约国方面的作战失败和防御一方的新式武器（布雷区、速射海岸炮兵连），使它们原先希望获得的效果大打折扣。和第二次世界大战时一样，所有寻找和打击敌方联盟“柔软的下腹部”的企图，都只能使协约国军队在远离法国的地方作战。

关于协约国绝对的海上优势，人们也可以得出相同的看法。北海和地中海的地理位置意味着协约国的主要交通线是安全的，而不必去搜寻它们的敌人停泊于港口中的舰只，或者对敌国的海岸进行冒险的近距离封锁。相反，德国和奥匈帝国如果想要取得“制海权”的话，其海军舰队不得不主动出击，向英国、法国和意大利的海军挑战，因为舰队停留在港口内是毫无用处的。然而，同盟国的海军部不希望把它的舰队派出去对付占有巨大优势的敌国海军，执行实质上是自杀性的使命。因此，确实发生过的几次水面海战都属于偶然的遭遇战（如多格滩海战和日德兰海战），而且，这些海战除了进一步加强协约国对海上通路的控制以外，从战略上讲是没有什么重要意义的。发生进一步的海上交战的可能性由于战舰受到水雷、潜艇和齐柏林式侦察飞艇的威胁而减少，这些威胁使得双方的指挥官们越来越不想让他们的舰队出海作战，除非（这也是极不可能发生的情况）获知敌方的军舰正在接近己方的海岸线。由于海上水面交战出现这样一种软弱无力的状况，同盟国逐渐转向利用德国潜艇攻击协约国的商船，从而构成了严重得多的威胁。然而，从本质上看，打击敌方贸易的潜艇战是一种缓慢的颇费周折的事情，它的真正成功，只有通过把商船损失吨位同协约国造船厂新船下水吨位对比，以及把商船损失吨位同潜艇损失吨位进行对比之后，才能看出来。潜艇战不是一种可以保证迅速取胜的战争方式。

协约国在军队数量和工业方面的优势没有发挥其应有作用的第二个原因，

在于军事斗争本身的性质。当各方所拥有的数百万军队散乱地部署在数百英里宽的战线上时，要取得像耶拿战役或萨多瓦战役那样决定性的胜利是很困难的（在西欧，可以说是不可能的）；甚至一次提前几个月有条理地计划和准备的“巨大攻势”，通常也是分成几百次小规模的战场行动，而且通常是在通信联络几乎全部中断的情形下实施的。尽管某些地段的战线可能互有进退，但由于取得一次真正突破的手段不足，使得每一方都能够及时动员和调来预备队，运来大批炮弹、有刺铁丝网和火炮等，以便进行下一次对峙战。直至战争后期，也没有哪一支军队能够找到一种方法，使己方部队突破敌方据守的纵深通常仅为 4 英里的防线，并且做到既不使部队暴露在敌方毁灭性的反击炮火之下，又不会为由于先前的轰击而变得难以通行的地带所阻。即使当偶尔的一次突袭攻占了敌人的前几道战壕时，部队也没有特殊的装备来利用这一有利条件扩大战果。铁路线仅在后方几英里的地方，骑兵过于易受攻击（而且还受饲料供应的限制），负载过重的步兵不能作远距离运动，而至关重要的炮兵部队却为它的由马拉补给车辆组成的长长的辎重队所限制。

除了取得一次迅速的战场胜利所存在的上述基本困难外，还有这样一个事实：德国方面拥有两个特定的有利条件。第一个有利条件是，德国军队 1914 年 8 月和 9 月间在法国和比利时的快速推进，使它夺取了高地的山脊线，因而能从那里俯瞰整个西方战线。从那时起，除了像凡尔登战役这样极少数例外场合，德国军队在西线一直处于守势，迫使英法联军不得不在极为不利的条件下发动进攻，其进攻部队尽管在人数上占优势，但仍不足以克服这一基本的不利条件。第二个有利条件是德国优越的地理位置，其东西方之间有着良好的国内交通设施，这在一定程度上抵消了协约国对它的“包围”，也使得法金汉[12]和鲁登道夫[13]等将军们能够把军队从一条战线调到另一条战线，而且有一次竟在一周之内指挥整整一个集团军横跨中欧机动作战。

因此，在 1914 年，甚至当陆军主力正在西线发动进攻时，普鲁士总参谋部就神经质地抽调两个军增援其暴露的东线。这一行动并没有对西方战线的攻势产生重大影响（从后勤支援方面说，这一攻势是绝对不恰当的），但确实有助于德军反击俄军过早发动的入侵东普鲁士的攻势（俄军是在马祖里湖附近开始其进攻的）。1914 年 11 月，在伊普雷进行的残酷战斗使法金汉相信，在西方取得迅速的胜利已毫无希望，于是他又将 8 个德国师调往东战场。由于奥匈帝国的军队在塞尔维亚战局中遭到了屈辱性的打击，又由于法军于 1914 年实施不切实际的第 17 号作战计划时，损失了 60 万人之后受阻于洛林，看起来只有在俄属波兰和加利西亚的开阔地带进行一次突破才可能收到效果，尽管对于俄军是否会重演它在伦贝格作战中对奥匈帝国军队的胜利，或者德军是否会重演它在坦能堡和马祖里湖作战中的胜利，还一点也没有把握。当 1915 年全年英法联军在西方战线发动了连续不断的强大攻势（法军又损失了 150 万人，英军损失了 30 万人）时，德国人则准备沿东线发动一系列野心勃勃的突击，实施这些突击的部分原因是为了营救在喀尔巴阡山地区被围困的奥匈帝国军队，但主要还是为了歼灭战场上的俄国军队。事实上，俄国军队仍然十分庞大（而且还在不断增加兵力），要歼灭它是不可能的。但是，到了 1915 年底，俄军遭到了在战术上和后勤供应上都占优势的德军的一系列毁灭性打击，并被赶出了立陶宛、波兰和加利西亚。在南方，德军的援军和奥地利军队以及机会主义的保加利亚军协同作战，最后终于征服了塞尔维亚。在 1915 年，西方协约国的所有努力，无论是指挥无方的加利波利战役和毫无结果的萨洛尼卡登陆战役，还是劝意大利参战，都没能对俄国人真正有所帮助，或者是在表面上对同盟国牢固的集团构成严重挑战。

1916 年，法金汉为了彻底制服法国而移师西线，向凡尔登发动了连续的攻击。德国在战略上的这一不明智的改变，只是进一步证明了它先前政策的正确性。当大量的德国师在凡尔登战役中正在覆灭时，俄国人却能够在东线于 1916 年 6 月在勃鲁西洛夫将军的指挥下发动最后的大规模攻势，把已瓦解的奥匈帝国军队一路赶回到喀尔巴阡山地区，从而使它面临崩溃的危险。差不多与此同时，在黑格的指挥下，英国军队在索姆河一线发动了大规模攻势，一连几个月对德军有效防守的山脊线施加了强大的压力。协约国军队的这两次同时进行的作战行动，导致了凡尔登战役中的拉锯战（法金汉在 1916 年 8 月底被兴登堡和鲁登道夫所取代），德国的战略地位从而改善了。德军在索姆河战役中的损失是很大的，但比黑格的损失还是轻些；西线转入防御态势又一次使德国人能够移师东线，促使奥匈帝国军队坚挺起来，然后占领罗马尼亚，并援助了南方的保加利亚军。

德军方面除了拥有处于内线、有着有效的铁路网和良好的防御阵地这些有利条件之外，还在与之有关的时间选择方面处于有利地位。协约国拥有较多的资源，但在 1914 年未能迅速动员起来以争取胜利。俄军后方机构总是能征募一批又一批的新兵来补充连续不断的战场损失，但是既没有武器也没有参谋机构来进一步加强这支军队使其发挥最大限度的作用。在西线，黑格的军队直到 1916 年总人数才达到 100 余万人，而在那时英国人还是想把他们的军队转到欧洲以外的战场上，而这样做自然会减轻对德军的潜在压力。这意味着在战争的头两年里，俄国和法国担负着扼制德国军事机器的主要任务。每一方都进行了极为壮观的交战，但是到 1917 年初，双方兵力的衰竭就已清楚地显现出来了。凡尔登战役使法国的军队实力接近于它的极限，1917 年尼韦勒发动的孤注一掷的进攻就说明了这一点。虽然勃鲁西洛夫的进攻实际上已经摧毁了奥匈帝国军队，使其不再成为一支战斗部队，但却没有对德军本身造成任何损害，反而使俄国铁路运输线、粮食贮备和国家财政更加极度紧张，并使现有的训练有素的俄军兵力遭受了大量损失。虽然黑格新增加的部队弥补了法军的日益衰弱，但是并不预示着协约国会在西线取得胜利，而且如果这些部队也被滥用于正面进攻中，德军可能仍能在弗兰德斯固守自己的阵地，与此同时，在东线进一步采取大规模攻势行动。最后，不能指望从阿尔卑斯山脉南面得到什么帮助，在那里，意大利人正在绝望地乞求支援。

这种双方都在不断付出大规模军事牺牲的情况，在财政与工业领域里也不可避免地同时存在，而且（至少在 1917 年以前）产生了同样的相持不下的结果。在最近的研究中，人们就第一次世界大战中刺激国家经济发展的方式进行了深入探讨，那时的经济发展方式第一次把现代工业扩大到了许多领域，并导致军工生产的大幅度增加。然而，只要认真反思一下，我们就会发现这一点毫不令人惊奇。自由主义者和其他人曾对1914年以前军备竞赛的开支发出过一片惋惜声，可是用于军备的开支只占国家收入很小一部分（平均为4%多一点）。当“总体战”的到来使这一数字增加到25%或33%时，也就是说，当战时政府决定性地控制了国家的工业、劳动力和财政时，军工产品的增长是不可避免的。而且，由于1914年末和1915年初各方军队的将军们都在苦苦地抱怨经常发生的“炮弹短缺”，害怕这种短缺被发现而产生不良后果的政治家们，也必然要与实业界和劳工联合起来，去生产所需要的军用物资。由于现代官僚国家具有发行公债和提高税收的权力，曾使18世纪国家在维持一场长期战争中遇到的那些使其步履艰难的财政障碍已不复存在。因此，所有国家在早期就为适应这些新情况而作了调整之后，其军工生产都迅速猛增。

所以，研究一下各参战国的战时经济在哪些方面存在着弱点是十分重要的，因为要是得不到来自情况良好的盟国的支援，这些弱点最有可能导致它们崩溃。在这方面，我们不打算对大国中最软弱的两个国家——奥匈帝国和意大利——进行详细的分析，因为很清楚，前者尽管很出色地守住了它漫长的战线（特别是意大利战线），但如果没有德国不断的军事增援（这一增援使奥匈帝国更进一步成为柏林的卫星国），它早就在与俄国的战争中崩溃了。至于意大利（在卡波雷托惨败之前，它是不需要那种程度的直接军事援助的），则日益严重地依赖其更为富裕和强大的盟国向它提供必不可少的粮食、煤、原料、海运工具，及29.6亿美元的贷款以购买军火和其他军用品。同奥匈帝国的最后失败和解体一样，意大利1918年的最后“胜利”主要取决于其他地区采取的行动和决策。

人们争论说，到了1917年，意大利、奥匈帝国和俄国彼此都在竞相走向崩溃。事实上，俄国应该首先走向崩溃，其原因在很大程度上要归于罗马和维也纳都不存在的两个问题：其一，它的几百英里长的国境线暴露在战斗力强大得多的德国军队的猛烈打击之下；其二，甚至在 1914 年 8 月，当然也包括土耳其参战以后，俄国在战略上一直处于孤立无援的地位，它从未能从其盟国那里得到必要的军事或经济援助，以维持其庞大的战争机器的运转。与其他参战国一样，当俄国很快意识到它的弹药贮备消耗速度要比战前估计的快 10 倍时，俄国便大规模增加其国内军工生产，结果证明，这样做要比等待已被大大推迟的海外军事订货可靠得多，即使这样做意味着它的资源要转移到自私自利的莫斯科工业家手中也在所不惜。在战争开始的头两年半时间里，俄国的武器生产，甚至是全部工业和农业生产，都取得了引人注目的增长，然而这一增长却受到了不良的交通系统的严重限制；它的运输系统在任何情况下都难以应付调动军队、为骑兵运送饲料以及其他方面的需要。因此，它的炮弹常常大量堆积在距离前线几英里以外的地方，粮食也无法及时运送到缺粮地区，特别是城市地区；协约国送来的补给物资在摩尔曼斯克和阿尔汉格尔斯克的港口一放就是几个月。俄国的这种缺少活力和工作效率不高的官僚机构，是无法克服这些组织上的缺陷的，而来自上层那些好争吵、处于瘫痪状态的政治领导的帮助则微乎其微。相反，由于采取不计后果的和失去平衡的财政政策，沙皇政权实际上是在自掘坟墓。沙皇政府的财政政策实质上禁止了贸易活动（贸易可为其提供1/3 的收入），铁路运输收入损失严重（和平时期另一重要收入来源）；而且，与劳埃德 · 乔治[14]相反，沙皇拒绝提高较富裕阶层的收入所得税，国家求助于发行更多的公债和印制更多的纸币，来支付战争费用。俄国的价格指数螺旋式地上升，如 1914 年 6 月为 100，而到 1916 年 12 月初就增至 398，1917 年 6 月又进一步增至 702；到 1917 年 6 月，粮食供应的不足和极度的通货膨胀可怕地相结合，激发了一次又一次的罢工浪潮。

和工业生产一样，在战争开始后头两三年的时间里，俄国的军事成就也是值得赞扬的，尽管这时俄国的形象一点也不像战前想象的“俄国蒸汽压路机”碾过整个欧洲的那种笨拙形象。俄国军队以它固有的执着而顽强的方式进行着战斗，忍受着西方人所想象不到的艰苦和纪律约束。俄国同奥匈帝国军队作战的战绩——从1914年9月在伦贝格的胜利，到出色的勃鲁西洛夫攻势作战——只是一系列胜利中的几次，在同土耳其人进行的高加索战局中也取得了类似的战绩。然而，俄国同装备精良、机动性强的德军作战时，其战绩则完全相反。但是，对其同德军作战的表现也要全面地看待，因为一次战役（如1914年的坦能堡和马祖里湖战役或1915年的喀尔巴阡战役）的损失，可以通过每一年度征集的新兵得到弥补，这样就为下一季节的战役行动做好了准备。当然，在一段时间内，军队的素质和士气肯定会受到下述惨重损失的影响：俄军在坦能堡和马祖里湖战役中损失了25万人，在1915年初期的喀尔巴阡战役中损失了100万人，在抗击马肯森对波兰中央突出部发动的进攻中损失了40万人，从勃鲁西洛夫发动攻势起到罗马尼亚崩溃为止的1916年交战中又损失了100万人；这样，到1916年年底为止，俄国军队共死伤360万人，另外还有210万人被同盟国军队俘虏。也正是从那时开始，俄国决定征召第二类新兵（即家庭中唯一养家糊口的男性）入伍，这不仅引起了乡村中农民的巨大不安，而且还使成千上万怀有严重不满情绪的新兵进入了军队。几乎同样重要的还有：训练有素的士官人数日益减少，前线武器、弹药和粮食供给不足，以及面对德国战争机器日益增强的自卑感——德国战争机器似乎事先知道俄国人的所有意图[15]，它拥有占压倒优势的炮火，比任何人的行动都要迅速。到1917年初，战场上连续不断的失败、城市中的骚动以及分配土地的谣言等事件的综合影响，便引起了军队的普遍瓦解。克伦斯基于1917年7月发动的攻势是最后的一次打击。和先前的攻势作战一样，这次攻势在初期对奥地利军队实施了成功的打击，后来却被马肯森的反击打得七零八落。对于这支军队，俄军最高统帅部作了这样的概括：它“简直就是由共同的渴望和平和共同的失望联合起来的愤怒的人们组成的一群庞大的、疲惫不堪的、衣衫褴褛和营养不良的乌合之众”。现在，俄国所期待的只能是失败和一次比1905年革命更为严重的国内革命。

我们不再赘述1917年年中的法国也多么近似于这种命运，在尼韦勒发动毫无意义的攻势之后，成千上万的士兵哗变。事实上，尽管法国所处的条件与俄国的条件有着表面上的相似之处，但法国却拥有使它在战争中得以维持下去的关键性的有利条件。第一个有利条件是，程度高得多的国家团结一致性和把德国侵略者赶回莱茵河的义务感，当然，如果这场战争是法国主动挑起的，它的这些情感可能会消失。第二个也可能是至关重要的条件是，法国能够从一场联盟战争中获益，而俄国却不能。自1871年以来，法国人就已经懂得他们不能单独地同德国对抗，1914~1918年的战争只是进一步证实了这一判断。这并不是从军事上或经济上贬低法国对这场战争的贡献，而仅仅是为了把法国放在具体背景下来作分析。考虑到法国64%的生铁生产能力、24%的钢生产能力和40%的煤炭生产能力迅速地落入德国手中，可以说法国1914年以后的工业复兴还是很显著的（顺便说一下，这也说明如果具有政治义务感的话，法国在19世纪能够干出多么辉煌的业绩来）。大大小小的工厂在法国各地建立起来，雇用了妇女、儿童和退伍军人，甚至还包括那些被从战壕调回来的应征入伍的熟练工人从事生产。技术专家治国论的设计者、实业家和工会联合起来，举国一致地努力生产尽可能多的炮弹、重型火炮、飞机、卡车和坦克。法国最终取得的军工生产量的剧增竟使一位学者断言道："不是英国，更不是美国，而是法国在第一次世界大战中成了民主国家的兵工厂。"

然而，如果法国没有来自英国和美国的援助，它也不可能把大量的投资集中于武器生产——机枪产量增加到170倍，步枪产量增加到290倍。这些援助包括：不断地向法国输送新军火工业必需的煤、焦炭、生铁、钢和机床；英美向法国提供了总数超过36亿美元的贷款，从而使法国能够支付购买海外原料的费用；英国的运输能力分配给法国使用的那部分日益增加，没有这一援助，法国的大多数商品便无法流通；法国还可以得到盟国的粮食供应。最后提到的这项援助对于法国来说似乎是难以令人理解的，因为平时法国的农业生产一直是自给有余。然而事实是，和欧洲其他参战国（英国除外）一样，法国由于把过多的人力从土地上抽走，把马匹转交给骑兵使用或者用来执行军队运输任务，以及因投资制造炸药和生产大炮而减少肥料和农业机械生产，致使整个农业生产受到了损害。1917 年是一个歉收年，粮食短缺，价格不断地螺旋式上涨，法军本身的粮食贮备减少到只够两天的供应——从而引起了一种潜在的革命危机（特别是在刚刚发生过士兵哗变之后），这种形势通过紧急调拨英国商船把美国的粮食运来才防止了。

同样，在整个西方战线，法国需要日益依赖英国和后来的美国军事援助。在战争的头两三年里，法国在战场上首当其冲，付出了令人震惊的伤亡，甚至在尼韦勒发动 1917 年攻势之前，伤亡人数就已超过了 300 万。而且由于法国没有德国、俄国和大英帝国所拥有的未经训练的庞大人力后备，法国要想补充这些损失也困难得多。然而，到 1916~1917 年，西方战线上黑格的军队便已增加到相当于法军总兵力的 2/3，并据守着 80 多英里长的战线。英国最高统帅部热衷于不顾一切地发动攻势。毫无疑问，索姆河战役确实有助于减轻德军对凡尔登的压力——这正像 1917 年帕森达勒战役中发生的情况一样，那次战役吸引了德军对法军防守战线的注意力，而当时贝当在士兵哗变事件发生后正在竭力试图重振他的军队的士气，等待新的卡车、飞机和重型火炮来完成靠密集的步兵显然不能完成的任务。最后，在 1918 年 3 月到 9 月沿西线进行的大规模拉锯战中，法军不仅可以依靠英国及其帝国的师，还能够依靠日益增多的美国师进行作战。而且，当福煦[16]在 1918 年 9 月组织最后的反攻时，可供他使用的兵力有 102 个法国师、60 个英帝国师、42 个美国师（其规模要比其他国家的师大一倍）和 12 个比利时师，而与之相对抗的德军仅有 197 个不满员的师。只有这些国家的军队联合行动，才能够最后把令人生畏的德军赶出法国领土，使这个国家再次获得自由。

当 1914 年 8 月英国参战时，英国没有意识到，为了取得最后胜利它也要依赖另一个大国。这可以从它的战前计划和准备方面推断出来。英国的战略家们设想：在皇家海军从海上扫荡德国的商船队（可能还有公海舰队）、自治领和英印军队夺取德国的殖民地的同时，有必要派出一支小规模的、必不可少的远征军跨过海峡去“堵塞”法比军队之间的缺口，顶住德国的攻势，直到俄国的“蒸汽压路机”和法国按照第 17 号作战计划指挥的大军长驱直入德国本土。和所有其他国家一样，英国也没有做好进行长期战争的准备，尽管它曾采取过一些措施来防止其脆弱的国际信贷和商业网突然陷入危机。但是，与其他国家不同，英国也没有为在欧洲大陆进行大规模的军事行动做好准备。因此，人们对下面的情况就不感到奇怪了：英国进行一两年紧张的准备工作之后，才使 100 万军队开进法国；政府为大量生产步枪、火炮、机枪、飞机、卡车和弹药而使开支剧增，暴露出生产方面存在着许多缺点，这些问题只能由劳埃德 · 乔治的军需部慢慢地解决。在这里，我们又一次看到军工生产难以置信的大规模增长，参看表 23。

表 23　英国军火产量一览表（1914~1918 年）

数字 时间 项目	1914 年	1915 年	1916 年	1917 年	1918 年
火炮（单位：门）	91	3 390	4 314	5 137	8 039
坦克（单位：辆）	—	—	150	1 110	1 359
飞机（单位：架）	200	1 900	6 100	14 700	32 000
机枪（单位：挺）	300	6 100	33 500	79 700	120 990

但是，当人们想到英国的防务开支从 1913 年的 9 100 万英镑，增加到 1918 年的 19.56 亿英镑时，就丝毫不会对其军火产量的猛增感到惊讶了。到 1918 年，英国的防务开支占政府总开支的 80%，占国民生产总值的 52%。

因此，指出英国整个战略地位在第一次世界大战中暴露出来的弱点，似乎要比详细阐述英国和它的帝国师团、飞机中队和重炮连数量上的大规模增加重要得多。第一个弱点是，尽管英国的地理位置及其大舰队在数量上的优势意味着协约国保持着水面作战的制海权，但是皇家海军远没有做好准备以对付德国于1917年初开始实施的无限制潜艇战。第二个弱点是，虽然英国拥有的一系列相对廉价的战略武器（封锁、军事占领对方的殖民地以及两栖登陆作战等）对于同德国这样一个拥有同盟国的丰富资源的敌人作战似乎不起作用，但采取与德国军队进行直接军事对抗的战略似乎也无法收到效果，并且在人力上要付出更可怕的损失。到1916年11月索姆河战役接近尾声时，英军在那场战役中的伤亡人数已增加到40余万人。尽管这一损失使英国最精良的志愿兵人员丧失殆尽，并使政治家们感到震惊，但却没有使黑格丧失最后胜利的信心。到1917年年中，他又准备从伊普雷向东北方的帕森代尔发动一次攻势，这次攻势成了一场泥沼中的噩梦，英军又伤亡30万人，也使英军在整个法国的许多部队的士气受到了严重挫伤。因此，完全可以预料得到，不管黑格将军和罗伯逊将军怎样抗议，劳埃德·乔治和他满是帝国主义思想的战时内阁却想把更多的英国师调往近东，那里实际的领土利益在召唤，而且可能遭受的损失也要比强攻德军顽强固守的战壕少得多。

然而，甚至在帕森达勒战役之前，英国就担负起了对德战争的领导角色（尽管它还进行着帝国殖民地战役）。法国和俄国可能在战场上仍拥有更多的军队，但是它们已经被尼韦勒代价巨大的攻势和德军对勃鲁西洛夫攻势发动的反击，搞得精疲力竭。英国的这一领导角色在经济领域里表现得更为明显，在世界信贷市场上，英国发挥着银行家和债权人的职能，不仅是为自己发挥着这一职能，同时还为俄国、意大利甚至法国的借款作担保，因为这几个协约国成员，都无力用它们自己的黄金储备或国外投资债券来支付从海外进口的数额巨大的军火和原料所需要的款项。确实，到1917年4月1日，协约国的战争信贷已经增加到了43亿美元，其中88%都是由英国政府负担的，虽然这看起来像是英国在18世纪充当“联盟的银行家”角色的又一次重演，但这两者之间仍存在着一种关键性的差异，即现在英国和美国之间存在着巨额贸易赤字，因为美国向协约国提供了数十亿美元的军火和粮食（由于海上封锁，没有向同盟国提供），但却很少要求它们用商品来补偿。不论是黄金的转让还是英国持有的巨额美元债券的出售，都不足以弥补这一差额，只有从纽约和芝加哥货币市场上借款，用美元现钞支付美国军火供应商，买卖才能做成。反过来，这又意味着协约国更加依赖美国的财政援助来支持本国的战争努力。1916年10月，英国财政大臣发出警告说："到下一年6月，或者更早些时候，美利坚合众国总统就会处于只要他愿意就可以对我们发号施令的地位。"对于"独立的"大国来说，这样一种地位简直是令人吃惊的。

德国的情况又怎么样呢？它在战争中的表现是令人吃惊的。正如诺塞奇教授所指出的："在缺乏来自己方盟国大力援助的情况下，（德国）牵制了整个世界的其余地区，击败了俄国，攻入了法国，这个横行两个多世纪的欧洲军事巨人使尽了浑身解数，在1917年只差一点儿就几乎迫使饥饿中的英国投降了。"它之所以达到这一步，部分是由于上面已提到过的那些有利条件：良好的国内交通线，西线容易固守的阵地，以及东线有利于以机动战打击低能的敌人的开阔地带。此外，还要归功于德国军队优良的战斗素质以及德军所拥有的一大批有智慧而又勇于求新的参谋军官，他们能比其他任何国家军队的参谋军官更快地适应新的作战条件，而且到1916年，他们已对防御战和进攻战的性质作了认真的研究。

最后，德国还可以凭借众多的人口和庞大的工业基础来实施"总体战"。确实，德国实际动员起来的人员比俄国的还要多，1 325万人对1 300万人；在战场上拥有的师团数量始终比俄国多。考虑到各有关国家的整个人口情况，这可以说是一项了不起的成就。在最高统帅部和像瓦尔特·拉特瑙这样聪明的官僚实业家的严密监督下，德国本国的军火生产迅速猛增。拉特瑙等人建立了卡特尔组织，负责分配极其重要的物资供应和防止出现生产梗塞现象。熟练的化学家们发明了因英国海军封锁而断绝供应的那些原料（如智利的硝酸盐）的代用品。德国还开采了卢森堡和法国北部占领区的矿石和煤炭，并把比利时工人征集到德国工厂中工作，罗马尼亚在1916年遭到德军的入侵以后，其小麦和石油遭到了有计划的掠夺。同拿破仑和希特勒一样，当时的德国军事领导人采取了以战养战的方针。到 1917 年上半年，随着俄国的崩溃、法国的衰弱和英国处于德国潜艇的“反封锁”打击之下，德国似乎已到达了胜利的边缘。尽管“战斗到底”的华丽辞藻到处喧嚣，伦敦和巴黎的政治家们却一直在焦急地考虑此后 12 个月里实现某种妥协的和平的可能性，这种情况一直持续到形势发生了根本转变为止。

然而，在条顿人的军事与工业力量的这种外表后面，却潜伏着相当严重的问题。这些问题在 1916 年夏季之前，即德军在西线保持防御态势、在东线实施毁灭性打击的时候，还不太明显。但是，凡尔登战役和索姆河战役改变了这一切，无论是从所使用的火力来看，还是从所遭受的损失来看，都是如此。德国在西线的伤亡，1915 年为 85 万人左右，到 1916 年便猛增到近 120 万人。特别是索姆河攻势给德国人留下了颇为深刻的印象，因为这次战役表明，英国人最后把国家资源毫无保留地投入了战场，以争取胜利。反过来说，索姆河战役还导致了 1916 年 8 月所谓兴登堡[17]计划的出笼，这项计划宣布要大幅度地增加军火生产，并对德国的经济和社会进行更严密的控制，以满足总体战的需要。一方面是独裁政权对全体国民行使着种种权力，另一方面是政府大量举债和滥发纸币而不是提高收入所得税和股息税。这两种情况反过来又造成了严重的通货膨胀。这些因素综合起来严重地打击了民众士气，而民众士气却是大战略的一个重要组成部分，对于这一点，劳埃德 · 乔治或克里孟梭[18]这样的政治家要比鲁登道夫明白得多。

即使作为一项经济措施，兴登堡计划本身也存在着不少问题。完全异想天开的生产总量——使炸药产量增加 1 倍，使机枪产量增加 2 倍——的宣布，使德国的工业在挣扎着去满足这些要求时遇到了各种各样的梗塞现象。要满足这些要求不仅需要增加许多工人，而且还需要拿出大量投资去扩充基本设施，从新的冶炼高炉到横跨莱茵河的桥梁都需要投资，这些方面的建设进一步耗尽了德国的劳动力和资源。因此，经过不长时间以后，情况就变得很明朗：只有把熟练工人从军队里抽回来，这一计划才能完成。因此，德国在 1916 年 9 月复员了120万人，在1917年7月又复员了190万人。考虑到德军在西线的严重损失以及在东线持续不断的大量伤亡，德国这种从军队里大量复员工人的做法表明，甚至在德国，大量强壮的男性人口也正在达到其使用极限。从这方面来看，尽管帕森达勒战役对于英国军队来说是一次大灾难，但鲁登道夫也把这次战役看成是一次灾难，因为他看到自己的军队又损失了40万战斗力。到1917年12月，德军人员总数一直没有达到它6个月前所拥有的538万人的最高额。

兴登堡计划的最后一个缺陷，就是长期忽视农业。在德国，这一点甚至比在法国或俄国还要严重，人员、马匹和燃料被从土地上拿走去满足军队或军火工业的需要。这是一种极其愚蠢的片面的做法，因为德国不能（像法国那样）通过从海外取得粮食供应来弥补这一不足。当德国农业生产猛烈下降的时候，食品价格便螺旋式上涨，人们到处都在抱怨食品供应短缺。一位学者做出严厉判断说："由于片面地集中力量发展军火生产，德国经济的管理者们就这样在1918年底把国家带到了饥饿的边缘。"

但是，1917年初离那个时刻的到来还有一段距离，当时正在承受战争正面冲击的是协约国；确实，俄国正在混乱中走向崩溃，而法国和意大利似乎离那种噩运也都不太远了。各个集团都被战争拖得精疲力竭，但德国在总体上却仍拥有军事优势——人们必须在这种大战略背景下，来看待最高统帅部在1917年的头几个月对美国采取的愚蠢政策。美国的政策倾向于协约国一方，这一点甚至在那以前就不是什么大的秘密。尽管在海军封锁问题上偶尔存在着争执，但是一般说来在意识形态上美国还是同情协约国民主国家的。美国的出口商日益依赖西欧市场，这就使得华盛顿不能完全对德国保持中立。但是，德国宣布对商船运输实施无限制潜艇战和德国秘密地建议与墨西哥结盟事件的披露，最后把威尔逊[19]和美国国会卷入了战争。

美国参战的重要性绝不完全表现在军事方面，至少在1917年4月以后的12到15个月里是这样，因为美国军队为现代战争进行的准备，甚至还不如1914年的各欧洲国家军队。但是，它的生产能力——为协约国战争订货所刺激起来的生产能力，却是无可匹敌的。它的总体工业潜力和它在世界制造业产量中所占的份额，是德国当时过度紧张的经济的2.5倍。它可以使成百艘的商船下水，这在德国潜艇平均每日击沉50万吨英国和其他协约国商船的那一年里，是一种至关重要的需要。它能够在3个月这样惊人的短时间里建造出多艘驱逐舰来。世界粮食出口量的一半是由美国生产的，现在它可以把这些粮食运往法国和意大利，也可以送往其传统的英国市场。

因此，从经济力量方面来说，美国的参战完全改变了当时的力量对比，而不仅仅是弥补了与此同时发生的俄国崩溃后的局面。正如表24所表明的（应该与表22对比来看），用来打击同盟国的生产资源是巨大的。

表24 减去俄国加上美国之后两大集团的工业和技术力量比较表

项目 / 数字 / 国家集团	英、美、法三国	德国与奥匈帝国
世界制造业生产中所占的百分比（1913年）	51.7%	19.2%
能源消耗（1913年），折算成煤炭，单位：百万吨	798.8	236.4
钢产量（1913年），单位：百万吨	44.1	20.2
总体工业潜力指数（以英国1900年为100计）	472.6	178.4

由于把表24中的经济潜力转变成有效的军事力量要有一段“间隔时间”，人们有时对美国参战的直接后果搞不清楚。在可以利用的短时间内，美国无论如何也不可能生产出自己所需要的那么多坦克、野战火炮和飞机来（事实上，它还不得不从英国和法国那里借用这类重型武器），但是它可以源源不断地输送伦敦、巴黎和罗马急需的轻武器弹药以及其他补给物资。而且，它还可以从银行家那里接受私人信贷安排以支付所有这些物品的开支，并把它们转换成政府间的债务。此外，经过较长一段时间以后，美国军队还可以扩充成一支数百万人的、充满自信心的、供应充足的庞大生力军，投入到欧洲的抗衡斗争之中。与此同时，英国人不得不苦苦地寻求走出帕森达勒泥沼的途径，俄国的军

队瓦解了，德国的援军使其同盟国能够在卡波雷托对意大利军实施一次毁灭性的打击，而鲁登道夫则正在把他东线的部分军队调到西线，以便对已遭到削弱的英法战线实施最后一次打击。确实，在欧洲以外，英国人在近东与土耳其的作战正在取得重大进展。但是，占领耶路撒冷和大马士革远不足以补偿法国的丧失，如果德国人最后在西线想方设法取得他们在欧洲其他地区曾经取得的那种战绩，法国很可能会沦陷。

正因为如此，所有主要交战国的领导人都认为，1918 年即将来临的战局，对整个战争具有绝对的决定性意义。虽然德国不得不留下 100 多万军队在东线以占领其新征服的庞大帝国，这一帝国在布列斯特–立托夫斯克和约（1918 年 3 月）中最后得到了布尔什维克的承认，但是自 1917 年 11 月初以来，鲁登道夫平均每月以 10 个师的速度从东线向西线抽调兵力。到 1918 年 3 月末，德国战争机器做好发动进攻的准备时，德军在兵力上占有比英法联军几乎多 30 个师的优势，其中许多部队都在布鲁赫米勒和其他参谋军官的指导下接受了“暴风突击队”式的突然袭击的战术训练。德军要是能够成功地突破协约国防线，并向巴黎或海峡挺进，它本来会取得这场战争中最大的军事成就。但是，其风险也是可怕的，因为鲁登道夫正在把德国剩余的全部资源动员起来用于这场交战——一场特大规模的“要么全赢、要么输光”的赌博。在幕后，德国经济正在不祥地走向衰落。它的工业产量降到只占 1913 年水平的 57%。农业生产更加受到忽视，恶劣的气候又使其产量进一步下降；而食品价格的进一步上涨更加引起了国内的不满。负担过重的铁路运输车辆到现在已经无法按预定计划从东部占领地西运原料。鲁登道夫部署在西线的 192 个师中，有 56 个师被指定为“攻击师”，其中隐藏着这样一个事实，即这些部队将获得正在日益减少的装备和弹药储备的最大份额。这是一次德军最高统帅部认为只许成功的赌博。但是，如果这次进攻失败了，德国的资源将消耗殆尽——正是在这个时候，美国人最后终于能够以每月近 30 万人的速度向法国输送部队，而德国的无限制潜艇战也完全被协约国的护航队制止了。

鲁登道夫在这次攻势的开始阶段取得了成功，他打垮了在人数上占优势的英国第 5 集团军，在法军和英军防线之间楔入对方纵深，并在 1918 年 6 月初的另一次猛烈突破中前进到距巴黎 37 英里的地方。德军的这些胜利使协约国感到惊恐，迫使它们不得不授予福煦西线部队的最高协调权，从英国、意大利和近东增调援兵，并再一次（私下）考虑实现妥协的可能性。然而，事实是德军的战线延伸过长，因而不得不接受从防御转入进攻通常所产生的后果。例如，对英国防区的最初两次沉重打击，使英军和法军分别遭受了 24 万人和 9.2 万人的伤亡，但德军自己的损失也高达 34.8 万人。到 7 月份，“德军损失了大约 97.3 万人，并有 100 多万人列入了病号名单。到 10 月份，西线德军只剩下了 250 万人，而新兵征募情况却令人绝望”。从 7 月中旬起，协约国一方开始占据优势，这不仅表现在新增加的战斗人员方面，而且更多地表现在火炮、坦克和飞机方面。这就使得福煦能够周密地组织实施由英帝国军队、美军和法军共同参加的一系列攻势，使日益削弱的德军无喘息之机。与此同时，协约国的军事优势和更大的持久作战能力，还表现在它们的军队在叙利亚、保加利亚和意大利取得的给人深刻印象的胜利上。所有这一切突然导致 1918 年 9~10 月间出现这样的局面：对于惊慌失措的鲁登道夫来说，整个德国的领导集团似乎正在走向崩溃。现在，德国国内的不满和革命与前线的失败相互作用，导致了投降、混乱和政治动荡。因此，不仅德国的军事企图已成泡影，整个欧洲的旧秩序也被破坏了。

考虑到在“战场上”和在国内战线上人们所遭受的可怕的损失、痛苦和蹂躏，考虑到人们认为第一次世界大战对欧洲文明及其在世界上的影响是一次自己施加的致命打击这一观点，在这方面列出另一份统计表（表 25）看起来似乎是太唯物主义了，但事实上表中的这些数字可以说明上面论述的全部内容：同盟国所拥有的有利条件——良好的国内交通线、德军的素质、对许多土地的占领和开发利用，以及俄国的孤立和失败——从长远看终究不能抵消德国在纯经济力量方面所存在的巨大劣势，也不能抵消动员起来的总兵力上所存在的相当严重的劣势。如果说鲁登道夫对于到 1918 年 7 月德军精锐部队正在耗尽一事感到绝望，是对力量对比失去平衡这种情况的一种反映，那么，那一年春季饱尝饥饿之苦的普通德国前线士兵，对他们曾经打击过的协约国部队有那么好的物资供应感到惊奇，也正是对生产上失去平衡的一种反映。

表 25　战争开支和动员起来的总兵力一览表（1914~1919 年）

项目 / 数字 / 集团与国家	战争开支：按 1913 年价格计算（10 亿美元）	动员起来的总兵力（百分人）
英国	23.0	9.5
法国	9.3	8.2
俄国	5.4	13.0
意大利	3.2	5.6
美国	17.1	3.8
其他协约国*	–0.3	2.6
协约国总计	57.7	40.7
德国	19.9	13.25
奥匈帝国	4.7	9.0
保加利亚、土耳其	0.1	2.85
同盟国总计	24.7	25.10

*包括比利时、罗马尼亚、葡萄牙、希腊、塞尔维亚

然而，如果认为第一次世界大战的结局是预先注定的，那就大错特错了，这里所提出的证据表明，这场战争的全部进程——早期阶段双方的僵持、意大利参战的微小作用、俄国实力的缓慢枯竭、美国参战在保持协约国压力方面的决定性意义，以及同盟国的最后崩溃——与每个联盟在这场斗争的各个时期的经济和工业生产以及有效动员起来可供使用的兵力，有着密切的相互关系。可以肯定地说，将军们仍须指挥（或错误地指挥）他们的战役，部队仍须唤起每个人的道义勇气以便向敌人的阵地发起冲击，水兵们仍须忍受海战的艰苦，但

是历史记录表明，这些素质和才能是战争双方所共有的，而不为哪一个联盟以不相称的比例所独享。为一方所独享的是生产力上的显著优势，1917 年以后尤其如此。和早些时候一样，在长期的联盟战争中，这一因素最终会变得具有决定性的意义。

注：

1. 科布登（1804~1865 年），英国下院议员，以鼓吹自由贸易和自由竞争而著称。——审校者注

2. 例如，在世界贸易中所占的份额会不相称地提高海上贸易国的地位，低估在很大程度上自给自足的国家的经济实力。

3. 乔利蒂（1842~1928 年），意大利政治家，从 1892 年到 1921 年曾先后 5 次出任总理，在国内进行了一些改革，对外进行殖民扩张。——审校者注

4. 廷巴克图，在非洲马里共和国。——审校者注

5. 东京，这里是指越南。——审校者注

6. 阿散蒂是非洲加纳的一个地区。——审校者注

7. 维多利亚女王（1819~1901 年），1837 年即位。——审校者注

8. 小毛奇（1848~1916 年），名约翰内斯 · 路德维希，是卡尔 · 毛奇之侄。1906~1914 年任德军总参谋长。——审校者注

9. 这里是指美国参加八国联军镇压义和团起义。——审校者注

10. 如果日本只同一国发生战争，英国将保持“善意的中立”；如果日本同一个以上的国家发生战争，英国则提供军事援助。法国援助俄国协定也有类似的条款。因此除非英法两国共同置身于日俄战争之外，否则刚刚建立的友好关系就会丧失。

11. 阿尔赫西拉斯，西班牙南部港口城市，在直布罗陀附近。——审校者注

12. 法金汉（1861~1922 年），德国将军。1900 年曾参加八国联军镇压义和团起义。第一次世界大战开始不久任德军总参谋长。凡尔登战役失败后被撤职。——审校者注

13. 鲁登道夫（1865~1937 年），德国将军。第一次大战初期任集团军参谋长等职。1916 年 8 月升任德军总监督，实际上与兴登堡共掌军权。——审校者注

14. 劳埃德 · 乔治（1863~1945 年），旧译劳合 · 乔治。英国自由党领袖，1916~1922 年任首相，后任贸易大臣、财政大臣等职。——审校者注

15. 这毫不奇怪，俄国人对于他们的无线电通信的粗心大意简直令人难以置信。

16. 福煦（1851~1929 年），法国元帅。第一次世界大战初期任军长、集团军司令等职。1917 年 5 月任法军总参谋长。1918 年 3 月负责协调协约国在西线的军事行动，5 月正式就任协约国军总司令。——译者注

17. 兴登堡（1847~1934 年），德国元帅，1916 年 8 月任德军总参谋长、陆军总司令。1925 ~1934 年任德国总统。——译者注

18. 克里孟梭（1841~1929 年），法国总理（1906~1909 年、1917~1920 年在任）。1917 年 11 月出任战时内阁总理兼陆军部长，提出“一切服从战争”的口号，后被誉为“胜利之父”。——审校者注

19. 托马斯 · 伍德罗 · 威尔逊（1856~1924 年），美国总统（1913~1921 年在任）。民主党人。1917 年 4 月对德宣战，次年 1 月倡议建立国际联盟，并提出结束战争的“十四点”纲领。——审校者注